한국인의 위험지각

나남
nanam

이영애 yalee@ewha.ac.kr
이화여자대학교와 동 대학원 심리학과를 졸업하고 미국 로체스터대학교에서
인지심리학을 전공하여 박사학위를 받았다.
1982년부터 2013년까지 이화여자대학교 심리학과 교수를 역임하였으며,
현재 판단과 결정, 위험지각에 관한 연구를 수행하고 있다.

이나경 nakeunglee@ewha.ac.kr
독일 올덴부르크대학교에서 인지심리학을 전공하고 작업기억에 관한 연구로
박사학위를 받았다. 현재 이화여자대학교와 여러 대학에 출강 중이며,
위험판단과 결정에 관한 연구를 수행하고 있다.

이현주 pulsar21@naver.com
이화여자대학교와 동 대학원 심리학과를 졸업하고 동 대학원에서 인지심리학을 전공하여
박사학위를 받았다. 현재 이화여자대학교와 여러 대학에 출강 중이며,
위험지각에 관한 연구를 수행하고 있다.

나남신서 · 1722

한국인의 위험지각

2013년 11월 15일 발행
2013년 11월 15일 1쇄

지은이_ 이영애 · 이나경 · 이현주
발행자_ 趙相浩
발행처_ (주) 나남
주소_ 경기도 파주시 회동길 193
전화_ (031) 955-4601(代)
FAX_ (031) 955-4555
등록_ 제 1-71호(1979.5.12)
홈페이지_ http://www.nanam.net
전자우편_ post@nanam.net

ISBN 978-89-300-8722-3
ISBN 978-89-300-8001-9(세트)

책값은 뒤표지에 있습니다.

나남신서 · 1722

한국인의 위험지각

이영애 · 이나경 · 이현주 지음

나남
nanam

The Perception of Risk for Koreans

by

Youngae Lee
Nakeung Lee
Hyunjoo Lee

nanam

머리말

"얼마나 안전해야 충분히 안전한가?" 이 물음은 미국 학술지 〈정책과학〉(*Policy Science*)에 1978년 게재된 논문 제목이다. 피셔프(Fischhoff)와 동료 심리학자들은 과학기술의 위험과 이익에 대한 사람들의 태도를 조사하였다. 사람들은 원자력, 방부제, 살충제 등이 위험하고 두렵다고 말했다. 제품이나 기술을 잘 모르고, 제어할 수 없고, 그리고 그 결과가 파국적이기 때문이었다.

이 연구가 발표된 지 35년이 지난 오늘 우리는 과학기술이나 자연재해로부터 얼마나 안전한가? 올해에도 연례행사처럼 화학물질을 취급하는 작업장과 이들의 수송 과정에서 여러 번 사고가 났다. 원자력 발전소가 불량 부품 때문에 가동을 중지한 심각한 사태도 여러 번 겪었다. 식품에 첨가된 유해물질, 가짜 유기농 제품, 안심하고 먹을 수 없는 수입 수산물은 우리의 식탁을 위협한다. 태풍, 홍수, 가뭄 등 예측할 수 없는 기후 재해는 발생확률은 매우 낮지만 그 피해는 대단하다.

사람들의 주의 부족으로 생기는 안전사고는 헤아릴 수 없다.

위험의 지각과 관리는 사회, 정치 및 경제와 깊은 관련이 있다. 대중매체가 위험을 어떻게 알리는지에 따라 일반인의 관심이 달라진다. 위험관리 위원회에 누가 참여하는지에 따라 결정사항이 달라진다. 정치적 리더십은 위험관리의 방향을 정한다. 또한 한 국가의 경제력은 그 나라의 위험관리 수준을 정한다. 1970년대부터 북미, 서유럽, 그리고 일본은 안정된 사회, 정치 및 경제 기반에서 위험 지각과 관리 연구에 큰 투자를 하고 있다. 더 늦기 전에 우리도 위험관리를 위한 기초와 응용 연구를 체계적으로 수행해야 한다.

이 책에 실린 14편의 논문은 3명의 저자들이 2004년 한국연구재단으로부터 3년간 기초학문육성사업으로 지원받은 "위험지각의 심리적 기제", 그리고 2007년 같은 사업으로 3년간 지원받은 "합리적 위험판단의 심리적 모형"을 주제로 수행된 결과물들이다. 각 논문은 한국연구재단에 등재된 심리학 학술지인 〈한국심리학회지〉와 〈인지과학〉에 심사를 거쳐 게재되었다.

연구자들은 우리나라 사람들이 위험에 대하여 어떤 태도를 가지고 있는지 그리고 위험에 어떻게 대처할 것인지를 심리적 측면에서 찾았다. 그 결과, 우리나라 사람들은 위험을 판단할 때 합리적이기보다는 감정적 추단을 많이 사용하였고, 운명주의 가치관에 의존하였으며, 정부기관에 대한 신뢰가 부족하였고, 통계나 과학지식이 부족한 것으로 드러났다. 위험지각 연구에서 나타난 이런 사고방식이 수많은 안전사고의 원인으로 생각된다. 따라서 합리적인 위험판단과 안전사고의 방지를 위한 연구풍토가 절실히 요구된다. 위험관리 기관은 신뢰를 구축하고 위험을 규제할 타당한 틀을 마련해야 한다. 일반인은 교육과 훈

련을 통해 합리적인 위험판단을 목표로 전문적인 지식을 얻어 정부가 입안하는 정책의 의사결정에 참여하며 다양한 위험에 적극적으로 대처해야 할 것이다.

저자들은 한국연구재단으로부터 6년간 연구비를 받아 거의 10여 년간 위험지각 연구를 수행하면서 빠른 속도로 발전하는 한국사회에서 이 분야의 중요성을 깨달았다. 위험 지각과 관리 연구가 계속되어야 할 뿐만 아니라 정부기관, 산업체는 물론 일반인들도 위험의 여러 문제를 잘 이해하고 충분한 지식을 가져야 한다. 이 때문에 학술지에 발표되었던 논문들을 묶어 단행본으로 출간할 필요를 느꼈다. 어느 출판사에서 책을 내는 것이 좋을지를 고민하던 중 나남출판의 조상호 사장님께서 쾌히 응해주셨다. 조 사장님을 비롯하여 이 책의 편집을 위해 수고해주신 여러 편집위원께 감사드린다.

2013년 11월
대표저자 이영애

나남신서 · 1722

한국인의 위험지각

차 례

시작하는 글

위험지각(*the perception of risk*)은 앎의 과정과 구조를 연구하는 인지심리학 또는 판단과 결정을 연구하는 심리학 분야이다. 1970년대부터 미국, 서유럽, 북유럽의 연구자들은 위험지각을 연구하기 시작하였다. 위험의 지각과 관리에 대한 관심은 해당 국가의 경제적 수준과 비례한다. 아시아에서는 일본이 많은 위험연구를 수행하였고, 중국은 위험 관련 학회를 유치하였다. 늦었지만 경제적으로 발전하는 우리나라도 위험연구에 관심을 가져야 할 때가 왔다.

이 책의 저자들은 2005년 이후 위험지각과 관리에 관련된 여러 주제들을 집중적으로 연구해 왔다. 이 책에 정리된 14편의 연구는 다음의 네 가지 물음을 다루었다. ① 사람들은 어떤 심리적 기제 때문에 방폐장(방사성 폐기물 처리장)과 같은 시설물, 과학기술, 의약품 등을 위험하다고 판단하는가? ② 일반인들에게 위험에 관한 정보를 효율적으로 전달하려면 어떤 정보를 사용해야 하는가? ③ 남녀 차이, 사회제도,

개인의 세계관은 개인의 위험지각에 어떻게 영향을 주는가? ④ 어떤 요인과 심리적 기제들이 방사능이나 테러에 대처하고 관리하는 기관에 대한 일반인의 신뢰를 결정하는가? 이 책에 수록된 조사 및 실험 연구들은 위험의 지각과 관리에 영향을 주는 중요한 심리적 기제, 변수들의 상호작용과 그 행동적 효과를 밝혀냈다. 이 장은 전체 내용을 요약하고 결론을 제시한다.

1. 위험지각의 심리적 기제

사람들은 어떤 심리적인 기제 때문에 시설물, 과학기술, 의약품 등을 위험하다고 판단하는가? 대학생 집단, 원자력 전문가 집단, 그리고 환경단체 직원들을 대상으로 이들이 무엇을 위험하다고 판단하는지 조사하였다. 이들이 위험을 느끼도록 하는 심리적 차원은 지식(*knowledge*)과 두려움(*dread*)이었다. 사람들은 위험물에 대한 지식이 없을 때 그리고 그것이 두려울 때 위험하다고 판단하였다.

2003년 전북 부안에서는 주민들 간의 극심한 대립으로 방폐장이 유치되지 못했다. 2005년에 경주와 군산이 다시 후보지로 고려되었다. 방폐장 유치에 대한 찬반 여부를 주민투표로 묻기 대략 한 달 전에 우리 연구자들은 지역주민들의 생각을 설문조사로 알아보았다. 그 결과, 방폐장에 대해 부정적 감정을 가지고 있을수록, 개인주의 성향의 세계관이 낮을수록, 탈 물질주의적일수록, 보수주의자일수록 방폐장 유치를 더 강하게 반대하였다. 잠재적 낙인효과(*stigma effect*), 지각된 위험강도, 정부와 전문가에 대한 신뢰 그리고 감정 또한 방폐장 유치와 관련된 찬반 태도에 영향을 주었다.

우리는 또한 원자력 발전소, 체세포 복제기술, 나노기술을 포함하여 14개 과학기술이 위험한지 또는 이익이 되는지 심상(*mental image*)을 보고하고 그 심상에 대한 감정(*affect*)을 평가하도록 하였다. 응답자들은 과학기술에 대하여 긍정적 감정이 있으면 이익이 크고, 부정적 감정을 가지고 있으면 위험이 크다고 판단했다. 이들은 위험이 클수록 이익은 적고, 이익이 클수록 위험은 더 적다고 판단했다. 이러한 패턴의 결과는 과학기술의 수용 여부에 감정이 개입한다는 것을 강하게 시사한다.

사람들은 위험의 선택에서 문제가 이득으로 기술되면 위험-회피 반응을 하고 같은 문제가 손실로 기술되면 위험-추구 반응을 하는 경향을 보였다. 틀 효과(*framing effect*)로 불리는 이 유명한 현상은 일반적으로 판단과 결정에서 관찰되는 편향(*bias*) 중 하나이다. 정보를 처리하는 인지수준과 틀 효과 간의 관계를 알아보려고 인간 생명, 동물 생명, 금전, 농작물 문제를 긍정적인 틀 또는 부정적인 틀로 제시하였다. 응답자들이 답을 택한 이유를 쓰게 하여 인지처리수준을 증가시켰을 때 틀 효과가 사라지거나 감소했다. 반면 인지처리수준이 낮으면 틀 효과가 관찰되었다. 이러한 결과들은 인지적 요구가 분석적 사고체계(*analytic thinking system*)를 활성화하면 긍정적 틀이든 부정적 틀이든 그 효과가 작용하지 않음을 뜻한다.

정신 물리적 무감각(*psychological numbing*)은 위험에 처한 전체 생명의 수(준거집단의 크기)가 증가함에 따라 사람들이 지각하는 생명의 가치가 감소하는 현상이다. 의사결정자가 대안들을 경제적 관점에서 평가하는 조건에서 실험 참여자들의 정신 물리적 무감각 반응이 증가하였다. 대안을 개별로 제시하는 조건과 합동 제시하는 조건을 비교했을 때 합동조건에서 참여자들의 정신 물리적 무감각 반응이 증가하였다. 이 결과는 정신 물리적 무감각 현상이 감정 추단의 결과라기보다 분석적 사고의 결과임을 보여준다.

2. 위험 정보 소통

위험 정보를 어떻게 제시하는 것이 효과적일까? 같은 정보를 확률이나 빈도로 제시하는 경우 그 효과가 다를까? 우리 연구에서 위험 정보가 모두 숫자로 제시되었어도 다른 효과가 관찰되었다. 질병에 걸릴 위험성을 평가할 경우 참여자들은 확률보다 빈도로 제시될 때 더 위험하다고 판단했다. 보험을 구매할 경우 구매자에게 제시되는 정보는 다양하다. 사람들이 별로 구매하고 싶어 하지 않는 낮은 확률이지만 손실이 큰 위험한 사건에 대비한 상황에서 사고확률, 보험료, 보험금, 그리고 배율 보험금(지불한 보험료의 배수로 보험금을 표시)과 같은 단서 정보를 제시하고 참여자들에게 위험의 평가와 보험 구매 의사를 물었다. 참여자들은 배율 보험금으로 제시된 조건에서 위험사고의 확률을 높게 지각하고 강한 보험 구매 의사를 보였다. 두 경우 참여자들은 확률보다 빈도정보를 더 쉽게 처리하였다.

사람들은 이사, 투표, 시험, 부상, 차 구입과 같은 미래의 사건에 대해 자신의 정서 반응을 과도하게 예측하는 충격 편향(*impact bias*)을 보인다. 외국의 연구와 달리, 원자력 발전소, 유전자 조작식품, 그리고 휴대폰과 같은 위험 대상에 대하여 충격 편향이 관찰되는지 알아보았다. 참여자들은 사건을 알게 된 1주일 후 충격 편향을 가장 크게 보고하였다. 그러나 충격 편향은 위험 대상에 대한 장점과 단점에 주의를 분산시키는 탈초점 과제(*defocusing task*)로 감소될 수 있었다.

일반인은 이해하기 어려운 원자력과 같은 과학기술 정보를 어떻게 처리하는가? 참여자들에게 원자력에 관한 장점, 단점, 중립적 입장을 포함하는 정보를 한꺼번에 제시하고 주의를 다른 데 돌리게 한 후, 제시된 정보를 얼마나 재인하는지 검토하였다. 이 연구에서는 과제 반응 양식을 알려주지 않고 많은 정보를 한꺼번에 주어도 참여자들은 중심 내용을 정확하게 재인할 수 있었다. 이 결과는 주의를 주지 않는 무의식적 정보처리가 때로는 위험 정보를 효과적으로 전할 수 있는 방법임을 시사한다.

3. 문화, 사회, 그리고 위험

연구자들은 유전공학 응용 식품 및 의약품에 대한 남녀 간 위험지각의 차이를 설명하는 성역할 이론과 제도신뢰 가설의 타당성을 검증하였다. 성역할 이론은 자녀의 양육을 맡은 여성들이 위험에 대하여 두려움과 같은 부정적 정서를 더 강하게 경험하므로 위험을 더 크게 지각한다고 주장한다. 제도신뢰 가설은 위험관리기관이나 제도에 대한 남녀 간 신뢰수준의 차이로 위험지각이 달라진다고 주장한다. 연구 결과, 여성 참여자들은 남성 참여자들보다 유전공학 위험을 의약품보다 식품에서 더 강하게 지각하고 있었고, 그 차이는 큰 두려움이라는 정서 반응으로 나타났다. 기관에 대한 신뢰에서는 성차가 관찰되지 않았다.

이 결과는 성역할 이론을 지지한다.

연구자들은 또한 원자력 전문가와 일반인을 대상으로 세계관과 위험지각의 관계를 알아보았다. 문화이론은 특정 세계관과 특정 위험에 대한 지각이 관련되어 있으므로 세계관으로 위험지각을 설명할 수 있다고 주장한다. 일반인은 평등주의와 과학기술 위험지각 간에 정적 상관을 보였지만 전문가들은 부적 상관을 나타내었다. 세계관과 위험지각에 대한 문화이론은 일반인 집단에서만 지지되었다. 두 집단 간의 가장 큰 차이는 원자력과 같은 과학기술에서 운명주의 세계관과 위험지각의 관계였다. 일반인의 위험지각은 운명주의와 매우 높은 상관을 보였지만 전문가의 경우 운명주의 세계관과 위험지각은 서로 상관이 없었다. 또한 신뢰와 위험지각 간의 관계에서도 일반인의 위험지각은 관리기관에 대한 신뢰에 의존하였지만 전문가들은 그렇지 않았다.

4. 위험관리에서 신뢰

우리 연구자들은 방사능 관리기관에 대한 신뢰를 중심으로 낙인반응에 영향을 주는 심리적 요인들의 관계를 알아보았다. 방사능 관련 과학기술의 낙인에서 신뢰는 핵심적 역할을 한다. 신뢰는 낙인에 직접 영향을 줄 뿐 아니라 위험지각과 이익지각을 통해 간접적으로 영향을 주었다. 세계관도 신뢰를 통해 위험지각과 이익지각에 영향을 주었다. 부정적 감정반응성은 방사능 과학기술에 대한 감정을 매개로 하지 않고 위험지각에 직접 영향을 주었다. 이 결과는 방사능 과학기술에 관한 일반인의 인식에서 신뢰가 중요함을 단적으로 말한다.

어떤 변수들이 테러 위험의 지각에 영향을 주는가? 우리 연구자들은 테러가 발생할 가능성, 테러의 심각성, 그리고 테러의 여파에 개인이 대처할 수 있다는 지각(인지요인)과 테러에 대응하는 정부기관에 대한 신뢰(사회요인), 그리고 테러에 대한 두려움과 걱정(정서요인), 개인의 준비나 정보검색 등을 점검하는 행동(행동반응)을 측정하였다. 우리 연구의 주요 결과로, 개인의 지각된 대처 능력과 정부기관에 대한 신뢰가 두려움과 걱정에 영향을 주며 이러한 정서요인은 테러에 대비한 개인의 반응에 영향을 주었다. 특히 지각된 대처는 행동반응에 직접 또는 간접적으로 영향을 주는 요인이다. 테러에 대한 개인의 대비를 향상시키려면 지각된 대처가 중요하다.

5. 결론

한국인의 위험지각은 감정 추단에 의존하여 주관적으로 결정되는 것으로 보인다. 그러나 상황에 따라서는 객관적으로 분석적인 처리를 하여 위험을 지각하기도 한다. 우리 연구자들은 위험지각의 심리적 차원이 두려움과 지식이라는 결과를 얻었는데 이것은 외국의 연구와 일치한다. 위험 정보의 소통에서는 확률 정보보다는 빈도 정보가 소통을 쉽게 하고, 위험을 정확하게 전달하는 것으로 밝혀졌다. 이 결과는 확률 정보를 다루게 하는 교육이 부족함을 시사한다. 또한 위험 정보를 전달할 때 집중적 주의를 요하는 상황보다는 다른 주제에 관심을 가져 주의를 덜 주도록 하여도 정보가 쉽게 통합되고 편향된 반응을 줄일 수 있었다. 성역할에 따라 위험지각도 달랐는데, 여성이 남성보다 위험 사건과 대상을 두려워하기 때문에 위험지각이 높은 것으로 밝혀졌다. 일반인의 위험지각은 운명주의 세계관과 높은 상관이 있었다. 위험관리의 경우, 우리나라 사람들의 위험지각은 신뢰에 많이 의존하고 있었고, 특히 위험을 다루고 규제하는 행정 당국에 대한 신뢰가 중요하였다.

우리 연구에서 나온 이러한 결과들을 바탕으로 다음과 같은 결론을 내릴 수 있다. 첫째, 일반인이 위험 정보를 처리하는 데 필요한 확률 지식이 부족하므로 이를 위한 교육과정이 필요하다. 둘째, 한국인의 운명주의 세계관의 영향을 받은 위험지각은 과학기술 위험에 관한 지식의 부족으로 보이므로, 일반인을 위한 과학기술 및 관련된 위험과 이익에 대한 교육이 이루어져야 하겠다. 셋째, 과학기술 지식이 부족한 일반인들의 위험지각은 위험관리 기관에 의존하므로 이들을 위해 행정 당국은 신뢰를 구축해야 한다.

앞으로 건전한 위험지각과 효율적인 관리를 목표로 문제해결 중심의 연구 풍토를 조성하여 여러 학문 분야에서 관련된 주제를 심층적으로 다루어야 한다. 계속 문제가 될 방폐장 건설이나 새로운 과학기술의 이득과 손실을 일반인들이 합리적으로 판단할 수 있게 그들에게 충분한 정보를 제공해야 한다.

01

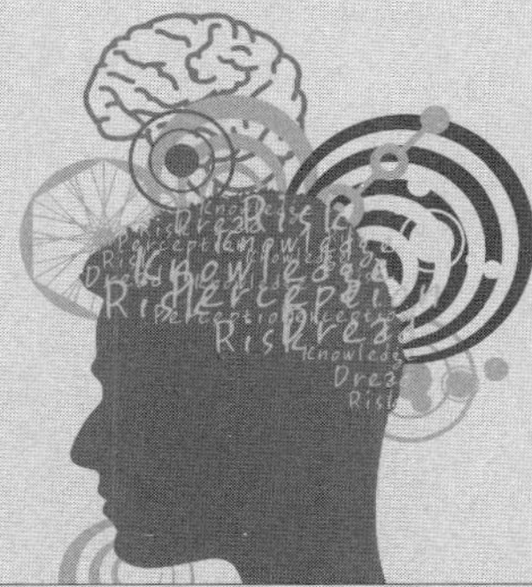

서론

제1장

위험지각 연구의 최근 동향

대한변협이 발표한 인권보고서는 대형 사고들이 잇따르는 우리나라를 위험사회라고 결론지었다(대한변협, 2003). 이 보고서가 든 예들은 다음과 같다. 2003년 2월 대구 지하철 화재 참사로 192명이 사망했고, 같은 해 8월 경부선 무궁화호 열차추돌 사고로 2명이 사망하고, 99명이 부상당했다. 태풍 '매미'로 사망 또는 실종자 131명, 이재민 6만 2천여 명이 발생했다. 2003년 상반기 산업재해자는 전년도보다 20.2% 늘어난 4만 6천여 명이었고, 산재 사망자도 19.3% 늘어난 1천 500여 명이었다.

운전 중 돌발적인 상황이 생기면 안전띠가 자신을 보호하는 장치인데도 운전자들이 안전띠를 착용하지 않으려는 이유는 무엇일까? 마약이나 담배의 위험을 알면서도 청소년들이 이에 중독되는 이유는 무엇일까? 사람들이 핵폐기물로부터 유출되는 방사선을 가정에서 노출되는 라돈보다 더 두려워하는 이유는 무엇인가? 원자로 1기에서 매년 심각한 방사능이 유출될 확률은 만 분의 1에서 일억 분의 1이다. 그 확률이 매우 낮은데도 원자력 발전소 후보 입지의 주민들은 발전소의 위험을 과대평가하여 그 설치를 반대한다. 사람들은 재해(사고, 위험물, 위험한 활동 등)를 어떻게 그리고 왜 실제와는 다르게 지각하고 판단할까?

이 논문은 1970년대 초기에 슬로빅(Slovic)과 그 동료들이 시작한 홍수나 태풍과 같은 자연적인 재해에 대한 위험지각과 이와 비슷한 시기에 불확실한 상황의 위험한 금전적 결정을 다룬 카너먼(Kahneman)과 트벌스키(Tversky)의 의사결정 연구를 함께 개관한다. 특히 카너먼과 트벌스키의 개념 틀의 영향을 받아 밝혀진 일반인들의 위험지각의 특징을 정리한 다음, 위험지각 분야의 최근 연구 동향을 소개한다. 여기에는 느낌으로서 위험(*risk as feeling*)과 감정 추단(*affective heuristic*) 연구가 포함된다. 다른 연구 동향으로 위험지각에 대한 베버와 히시(Weber & Hsee, 1999)의 비교문화적 접근을 소개한다. 이러한 틀에서, 요컨대 대구 지하철 화재 참사의 한 주요 원인으로 위험 행동을 위험 행동으로 지각하지 못한 이유들을 논의한다. 끝으로 인지심리학 분야에서 시작하여 인지사회심리학, 응용심리학, 판단과 의사결정 분야로 퍼져나간 위험지각 연구가 인지심리학에 제시하는 연구 문제와 함의를 논한다.

1. 위험지각이란 무엇인가?

이 논문에서 지각은 대상이나 사건들에 대한 태도와 판단을 가리킨다. 위험지각은 홍수, 지진과 같은 자연재해, 살충제, 원자력 발전소, 방폐장과 같은 과학기술 재해, 그리고 스키 타기, 자동차 운전과 같은 위험한 활동에 대한 사람들의 태도와 판단이다. 위험지각은 재해 또는 위험한 활동들의 이득과 손실을 따져 수용할 수 있는지를 평가하는 분석적이고 주도면밀한 정보처리이다.

1970년 초기에 도박에서 선호(*preference*)를 연구하고 있던 슬로빅은 홍수를 자주 겪는 평지에 사는 주민들의 위험 추구(*risk seeking*) 행동을 새로운 입장에서 설명하였다. 슬로빅과 동료들(Slovic, Kunreuther & White, 1974)은 비슷한 시기에 발표된 카너먼과 트벌스키의 추단(*heuristic*)과 편향(*bias*) 연구에 주목하였다. 슬로빅 등은 확률적 사고에 미치는 추단과 편향이 자연재해가 제기하는 위협에 대한 사람들의 지각과 반응을 잘 설명할 것으로 생각하였다. 슬로빅과 동료들은 스타(Starr, 1969)의 사회적 이득과 과학기술 위험에 관한 연구를 추단과 편향 연구와 결부시켜 사회적인 위험을 수용하는 인지과정을 다루기 시작하였다.

위험의 지각과 평가 분야에 기념비적인 기여를 한 카너먼과 트벌스키(Kahneman & Tversky, 1973; 1979)는 경제 행위의 선택에 있어 금전적인 위험(*financial risk*)을 다루었다. 위험한 결정이란 여러 전망들(*prospects*), 다른 말로는 내기들 간의 선택으로 정의된다. 어떤 사람이 내기의 결과 같은 액수를 얻는 맥락에서 확률이 낮은 위험한 내기보다는 100% 딸 수 있는 확실한 내기를 선택한다면, 그 사람은 위험을 혐오한다고 간주된다. 사람들은 일반적으로 위험을 혐오하는(*risk aversive*) 선택을 한다. 불확실한 상황에서 사람들이 내리는 의사결정을 다룰 때 경제학적 분석은 위험의 혐오를 가정한다. 그러나 두 의사결정 문제에서 사람들이 위험을 추구한다는 사실이 밝혀졌다. 첫째, 사람들은 기대치는 매우 큰 금액이지만 딸 확률은 매우 낮은 내기를 선호한다(예: 복권). 둘째, 내기의 결과 같은 금액을 잃는 맥락에서 확실히 잃을 내기와 잃을 확률이 높은 내기 중 하나를 택해야 한다면 사람들은 나중의 내기를 택한다. 사람들이 이처럼 위험을 추구한다는 사실은 합리성을 가정하는 경제학의 모델에 맞지 않는다.

슬로빅 등의 연구에서 다룬 위험과 카너먼과 트벌스키의 연구에서 다룬 위험은 그 인지과정과 표상이 서로 밀접하게 관련된다. 두 연구 모두가 사람들이 어떤 위험에 관한 의사결정에서 객관적인 확률을 무시한다는 사실을 기본으로 삼는다. 재해를 포함한 사고나 사건의 빈도 판단에서 사람들은 그 예가 쉽게 생각나는지를 중심으로 그 가능성을 따진다. 그러나 두 연구가 다루는 위험은 서로 구분된다. 슬로빅 등은 홍수, 지진 등과 같은 자연재해, 방폐장, 원자력 발전소와 같은 과학기술 재해, 그리고 자동차 운전이나 스키 타기와 같은 이득과 즐거움을 주는 활동에 대한 태도와 판단의 성질을 밝힌다. 그들은 주민, 과학자, 정부관리, 환경운동가 등의 위험지각과 의사결정을 밝혀 이득과 손실이 함께 있는 여러 재해의 위험을 평가하고자 했다. 카너먼과 트벌스키는 효용성의 최대화란 경제학의 기본 가정을 위반하는 인지과정들의 성질을 밝히는 맥락에서 위험이 정의된다고 보았다. 이들은 내기들 간의 선택으로 정의되는 위험지각 상황에서 사람들은 제한된 합리성 때문에 확률 정보를 무시하고 상황에 따라 다양한 정보를 사용해서 결정함을 밝혔다.

내기 상황에서 위험의 지각과 재해에 대한 위험의 지각은 또 다른 차이가 있다. 어떤 위험을 수용할 때 사람들은 금전적인 손익 분석(*cost-benefit analysis*)을 하지만, 이 분석은 그 영향력의 범위가 매우 좁다. 방폐장과 관련된 위험 상황에서 의사결정은 지식, 신뢰, 성차, 세계관 등의 심리적 요인들의 영향을 많이 받는다.

2. 초기의 위험지각 연구의 주요 결과

1970년대 미국에서는 살충제(DDT)와 원자력의 잠재적인 위험에 대한 관심이 고조되었다. 스타(Starr, 1969)는 살충제나 원자력이 한 사회에 제공할 이득과 그 과학기술의 위험을 다룬 논문을 썼다. 그는 "얼마만큼 안전해야 충분히 안전한가?"라는 근본 물음에 답하고자 과학기술의 위험과 이득을 각각 사망자 수와 재산상의 피해 등으로 평가하는 방법을 모색하였다.

슬로빅과 동료들은 스타의 통계적 접근에서 더 나아가 심리측정접근을 사용하였다. 이 접근은 심리적, 사회적, 제도적, 그리고 문화적 요인들 때문에 사람들이 위험을 주관적으로 정의함을 가정한다. 이 접근은 조사 도구들을 적절하게 고안하면 이런 요인들과 그들의 관계를 객관적으로 수량화할 수 있고 모델을 만들어 재해에 대한 개인과 그 사회의 반응을 밝힐 수 있다고 가정하였다.

심리측정 조사법으로 슬로빅과 동료들(예: Fischhoff, Slovic, Lichtenstein, Read & Combs, 1978; Slovic, Fischoff & Lichtenstein,

1984) 은 전문가, 일반인, 그리고 사회집단 구성원들이 여러 재해를 어떻게 지각하는지를 물었다. 원자력, 살충제, 스키 타기 등과 같은 항목들을 제시하고 그 위험을 통제성, 자발성, 친숙성, 두려움 등에서 평가하도록 하였다. 그리고 사람들이 90개 재해 항목들을 18개의 위험 특성들에서 평가한 결과를 요인분석하였다. 그 결과, 사회집단들에 상관없이 두려움과 지식의 두 차원이 추출되었다. 원자력과 핵무기는 두려움의 차원에서 그 점수가 높았고, DNA공학과 전자레인지 등은 잘 알려지지 않은 지식의 차원에서 그 점수가 높았다. 특정 재해에 대한 위험지각은 그 재해가 얼마나 파국적인 결과를 초래하고, 통제할 수 없으며 비자발적으로 노출되는지와 관련되는 두려움의 정도와 재해에 대한 개인의 지식, 과학적 지식을 비롯한 친숙성의 정도에 따라 달라졌다. 심리측정 접근은 여러 재해에 대한 위험지각에서 전문가와 일반인 등의 사회집단들 간의 태도 차이를 잘 밝혀내었다. 슬로빅과 동료들이 얻은 위험지각에 대한 두 심리적 차원은 이후의 연구에서 반복되었다(관련된 다른 연구들은 Slovic, 2000을 참고).

사회집단에 따라 '위험'을 각기 다르게 받아들인다. 전문가들은 위험을 매년 사망자 수로 추정하지만 일반인들은 이런 지표를 잘 사용하지 않는다. 이들은 재해에 대한 두려움과 지식을 포함하여 잠재적인 파국성, 통제성, 차세대에 주는 위협 등의 질적 특성에 민감하다. 원자력의 경우 이로 인한 연간 사망자 수가 적기 때문에 전문가들은 원자력의 위험을 낮게 평가하지만, 일반인들은 원자력이 두렵고 파국적이라고 생각하기 때문에 그 위험을 매우 높게 평가한다. 일반인들은 가용할 수 있는 정보가 제한적이므로 질병(예: 암)으로 인한 사망자 수보다 그들이 최근에 대중매체에서 접한 홍수 또는 태풍과 같은 자연재해로 인한 사망자 수가 더 많다고 틀리게 판단한다. 재해에 대한 일반인들의 위험지각은 이처럼 두려움, 친숙성, 통제성, 잠재적 파국성, 지식수준 등의 영향을 받는다.

많은 위험지각 연구들은 일반인들의 위험지각과 의사결정에 대해 어떤 그림을 보여주는가? 첫째, 일반인들의 위험판단은 과거 사건들이 잘 기억되는 정도와 미래의 사건이 상상되는 정도에 따라 달라진다. 사건들에 대한 가용성 추단(*availability heuristic*)이 위험지각에 큰 영향을 준다. 이 때문에 최근의 참사, 매체의 뉴스나 생생한 영화 장면이 일반인의 위험지각을 왜곡시킨다. 둘째, 일반인들은 한순간에 한 대상에만 집중하는 주의의 한계와 여러 대안을 생각하고 평가하지 못하는 인지의 한계 때문에 확실성을 선호한다. 위험이 사실 여부가 아닌 확률로 제시되는 것을 좋아하지 않는다. 그들은 실제로 무슨 일이 일어날 것인지 알기 원한다. 셋째, 일반인들이 어떤 재해에 대해 미리 어떤 의견을 갖고 있지 않을 때 관련 정보를 어떤 틀로 제시하느냐에 따라 위험지각과 의사결정이 달라진다. 재해에 관한 통계치를 제시하는 방식에 따라 위험 혐오 또는 위험 수용 쪽으로 의사결정이 이루어진다(틀 효과). 넷째, 앞과는 반대의 경우도 있다. 사람들의 신념은 느리게 바뀌며, 이는 그 신념에 반대되는 증거가 있어도 고수된다. 카너먼과 트벌스키의 추단과 편향 연구의 영향을 받아 수행된 위험지각과 의사결정 연구는 일반인들이 위험지각에서 인지적으로 제한되어 있음을 잘 보여준다(Slovic, 1986). 그러나 위험에 대해 그들이 가진 개념 구조는 전문가들보다 풍부하다. 일반인들의 위험지각은 전문가들이 위험을 평가할 때 간과한 내용(예: 정부에 대한 신뢰, 세계관)들을 포함한다.

위험지각 연구들은 일반인들의 위험지각의 특징뿐만 아니라 사고,

오염, 제품의 훼손과 같은 '불행한 사건들'이 사회에 미치는 충격을 주는 위험지각의 역할도 밝혔다(그 개념적 틀은 K. Kasperson, Renn, Slovic, Brown, Emel, Goble, J. Kasperson & Ratick, 1988 참고). 위험지각 연구는 연못에 돌이 떨어지면 파문이 일듯이 재해 때문에 주민들 간에 갈등이 심화되거나 산업계가 마비되는 등의 사회적 파문효과가 있음을 밝혔다. 심리적, 사회적, 문화적 그리고 정치적 요인들이 상호작용해서 위험지각을 증폭시킨다. 이 주제를 다룬 연구들은 어떤 사고가 앞으로 닥칠 위험을 신호하는 역할을 하며 이 때문에 심리적, 사회적, 문화적 그리고 정치적으로 엄청난 영향력을 발휘할 수 있음을 찾아냈다.

3. 위험지각 연구의 최근 경향

최근의 위험지각 연구는 국가 간의 비교 연구와 연구 대상으로 새 재해를 첨가하는 등 괄목할 발전을 이루었다. 국가 간 비교는 재해에 대한 위험지각이 나라에 따라 다름을 밝혔다. 특히 위험지각에 있어 성차(*gender difference*)가 현저하였다(개관은 Slovic, 1997 참고). 여성들이 남성들보다 위험지각이 더 높았으며, 그 한 이유는 여성들이 남성들보다 과학기술과 그 제품을 덜 신뢰하기 때문이었다. 위험지각에 있어 성차 문제는 후반부에서 다시 논의된다.

슬로빅 등(Slovic, Layman, Kraus, Flynn, Chalmers & Gesell, 1991)은 네바다 주 라스베이거스 시 주변 유카 산에 설치될 방폐장에 대한 사람들의 위험지각을 연구하였다. 방폐장의 설치가 그 주변 지역과 주민을 낙인시켜 지역 경제에 악영향을 미칠 가능성이 분석되었다. 낙인(*stigma*)은 장소, 제품, 과학기술 그리고 사람과 관련된 부정적 심상으로 이루어진다. 사람들에게 방폐장에 대해 생각나는 연상어나 심상을 말하게 했을 때, '위험한', '죽음', '오염', '나쁜', '원치 않는' 등이 방폐장에 대해 압도적으로 많이 관찰된 부정적 연상어들이었다. 방폐장에 대한 부정적 심상 때문에 사람들은 네바다 주를 휴가를 보낼 만한 곳으로 덜 선호하였다. 이것이 바로 낙인화 반응인데, 위험지각이 선택행동에 영향을 주며 부정적 심상과 행동이 해당 지역의 경제활동 저하와 같은 충격을 초래할 가능성을 보여준다. 슬로빅 등(Slovic)의 1991년 연구는 위험지각과 낙인효과 간의 관계를 밝히면서 위험지각의 중요 성분인 감정이 의사결정에 영향을 주고 있음을 시사한다.

감정이 위험지각과 의사결정에 미치는 중요한 성분임에도 불구하고 연구자들은 기대되는 결과, 주관적 확률, 추단 등과 같은 인지 과정의 분석만을 다루었다. 낙인효과 연구가 있은 지 10여 년 후 비로소 감정이 의사결정에 미치는 영향이 본격적으로 다루어지게 되었다. 페누캔 등(Finucane, Alhakami, Slovic & Johnson, 2000)이 감정 추단이 위험과 이득 판단에 미치는 영향을 연구하였고, 이 연구보다 더 대담하게 로엔슈타인 등(Loewenstein, Weber, Hsee & Welch, 2001)은 위험이 곧 느낌(*risk as feelings*)이란 가설을 제기하였다. 비슷한 시기에 발표된 두 연구는 위험지각 연구의 새 흐름을 주도하였다.

페누캔 등(2000)의 입장은 위험물이나 위험한 활동에 대한 긍정적 감정과 부정적 감정이 위험지각과 의사결정을 이끈다는 것이다. 사람들의 마음에 저장된 대상이나 사건에 관한 표상에 감정 꼬리표가 부착되어 있고, 어떤 판단과 결정을 내릴 때 의식적 혹은 무의식적으로 그

꼬리표들로 구성된 감정 풀(*affective pool*)을 참조한다. 추단에서 사건의 상상가능성과 기억가능성이 확률판단의 단서로 작용하듯이 감정은 판단의 중요한 단서이다.

감정 추단 가설은 사람들이 어떤 재해의 위험과 이득을 평가할 때 그와 연합된 긍정적 느낌과 부정적 느낌의 풀에 접속하여 판단한다고 주장한다. 판단할 시간을 적게 주어 사람들이 분석적인 생각을 덜 하고 감정 추단을 더 사용하도록 하면 위험판단과 이득판단 간에 부적 상관이 커질 것이다. 실제로 사람들이 시간에 쫓길 때 지각된 위험과 지각된 이득 간의 부적 상관이 더 두드러졌다. 감정 추단 가설은 사람들이 재해에 접할 때 전반적인 감정평가를 참조한다고 가정한다. 따라서 감정적 인상의 호오도를 높이거나 낮추면 위험지각과 이득판단도 달라질 것이다. 원자력 발전소에 관한 여러 시나리오로 전반적인 감정을 조작한 실험에서 한 감정 속성(예: 높은 위험)의 평가적 판단이 다른 감정 속성 정보(예: 낮은 이득)의 영향을 받았다. 감정 추단 가설이 가정하는 감정 풀은 의사결정에 중요한 영향을 미쳤다.

로엔슈타인 등(2001)은 위험이나 불확실한 상황에서 선택이 인지적 평가에 의존하여 선택한 결과를 중요하게 여기는 이론들을 비판하고 위험은 느낌이라는 새 가설을 제안하였다. 인지 평가 이론들은 사람들이 대안들의 가능한 결과들을 그 바람직한 정도와 개연성 차원에서 평가하고 기대를 고려한 계산을 거쳐 이 정보들을 통합해서 한 결정에 이른다고 가정한다. 어떤 결정을 할 때 촉발될 수 있는 정서(*emotion*)도 결정과정에서 핵심적인 역할을 하지 않는다. 예상되는 결과와 관련된 정서를 강조하는 이론도 정서가 인지적 평가에 영향을 주고 이 평가는 다시 느낌에 영향을 주지만, 느낌이 위험의 평가에 독자적인 역할은

하지 않는다고 본다.

느낌으로서의 위험설(Loewenstein et al., 2001)은 위험한 상황에 대한 반응 및 그에 관한 의사결정은 걱정, 두려움, 공포 또는 불안과 같은 느낌을 포함한 정서적인 영향을 직접 받는다고 가정한다. 기대되는 결과, 주관적 확률, 현저성, 기분 등이 모두 인지적 평가와 느낌에 영향을 주고 인지적 평가와 느낌은 상호 영향을 주어 선택 행동을 이끈다. 사람들이 인지적인 수준에서 대안들을 평가하는 것은 사실이지만 위험의 즉시성과 같은 요인들이 느낌에 영향을 준다. 행동적인 증거들과 전두엽이 손상된 환자집단이 보이는 무모한 선택은 위험한 선택지들에 대한 정서적 반응과 인지적 평가가 독립적으로 작용하며 정서적 반응이 사람들의 위험물에 대한 반응을 먼저 이끌 뿐만 아니라 조건 형성 및 기억에 의해 나중의 행동에도 영향을 주고 있음을 시사한다. 로엔슈타인 등(2001)은 불확실한 상황에서 의사결정을 할 때 느낌이 중요한 입력 이상의 역할을 하며 위험의 인지적 평가와 위험과 관련된 행동을 연결한다고 주장하였다.

느낌으로서의 위험설을 지지하는 실험 결과와 신경해부적 구조 및 관찰 증거들은 인상적이다. 이 가설은 기존의 인지설들이 설명하지 못하거나 보조 가설로 설명한 여러 현상들을 잘 다룬다. 확률 정보와 그 결과에 대해 인지설이 예측하는 것과 다르게 사람들이 반응한다는 결과, 현저성(*vividness*)이 위험에 대한 정서반응에 주는 강한 효과, 비교적 안전하다고 전문가들이 평가하는 시설에 대해 주민들이 공황(*panic*) 반응을 보이는 현상 등이 그것이다. 로엔슈타인 등은 주민들의 격렬한 공황 반응이 불안, 공포 그리고 주관적 확률의 상호작용으로 생긴다고 주장하였다. 어떤 사람이 공포를 유도하는 사건을 보거나 무서운 소문에 노출되면 불안을 경험하면서 숨이 차거나 기절하며, 이를 본 다른 사람들도 불안해지기 시작한다. 집단적인 공황의 유발에 느낌이 매우 중요한 역할을 한다.

슬로빅 등(Slovic, Finucane, Peters & MacGregor, 2004)은 최근의 한 연구에서 사람들이 위험을 두 가지 근본적으로 다른 방식으로 이해한다고 주장하였다. 분석적 사고체계(*analytic thought system*)는 확률과 형식 논리를 따르며 위험의 평가에 알고리즘과 규범적 법칙들을 동원한다. 따라서 비교적 느리고 노력이 요구되며 의식적 제어를 필요로 한다. 경험적 사고체계(*experiential thought system*)는 직관적이고 빠르고 자동적이며 의식적인 자각의 대상이 되지 않는다. 이 체계는 심상과 연상에 의존하며 체험 때문에 정서 및 감정(어떤 것이 좋거나 나쁘다는)과 연결되어 있다. 경험적 사고체계는 위험을 느낌으로 표상한다. 위험을 형식적으로 분석하는 연구자들은 위험에 대한 느낌을 비합리적인 반응으로 취급한다. 그러나 최근에 수집된 많은 증거들은 이런 입장의 타당성을 의심한다. 분석적인 사고체계와 경험적인 사고체계가 병렬적으로 작용하면서 상호 의존하여 어떤 행위를 유발한다. 합리적인 의사결정을 하려면 두 유형의 사고방식을 적절하게 통합해야 하는데 그 까닭은 각 체계가 장점, 편향, 그리고 한계를 갖고 있기 때문이다.

위험이 경험적 사고방식체계에서 감정으로 표상된다는 생각의 뿌리는 슬로빅 등의 초기 연구에서 위험지각의 제 1차원으로 일관되게 밝혀진 두려움에 있다. 사람들은 제어하기 힘들고 그 결과가 파국적이고 치명적이며 쉽게 감소되지 않는 재해를 더 두려워한다. 요컨대, 두려움 차원, 감정 추단설, 느낌으로서 위험설 그리고 두 사고체계설로 발전되면서 위험지각과 의사결정에 미치는 감정의 성질과 그 핵심적인 역할이 자세히 밝혀지고 있다. 위험지각에 있어 감정우선설이 현재 이 분야의 연구를 주도하고 있다.

위험지각 연구에서 다른 중요한 연구 동향은 문화적 차이이다. 한 문화권 내에서 남자들은 여자들보다 재해를 덜 위험하게 생각한다(Slovic, 1997). 대략 1,500명의 미국인을 대상으로 조사한 플린 등(Flynn, Slovic & Mertz, 1994)은 핵폐기물, 원자로 등 25개 재해에 대한 위험지각을 물었다. 백인 남성 집단은 여성 집단과 다른 인종의 남성 집단보다 이 재해들이 덜 위험하다고 반응하였다. 두려움에 대한 남녀 간의 생물학적 차이는 이 결과를 설명하지 못하였으나 과학기술과 정부에 대한 신뢰 및 개인들의 세계관 등이 이 차이를 잘 설명하였다. 위험을 매우 낮게 지각하는 백인 남자들은 제도와 권위를 신뢰하고 있었으며 위험관리의 의사결정을 시민들에게 주어야 한다는 생각에 반대하였다.

위험지각의 차이는 한 문화권 내 하위집단 간뿐만 아니라 서로 다른 문화 간에도 발견된다. 베버와 히시(1999)는 금전적인 의사결정에서 미국인들보다 중국인들이 위험을 덜 혐오한다는 사실을 발견하였다. 그 이유는 무엇일까? 베버와 히시는 충격흡수설을 제안하였다. 집합주의 문화권에서 사람들이 어려움을 당하면 개인주의 문화권에 비해 주변의 도움을 받을 가능성이 더 크다. 따라서 중국인들은 미국인들보다 더 위험한 도박을 하는데, 이는 그 결과가 매우 나쁘더라도 충격이 흡수될 수 있기 때문이다. 베버와 히시(1998)는 이 가설의 예측을 투자, 의료 및 학업 세 분야에서 검토하였다. 집합주의적 충격 흡수가 의료와 학업 분야에서는 작용하기 힘들 것이므로 투자 분야에서만 중국인들이 미국인들보다 위험을 덜 혐오해야 한다. 이 연구자들은 충격흡수설의 예측과 일치하는 결과를 얻었다. 중국인들이 위험이 큰 투자를 선호하는 까닭은 그 실패에서 오는 위험을 흡수할 수 있는 사회관계망이 미국인들에 비해 더 많기 때문이다.

한 문화권 내 하위집단들 간의 위험지각의 차이와 문화권들 간의 위험지각의 차이를 한 틀에서 설명할 수는 없는가? 베버와 히시(1998)는 바로 이 작업을 해냈다. 이들은 사람들이 한 위험한 대안에 어떤 값을 지불하려는 행동을 그 대안의 이익과 위험의 타협으로 가정한 모델(Markowitz, 1959)을 이용하였다. 〈식 1〉에서와 같이, 의사결정자는 그가 기대하는 이익 수준에서 택하는 한 위험한 대안에 치를 값(WTP: willing to pay)을 다음과 같이 줄이려 한다.

〈식 1〉 WTP(X) = V(X) - bR(X)

〈식 1〉에서 WTP는 대안 X에 사람들이 기꺼이 지불하려는 액수, V(X)는 대안 X의 기댓값, R(X)은 지각된 위험성인데 개인이나 집단이 차이를 보이므로 X의 변산이다. 사람들이나 집단이 대안 X에 부여하는 가치가 같으므로(Weber & Hsee, 1998) V(X)는 개인 또는 집단 간 차이를 보이지 않는다. 〈식 1〉에 의하면 대안 X에 개인이나 집단이 기꺼이 지불하려는 액수의 차이는 그 대안의 위험성을 지각하는 차이〔R(X)〕 때문이거나 위험-값 교환의 차이(b) 때문이다. b 계수가 음수이면 지각된 위험을 혐오하고, 양수이면 지각된 위험을 추구한다.

베버와 히시(1998)는 이 식을 이용해서 중국인과 미국인들이 여러 대안에 대해 보인 지각된 위험 평가 반응을 분석하였다. 〈식 1〉의 공식에 따라 위험 평가 반응 자료를 회귀분석하였는데, 미국인과 중국인

모두 똑같이 위험을 혐오하고 있었다. 즉 그 계수가 음수였다. 지각된 위험의 단위가 늘어나면 이들이 위험한 대안들에 기꺼이 지불하려는 액수도 똑같이 낮아졌다. 브라칭어 등(Brachinger, Schubert, Weber, Brown & Gysler, 1997)은 위험의 선호에서 드러나는 남녀의 차이도 같은 이유에 기인함을 밝혔다. 이 연구자들은 투자의 여러 대안에 대한 남자와 여자의 태도와 이들이 위험한 각 대안에 기꺼이 지불하려는 액수를 측정하였다. 이 연구에서도 남자와 여자들은 b 계수에서 차이를 보였다. 남녀가 위험한 투자 대안들에 다르게 지불하려는 것은 대안들의 위험성을 다르게 지각하기 때문이다. 여자들은 남자들보다 위험들을 더 크게 지각하므로 위험한 대안들의 값을 적게 매긴다.

베버와 히시가 수행한 위험수용에 대한 비교문화적 모델 접근은 생산적이다. 한 문화권 내의 위험지각 및 수용의 차이와 문화권 간의 위험지각 및 수용을 한 모델로 다루고 위험한 대안에 대해 지불하려는 행동의 원인을 분석적으로 밝혔기 때문이다. 무엇보다도 남녀의 차이나 문화권 간의 차이가 어느 한 집단이나 문화는 위험을 혐오하고 다른 집단이나 문화는 위험을 추구한다는 식의 피상적인 분류를 넘어설 수 있다. 이 접근은 중국처럼 집합주의적 문화권인 우리나라 사람들의 위험지각에 대한 연구에 시사적이다. 요컨대, 여러 대형 사고를 통해 안전불감증이 심하다고 판단된 한국인들에게 이런 접근을 적용하면 한국인들도 중국인과 마찬가지로 위험 추구적인지 밝힐 수 있다.

4. 위험지각 연구의 인지심리학적 함의

인지심리학자들은 원자력 발전소나 방폐장의 건설을 둘러싼 열띤 논쟁과 갈등의 해소에 어떤 기여를 할 수 있는가? 이는 인지심리학자들이 그 답을 구하기에 방법론적으로 부적합한 문제들이 아닌가? 이 문제들은 사회심리학, 조직심리학 또는 응용심리학 분야에 국한되는 문제들이 아닌가?

위험지각 연구의 선구자인 슬로빅 등(Slovic, Fischhoff & Lichtenstein, 1976)은 다음의 다섯 가지 가능성을 제안하였다. 첫째, 적절한 빈도자료가 부족한 시스템의 실패 확률을 평가할 때 기술자들이 사용할 수 있는 판단기법들을 개발한다. 앞서 일반인들이 사건이나 사고를 확률적으로 잘 생각하지 않음을 언급하였다. 둘째, 재해에 대한 지각된 위험과 이익을 평가하여 사람들이 수용할 수 있는 위험 수준을 정하는 기법들의 장단점을 심리학적 관점에서 명세할 수 있다. 셋째, 인지심리학자들은 전문가들의 분석이 뜻하는 바를 일반인들이 잘 이해하도록 도울 수 있다. 의사결정의 최종적인 책임을 진 사람들에게 기술적인 분석의 가정과 그 결과가 정확히 전달되지 않으면 그런 분석이 아무런 가치가 없기 때문이다. 텍스트(*text*)의 이해, 추리 그리고 기억을 연구해온 인지심리학자들은 이런 작업을 잘 해낼 수 있다. 넷째, 확률과 위험을 합리적으로 생각할 수 있는 사람들의 인지 능력에 관한 연구는 의사결정과정에서 전문가와 일반인 각각에게 맞는 역할을 정할 때 반드시 필요하다. 전문가와 일반인 모두 감정 추단과 편향과 경험적 사고방식의 성질을 잘 알게 되면 의사결정과정에서 그 역할이 분명해질 것이다. 다섯째, 합리적인 사고 과정에 대한 연구는 일반 대중들에게 전문가의 주관적인 판단을 어떻게 신뢰할지 가르쳐준다. 이러한 판단들이 편향의 영향을 받으므로 일반인은 전문가가 내린 최선의 추측이 충분한지 판단할 수 있다.

슬로빅 등(1976)의 제안은 위험지각과 그 관리에 관해 규제자, 전문가 및 일반인 간에 합리적이고 생산적 소통을 목적으로 한다. 일반인들의 위험지각에 대한 연구 결과와 효율적 소통방식에 관한 인지심리학적 연구의 결과를 응용할 때 방폐장 입지의 선정과 같은 문제가 초래할 사회적 갈등과 충격을 줄일 수 있다. 슬로빅 등의 제안은 30여 년 전의 것이지만, 우리 사회가 현재 당면한 혐오시설의 입지 선정 문제에 우리나라의 인지심리학자들이 이런 방식으로 기여한 적은 없다.

위험지각 연구는 위험 대처와 관련해서 우리나라 사람들의 행동을 어떻게 설명할까? 대구 지하철 화재 참사를 예로 들어보자. 승객, 기관사, 중앙사령실 근무자 중 어느 누구도 전동차에서 라이터를 켜는 행동, 불을 끄지 않고 피한 행동, 그리고 불이 난 지하역으로 전동차를 계속 몰고 간 행동을 그 즉시 "매우 위험하다"고 평가하지 못했을 것이다. 기관사나 승객의 마음에 그런 행동들과 연관된 두렵고 무서운 심상이 없었기 때문이다. 중앙로역에 전동차를 진입시킨 기관사도 "화재가 발생했다"는 연락을 들었다. 화재의 잠재적인 위험을 피하지 않고 그는 전동차를 몰고 진입하였다. 당황해 하면서도 중앙사령실의 명령을 따라 계속 운전한 이유는 무엇일까? 전동차가 정시에 도착해야 한다는 수칙 때문이었을까? 그의 마음에 화재에 관한 "화상, 죽음, 참사" 등의 부정적 심상들이 가용되지 않아 화재를 심각한 위험으로 지각하지 못했음이 분명하다. 화재를 심각한 위험으로 지각하고 그 결과를 예상했더라면 두려움과 공포 때문에 불이 난 상황을 피하여 전동차를 중앙로역으로 진입시키지 않았거나 그 역을 그대로 통과했을 것이다. 불이 난 지하철역으로 전동차를 진입시키는 행동을 위험하다고 지각하지 못한 것이 대구 지하철 화재 참사의 한 결정적인 문제이다.

감정 추단설의 이런 설명의 타당성은 대구 지하철 화재 참사 후 다른 지하철에서 방화사건이 있었을 때 승객들이 재빨리 피신하였고, 또 다른 사건의 경우 라이터로 불장난을 한 방화용의자를 시민들이 붙잡았다는 사실로 입증된다. 지하철 승객들은 이제 지하철에서 화재를 초래할 가능성이 있는 행동에 대해 대구 지하철 화재 참사의 끔찍한 이미지가 중심인 감정 추단법을 자동적으로 적용하여 그 잠재적인 위험을 지각하고 대응하게 되었다(대구 지하철 화재 참사의 다른 원인들에 관한 자세한 분석은 곽호완, 2005와 박창호, 2005를 참고).

감정 추단이 작용하여 위험의 지각 및 의사결정에 영향을 미치는 대표적인 예는 방폐장 입지의 선정이다. 최근의 한 연구(이나경·이영애, 2005)에 의하면, 한 방폐장 입지 후보지역의 주민 75%가 방폐장에 대하여 "환경오염, 지역갈등, 불안, 질병, 기형아, 폭발 및 누출 사고" 등을 포함한 부정적인 심상을 가지고 있었다. 이러한 주민들은 방폐장 건설에 반대하였다. 이와 대조적으로 우리나라 사람들이 대형 사고에서 많이 보이는 안전 불감증도 감정 추단이 작용하지 않아 위험이 제대로 평가되지 않은 데 그 원인이 있다. 재해에 접하여 당황해하면서 어찌할 바를 모르지만 그 상황에 대처할 때 필요한 공포나 두려움을 빨리 느끼지 않는 것이 문제이다. 위험지각에 대한 앞으로의 연구는 감정 추단이 강하게 작용하는 경우의 위험지각과 인지 추단이 강하게 작용하는 경우의 위험지각을 비교하고 그 효과를 측정해야 할 것이다.

위험지각 연구는 전문가, 관리자, 환경운동단체, 그리고 일반 주민들 간의 갈등해소와 향상된 위험관리에 기여하는 새 변수들을 찾고 그 효과를 설명하는 모델들을 개발해야 한다. 감정 추단설, 느낌으로서 위험설 및 경험적 사고방식과 위험선호에 대한 문화적 접근의 타당성을 한국인의 위험지각과 의사결정 연구에서 검토해야 한다. 여러 재해에 관한 평가는 관련된 대다수의 사람들이 수용할 수 있는 모형과 자료로 제시되어야 한다. 우리나라는 동아시아의 여러 국가 중 집단들 간의 사회적 신뢰(*social trust*)가 가장 낮은 나라로 평가된다(Fukuyama, 1995). 위험지각과 의사결정 및 그 관리에 중요한 인지적, 감정적, 사회적 변수들과 심리적 메커니즘들을 밝혀 사회적 신뢰의 형성에 기여해야 할 것이다.

제2장

위험지각의 심리적 차원

사람들은 무엇을 왜 두려워할까? 대학생, 과학기술 전문가, 그리고 환경단체 종사자들이 위험을 대하는 태도는 서로 같을까? 그들에게 여러 종류의 위험을 평가하게 하면 그 결과는 어떻게 나올까? 슬로빅과 동료들(1978; 1984; 1987)은 위험지각의 두 차원을 두려움과 지식이라고 밝혔다. 생태학적 태도가 다른 세 사회집단은 위험지각에서 차이를 보일까? 이 장에서는 우리나라 사람들의 위험지각이 슬로빅 등의 결과와 같은지 또는 다른지도 비교한다. 지각된 위험 강도와 사회적 이익을 비롯한 여러 심리적 특성들뿐만 아니라 생태학적 태도에서 분명한 차이가 있을 것으로 생각되는 세 사회 집단이 여러 위험들을 어떻게 차이있게 보는지도 알아본다.

1. 위험과 위험지각

슬로빅(Slovic, 2000)은 위험을 "심리적, 사회적 그리고 제도적 요인들의 영향을 받는 개인이 주관적으로 정의하는 것"(Risk is subjectively defined by the individual, who may be influenced by a wide array of psychological, social and institutional factors)으로 보았다. 이런 관점은 개인마다 위험을 다르게 지각하는 것임을 반영하므로, 슬로빅과 동료들(예: Fischhoff, Slovic, Lichtenstein, Read & Combs, 1978; Slovic, Fischhoff & Lichtenstein, 1984; Slovic, 1987)은 심리측정 절차를 이용해서 사람들이 여러 위험을 어떻게 지각하고 있는지를 밝히고자 하였다. 이 설문지는 원자력, 살충제, 스키 등과 같은 재해(*hazards*)를 얼마나 위험하다고 지각하는지 반응하도록 구성되어 있었다. 슬로빅 등은 자발성, 통제성, 친숙성, 과학 지식, 개인 지식, 파국성, 두려움 등을 위험을 지각하는 데 관여하는 주요 심리적 특성으로 보았다.

슬로빅과 동료들(1984; 1987)은 다변량 통계 방법을 이용하여 높은 상관관계를 보이는 심리적 특성들을 둘 또는 세 개의 요인들로 분류하였고, 이 요인들을 위험지각에 관여하는 심리적 차원으로 간주하였다. 어떤 위험 특성들이 선택되었는가에 따라 약간의 차이를 보이고 있지만 여러 심리측정 연구들에서 두 심리적인 차원 — 두려움(*dread*)과 지식(*knowledge*) — 이 일관되게 추출되었다. 위험지각은 그 위험이 얼마나 파국적인 결과를 초래하고, 통제할 수 없으며, 비자발적으로 노출되는지와 관련된 두려움의 정도와, 위험에 대한 개인의 지식, 과학적 지식을 비롯한 친숙성의 정도에 따라 달라진다. 두려움과 지식 두 차원을 중심으로 2차원 공간에 표시된 다양한 위험항목들은 위험 분포를 보여주는 위험 인지도(*cognitive map*)를 그리면서 위험 분류(*taxonomy*)에 이용된다.

먼저 슬로빅 등이 밝힌 위험지각의 심리적 차원 — 두려움과 지식 — 이 한국인의 위험지각에서도 발견되는지를 검토하고자 한다. 한국인의 위험지각에 대한 심리측정 연구는 행정학과 환경학에서 정책 수립을 목적으로 수행되어왔고(예: 장은아, 박종연, 임영욱, 신동천, 2001; Cha, 2000), 심리적 구조 관점에서 위험지각을 분석하려는 시도는 이 연구가 처음이다.

2. 위험지각과 생태학적 태도

최근에는 심리측정 연구가 강조하는 심리 특성들로는 위험지각을 모두 설명할 수 없다는 비판이 일고 있다. 위험에 대한 사회 문화적인 관점(예: Douglas & Wildavsky, 1982; Johnson & Covello, 1987)은 물론, 지각된 위험을 설명하는 다른 심리 요인들의 중요성이 강조되기 시작하였다. 예를 들어 위험에 대한 지식과 지각된 위험의 관계, 판단과 결정에서 추단과 편향, 틀 효과, 결정자의 특정 가치관 또는 태도를 비롯하여 위험 대상을 대하는 지각자의 감정이 위험지각에 미치는 역할에 많은 관심이 기울고 있다(예: Slovic, 2000). 위험지각이 지각자의 특정 태도 또는 가치관에 따라 차이가 있다는 대표적인 연구들 중의 하나가 보처딩 등(Borcherding, Rohmann & Eppel, 1986)과 로만(Rohmann, 1994)의 연구이다. 이들은 환경문제에 대한 높은 관심, 과학기술의 발전에 대한 부정적인 생각 및 탈물질주의 가치관을 생태학적 태도로 명명하고, 생태학적 태도가 지각된 위험에 직접 영향을 미칠 것이라는 가설을 검증하였다. 결과는 이들의 예측대로 생태학적 태도가 높을수록 위험을 더 높게 지각하고, 위험으로 인한 건강 손상이나 사망률보다 개인의 생태학적 태도가 위험지각을 더 잘 예측하는 것으로 나타났다.

이 연구에서는 생태학적 입장에서 태도를 달리하는 세 사회집단들의 위험지각을 비교하였다. 과학기술과 공학 분야의 전문가, 환경단체에 종사하고 있는 직원, 대학생이 연구 대상으로 선정되었는데, 이 집단들이 생태학적 태도에서 뚜렷한 차이가 있을 것으로 생각되었기 때문이었다(슬로빅과 동료들의 연구들에서는 환경단체를 포함시킨 적이 없었다). 이 세 집단 구성원들의 위험지각에 관한 인지도는 지금까지 연구된 사회집단들이 보인 인지도와 다른 특성을 보일 것인가? 과학기술 분야의 전문가들은 과학기술의 발전에 대해 매우 긍정적인 생각을 가지고 있을 것이므로 다른 두 집단에 비해서 생태학적 태도에서 차이가 있을 것이다. 반대로 환경단체는 환경문제에 대한 높은 관심, 과학기술 발전에 대한 부정적인 생각과 탈물질주의 가치관 때문에 다른 두 집단과 다른 생태학적 태도를 가지고 있을 것이다.

3. 배경과 예측

일상생활과 관련된 여러 위험항목들에 대하여 세 집단이 지각하는 위험 강도, 사회적 이익, 그리고 심리적 특성 평가에는 어떤 차이가 있을까? 생태학적 태도와 위험지각이 밀접한 관련이 있다면 세 사회집단은 위험지각의 여러 측면들에서 차이를 보일 것이다. 위험에 대한 판단과 결정을 내릴 때 위험지각이 중요한 역할을 한다는 사실은 잘 알려져 있다(Slovic & Weber, 2002). 전북 부안에서 발생하였던 방사성 폐기물 처리장 유치 반대 사태를 비롯하여 최근에 빈번하게 나타나는 정책 결정자와 환경단체, 전문가와 일반인 사이의 갈등의 원인도 사회집단들 간의 위험지각의 차이라고 볼 수 있다. 한 사회의 여러 집단들이 위험지각에서 차이를 보인다는 증거에도 불구하고, 국가 간 비교 연구들에 비해 한 국가 내 대조적인 사회집단 간의 비교 연구가 매우 부족하다(예: Renn & Rohmann, 2000). 원활한 위험 소통을 위해서도 다양한 사회집단들의 위험지각을 알아보는 것은 중요하다. 이제 대학생, 과학기술 분야에 종사하고 있는 전문가, 그리고 환경관련 단체에 근무하고 있는 직원들을 대상으로 슬로빅 등의 연구방법을 적용하여 일상생활과 관련된 30개의 항목들에 대한 위험지각을 알아보기로 하자.

4. 방법

1) 참여자

전문가 집단은 자연과학대학에 재직하고 있는 교수, 원자력 연구소, 원자력환경기술원, 그리고 국방과학연구소에 근무하고 있는 연구원 151명으로 이루어졌다. 환경 집단은 서울에 위치하는 여러 환경 단체에 근무하는 직원 108명으로 구성되었고, 대학생 집단은 서울 시내에 소재한 대학교에 재학 중인 학생 255명이 조사 대상으로 선정되었다.

2) 설문지

여러 분야에서 발생하는 위험항목 30개(〈표 2-1〉)를 택하여 슬로빅(Slovic, 1984) 등의 연구에서 사용한 7개의 심리적 특성에서(에 대해) 평가하도록 하였다. 여기에는 개인지식〔1점(알지 못하는) ~7점(정확하게 알고 있는)〕, 과학지식〔1점(알려져 있지 않은) ~7점(정확하게 알려져 있는)〕, 친숙성〔1점(낯선) ~7점(친숙한)〕, 통제성〔1점(통제할 수 없는) ~7점(통제할 수 있는)〕, 자발성〔1점(자발적인) ~7점(비자발적인)〕, 파국성〔1점(파국적이지 않은) ~7점(파국적인)〕, 두려움〔1점(침착한) ~7점(두려운)〕에 따라 1에서 7점 척도에서 평가하도록 하였다. 그 밖에 각 항목에 대한 지각된 위험 강도〔0점(전혀 위험하지 않은) ~10점(매우 위험한)〕와 사회적으로 얼마나 이익이 되는지〔0점(사회적 이익이 전혀 없는) ~10점(사회적 이익이 매우 많은)〕 등이 포함되었다.

5. 연구 결과

1) 지각된 위험 강도

〈표 2-1〉은 30개의 위험항목들에 대해 세 집단의 지각된 위험 강도의 차이를 보여준다. 표는 가장 위험하다고 평가한 항목부터 가장 위험이 적다고 평가된 항목 순으로 나열되었다. 환경단체는 핵무기 실험, 핵폐기물을 가장 위험한 순으로 평가한 반면, 전문가와 대학생은 에이즈, 테러 또는 핵무기 실험 순으로 위험을 평가하였다. 장기흡연이 세

〈표 2-1〉 집단별 지각된 위험의 순위(평균)

	대학생	전문가	환경단체
에이즈	1(9.11)	1(9.03)	4(8.67)
테러	2(8.87)	5(8.35)	7(8.11)
장기흡연	3(8.74)	3(8.47)	3(8.69)
핵무기 실험	4(8.72)	2(8.87)	1(9.18)
환각제 중독	5(8.7)	4(8.46)	8(8.07)
범죄	6(8.25)	6(8.03)	5(8.42)
화재	7(7.89)	7(7.69)	12(7.47)
핵폐기물	8(7.78)	17(5.9)	2(8.71)
공해	9(7.52)	8(7.16)	9(8.06)
지구 온난화	10(7.22)	10(7.02)	6(8.35)
농약, 살충제	11(7.11)	9(7.11)	11(7.49)
방폐장	12(6.86)	21(4.7)	10(7.64)
탄광작업	13(6.82)	14(6.42)	18(6.63)
홍수	14(6.78)	13(6.55)	14(6.98)
태풍	15(6.7)	11(6.66)	17(6.76)
원자력	16(5.91)	22(4.32)	15(6.89)
식품방부제	17(5.86)	15(6.19)	13(7)
자동차 운전	18(5.72)	18(5.44)	20(6.09)
소방작업	19(5.22)	16(5.99)	24(5.37)
외과수술	20(4.97)	20(5.34)	26(4.86)
자전거 타기	21(4.86)	12(6.61)	16(6.82)
식품첨가물	22(4.41)	19(5.37)	19(6.53)
DNA 연구	23(3.98)	23(4.26)	21(5.61)
휴대폰 사용	24(3.98)	24(4.2)	22(5.5)
댐	25(3.86)	26(3.85)	23(5.44)
철도	26(3.69)	29(2.85)	29(3.74)
엑스레이	27(3.56)	25(3.92)	25(4.96)
화력, 수력	28(3.31)	28(2.97)	28(4.57)
태양에너지	29(1.72)	30(2.15)	30(1.93)
백신	30(0.2)	27(3.56)	27(4.63)

번째로 위험하다고 평가한 점에서는 세 집단이 같았다. 구체적인 위험항목과 사회집단들에서 약간 차이가 있지만, 슬로빅(Slovic, 1987) 등의 연구를 보면, 원자력이 여성 유권자 연맹과 대학생 집단에 의해서 위험 순위 1위로 평가받는 반면, 전문가 집단에서는 그 순위가 20위였다. 이 연구에서 원자력에 대한 위험지각은 대학생과 환경단체의 경우 각기 16, 15위였고, 전문가 집단에서는 22위였다. 따라서 〈표 2-1〉의 결과는 몇몇 항목에 대한 위험지각의 순위에서 슬로빅(Slovic, 1987) 등의 결과와 대조가 된다.

2) 위험지각의 심리적 특성

〈표 2-2〉는 전체 30개 위험항목들에 대한 참여자들의 반응을 평균하여 지각된 위험 강도, 사회적 이익 등을 비롯하여 7개의 심리적 특성들에서 집단에 따른 차이를 나타내고 있다. 세 집단들 사이의 차이를 비교하기 위해 일원 변량분석을 실시한 결과, 자발성을 제외한 모든 위험 특성들에서 유의미한 차이를 보였다. 본페로니(Bonferroni) 사후검증 결과, 환경단체는 다른 두 집단에 비해 제시된 항목들을 더 위험하며, 사회적 이익은 더 적은 것으로 평가하였으나, 전문가와 대학생 집단 간에는 유의미한 차이가 발견되지 않았다. 위험에 대한 개인지식에서는 전문가와 다른 두 집단 사이에 유의미한 차이가 나타나고 있으며, 과학지식에서는 환경단체가 다른 두 집단에 비해서 유의미하게 낮게 평가하였다. 위험의 결과가 파국적이라는 생각과 위험을 두려워하는 감정은 환경단체가 가장 높으면서, 환경단체와 전문가 간에 유의미한 차이가 나타났고, 대학생과 전문가 간에도 유의미한 차이를 보였지만

〈표 2-2〉 위험지각의 심리적 특성들의 평균(표준편차)

	대학생	전문가	환경단체
위험 강도	6.10(.95)	5.91(.96)	6.63(.87)
사회적 이익	4.46(.78)	4.56(.75)	4.05(.95)
개인지식	4.32(.81)	4.78(.91)	4.31(1.03)
과학지식	4.54(.87)	4.73(1.01)	4.30(.97)
통제성	3.65(.74)	4.10(.93)	3.90(.95)
자발성	4.27(.66)	4.49(.85)	4.37(.85)
친숙성	4.42(.85)	4.91(.86)	4.80(.85)
파국성	4.36(.57)	4.18(.64)	4.54(.71)
두려움	4.11(.72)	3.94(.77)	4.35(.72)

환경단체와 대학생 간에는 유의미한 차이를 보이지 않았다.

3) 심리적 특성들 간의 상관관계

30개 항목들에 대한 세 집단의 반응을 평균하여 위험 특성들 간의 단순 상관관계 분석을 실시하였다. 세 집단이 보인 심리적 특성들 간의 상관계수는 전반적으로 비슷한 패턴을 보였다(〈표 2-3〉, 〈표 2-4〉, 〈표 2-5〉). 집단 간에 차이가 있는 것을 살펴보면, 대학생과 환경단체는 과학지식과 위험 강도 간에 큰 정적 상관을 보였으나, 전문가 집단은 그렇지 않았다. 대학생과 환경단체는 과학지식과 두려움 간에 큰 정적 상관을 보였는데, 과학지식이 많을수록 두려움도 크다고 볼 수 있다. 한편 전문가 집단은 이런 상관을 보이지 않았는데, 과학지식을 많이 가지고 있을수록 두려움이 적었다. 전문가와 환경단체는 통제성과 두려움 간에 큰 부적 상관을 보였는데, 전문가는 위험을 통제할 수 있다고 생각하므로 두려움이 적었고, 환경단체 집단은 위험을 통제할 수

〈표 2-3〉 심리적 특성들 간의 상관계수: 대학생($n = 255$)

	위험 강도	사회적 이익	개인지식	과학지식	통제성	자발성	친숙성	파국성
사회적 이익	-.725**							
개인지식	.876**	-.677**						
과학지식	.590**	-.461*	.645**					
통제성	-.084	.009	-.045	.137				
자발성	.128	-.086	.093	-.023	-.924**			
친숙성	.314	-.219	.460*	.363*	.238	-.203		
파국성	.462*	-.281	.450*	.219	-.780**	.825**	.087	
두려움	.868**	-.630**	.902**	.641**	-.319	.362**	.251	.618**

*$p<.05$; **$p<.01$

〈표 2-4〉 심리적 특성들 간의 상관계수: 전문가($n = 151$)

	위험 강도	사회적 이익	개인지식	과학지식	통제성	자발성	친숙성	파국성
사회적 이익	-.860**							
개인지식	.599**	-.491**						
과학지식	.291	-.125	.792**					
통제성	-.175	.339	-.014	.331				
자발성	.055	-.278	.029	-.214	-.889**			
친숙성	.113	-.183	.532**	.557**	.127	-.157		
파국성	.496**	-.645**	.424*	.107	-.727**	.783**	.012	
두려움	.894**	-.894**	.577**	.226	-.471**	.417*	-.002	.739**

*$p<.05$; **$p<.01$

〈표 2-5〉 심리적 특성들 간의 상관계수: 환경단체($n=108$)

	위험 강도	사회적 이익	개인 지식	과학 지식	통제성	자발성	친숙성	파국성
사회적 이익	−.891**							
개인지식	.689**	−.607**						
과학지식	.530*	−.481**	.888**					
통제성	−.128	.293	.102	.247				
자발성	.197	−.413*	.021	−.112	−.882**			
친숙성	.283	−.188	.650**	.671**	.264	−.166		
파국성	.603**	−.671**	.303	.192	−.731**	.779**	.029	
두려움	.830**	−.863**	.526**	.375*	−.492**	.567**	.084	.795**

*$p<.05$; **$p<.01$

없다고 생각하므로 두려움이 많다고 볼 수 있다. 한편 대학생 집단은 그런 경향을 보이지 않았다. 앞의 두 집단은 사회적 이익과 파국성 간에 큰 부적 상관을 보였는데, 이익이 클수록 파국성은 작고 이익이 작을수록 파국성이 크다고 보았지만, 대학생 집단은 그런 경향을 보이지 않았다. 요컨대, 세 집단은 두려움 및 파국성과 같은 감정적 반응과 다른 특성들과의 관계에서 뚜렷한 차이를 보였다.

4) 원자력, 방폐장 및 핵폐기물 평가

〈표 2-6〉은 대학생, 전문가 그리고 환경단체의 세 집단이 원자력, 방폐장 그리고 핵폐기물과 같은 원자력 관련 항목에 대해 그 위험 강도와 사회적 이익을 평가한 결과를 정리한 것이다. 이 표에서 알 수 있듯이, 환경단체 집단은 다른 집단들보다 세 위험항목 모두를 더 위험하다고

〈표 2-6〉 세 위험항목에 대해 세 집단이 평가한 위험 강도 및 사회적 이익(표준편차)

	대학생		전문가		환경단체	
	위험 강도	사회적 이익	위험 강도	사회적 이익	위험 강도	사회적 이익
원자력	5.91(2.32)	7.93(1.83)	4.32(2.58)	8.06(1.75)	6.89(2.75)	5.80(3.17)
방폐장	6.86(2.28)	4.54(3.06)	4.70(2.87)	6.07(3.03)	7.64(2.67)	2.7(2.66)
핵폐기물	7.78(2.05)	1.58(2.19)	5.90(2.9)	2.75(2.89)	8.71(1.42)	1.37(1.94)

평가하고 있으며, 사회적 이익은 적다고 반응하여서, 위험 강도에 비해서 사회적 이익은 매우 낮은 위험으로 지각하고 있다. 전문가 집단은 세 항목 모두에 대해 다른 집단보다 위험 강도를 낮게 보고 있는 반면, 원자력과 방폐장의 사회적 이익은 매우 높게 지각하고 있다. 대학생의 원자력에 대한 평가는 전문가처럼 위험 강도보다 사회적 이익을 높게 보고 있었지만, 방폐장의 경우 위험 강도보다 사회적 이익이 낮은 위험항목으로 지각하고 있어서 환경단체와 동일한 결과를 보였다. 이 결과들은 세 집단이 보인 여러 차이가 그 연령 및 성별에 기인하지 않음을 시사한다.

5) 위험 요인분석과 인지도

상관분석에서 나타나고 있는 심리적 특성들 간의 구조를 분석하기 위해 요인분석을 실시하였다. 주성분방법(*principle component method*)과 VARIMAX 회전방법으로 요인을 추출하고 그 결과를 〈표 2-7〉에 제시하였다. 전문가와 환경단체의 경우 요인 1은 두려움, 파국성, 통제성, 자발성과 관련이 있으며, 요인 2는 개인지식, 과학지식, 친숙성과 관

<표 2-7> 요인분석 결과

	대학생		전문가		환경단체	
	요인 1	요인 2	요인 1	요인 2	요인 1	요인 2
개인지식	.178	.924	.282	.914	.174	.940
과학지식	-.031	.830	-.091	.919	.018	.948
통제성	-.960	.120	-.897	.251	-.893	.281
자발성	.966	-.042	.898	-.213	.922	-.145
친숙성	-.248	.638	-.116	.723	-.144	.810
파국성	.884	.339	.932	.197	.926	.191
두려움	.450	.827	.740	.381	.787	.407
설명된 변량	.41	.39	.44	.35	.45	.39

련이 있는 것으로 나타나서 슬로빅 등(Slovic, 1987)의 결과를 정확히 반복할 수 있었다. 대학생 집단은 요인 1이 파국성, 통제성, 자발성과 관련이 있고, 요인 2는 개인지식, 과학지식, 친숙성뿐 아니라 두려움 특성과 관련이 있는 것으로 나타나서 다른 두 집단과 약간의 차이를 보이고 있다. 일반적으로 위험의 결과가 파국적이며, 위험을 통제할 수 없고, 또 위험에 비자발적으로 노출되고 있는지와 관련된 요인을 두려운 위험(*dread risk*)으로 명명하는 데 무리가 없을 것으로 보인다. 요인 2는 알려지지 않은 위험(*unknown risk*)으로 명명하였다.

위험항목들과 두 요인들의 관계를 살펴보기 위해 각 요인에 대한 30개 위험항목의 요인 점수를 계산하여 2차원 공간에 나타낸 것이 <그림 2-1>, <그림 2-2>, 그리고 <그림 2-3>이다. 핵무기 실험, 테러, 태풍, 그리고 홍수를 요인 1 차원에서 매우 두려운 위험으로, 휴대폰, 자전거, 장기흡연, 엑스레이를 두렵지 않은 위험으로 평가하는 점에서는 세 집단이 모두 비슷하였다. 요인 2에서는 모든 집단이 DNA 연구, 백신, 태양에너지를 잘 알려져 있지 않은 위험으로 지각하는 반면에 에

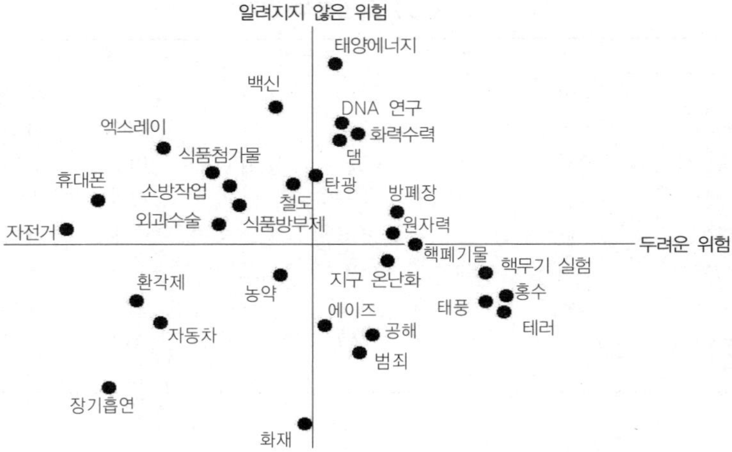

〈그림 2-1〉 대학생의 위험 인지도

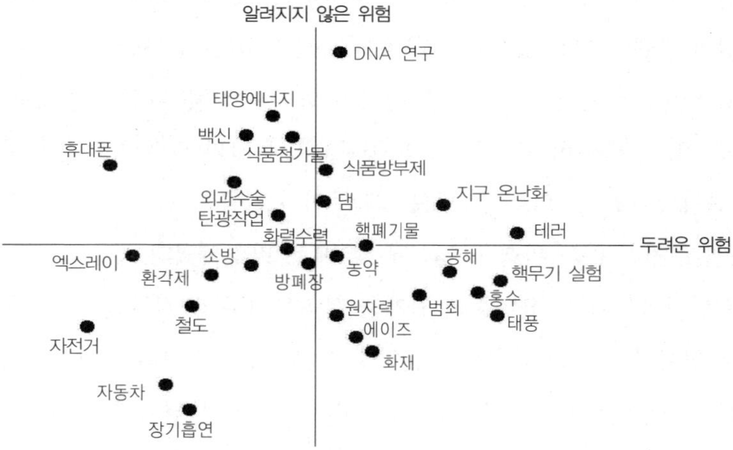

〈그림 2-2〉 전문가의 위험 인지도

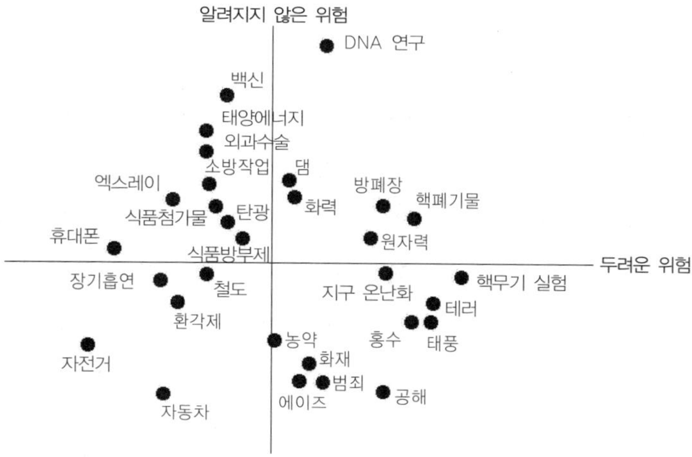

〈그림 2-3〉 환경단체의 위험 인지도

이즈, 자동차, 장기흡연, 화재를 잘 알고 있는 위험으로 평가하였다. 그러나 몇 가지 항목들에서는 집단별 차이가 있었다. 전문가들의 원자력 관련 위험들(핵폐기물, 방폐장, 원자력)에 대한 두려움의 정도는 다른 두 집단에 비해서 낮았고, 식품 방부제와 식품 첨가물이 잘 알려지지 않은 위험이라고 생각하였다. 환경단체는 원자력, 방폐장, 핵폐기물에 대한 두려움이 세 집단 중 가장 컸고 식품방부제와 식품첨가물을 전문가보다는 잘 알려진 위험으로 평가하였다.

6. 논의

이 연구에서는 사람들이 무엇을 왜 두려워하는지를 위험지각의 심리적 차원으로 검토하기 위해 대학생, 과학기술 분야의 전문가, 그리고 환경단체의 직원들을 대상으로 슬로빅과 동료들(1978; 1984; 1987)이 개발한 심리측정 절차를 이용하여 조사를 실시하였다. 연구의 한 주요 목적은 슬로빅과 동료들이 찾은 위험지각의 심리적 차원이 한국인에게서도 발견되는지, 그리고 사회 집단들 — 대학생, 전문가, 환경단체 — 간에 위험지각에서 어떤 구체적인 차이가 있는지를 알아보는 데 있었다.

생태학적 태도가 다를 것으로 판단된 세 집단의 위험지각이 두 개의 심리적인 차원 — 두려움과 지식 — 으로 나타났으며, 이 결과는 슬로빅 등의 결과와 일치하였다. 즉, 위험을 대하는 한국인의 태도에서도 위험이 얼마나 두려운지 그리고 위험에 대해 얼마나 많이 알고 있는지가 중요한 심리적 차원으로 작용하고 있었다. 이 심리적 차원에서 보면, 슬로빅 등을 비롯한 대다수 심리측정 연구들의 결과와의 차이점이 원자력 관련 항목들에 대한 지각에서 나타난다. 지금까지의 심리측정 연구에서 원자력은 두려움과 지식 차원에서 모두 높게 평가를 받는 것으로 알려져 왔다. 슬로빅 등(1987)의 심리적 차원에서 보면, 원자력, 핵폐기물 및 방폐장은 모두 매우 두려우면서 알지 못하는 위험으로 평가되었다. 특히 일반인은 원자력을 매우 두렵고 잘 알지 못하는 위험으로 지각하고 있었다. 그러나 이 연구의 결과, 대학생과 환경단체는 원자력을 두렵지만 잘 알지 못하는 위험은 아니라고 생각하였다. 다른 두 집단에 비해 원자력을 더 두려운 위험으로 보는 환경단체조차도 지식차원에서는 다른 집단들과 큰 차이를 보이지 않았다. 한국인의 원자력에 대한 위험 평가가 다른 연구들의 결과와 왜 다른지 그 원인을 분명히 밝히기는 어렵다. 1979년 미국의 스리마일 섬(Three Mile Island)에서 발생했던 원자로 과열로 인한 방사능 누출 사고와 같은 극적인 사건이 미국인들에게 원자력에 대한 전반적인 지식에 의구심을 가지도록 한 반면에, 우리나라의 경우 그에 필적할 만한 사고가 없었기 때문인지도 모른다. 한편 이 연구가 이루어진 시기는 슬로빅 등의 연구 이후 거의 20여 년이 경과했기 때문에 그 동안 원자력에 대한 지식 차원에서의 변화가 일어났을 가능성도 있다.

세 집단 간에 위험지각의 두 심리적인 차원에서는 큰 차이가 없는 것으로 나타났지만, 일반적인 위험지각과 위험에 대한 사회적 이익에 대한 생각을 비롯한 여러 위험 특성들에서는 집단 간 차이가 나타났다. 전문가들은 다른 두 집단보다 위험항목들의 사회적 이익을 더 높게 평가할 뿐 아니라, 위험이 잘 알려져 있다고 생각하며, 통제할 수 있고 더 친숙하다고 평가하고 있었다. 이 결과는 전문가들은 관련 지식이 풍부하고, 위험 강도를 연간 사망률로 평가하기 때문이다(Slovic, 1987). 환경단체는 다른 두 집단보다 지각하는 위험 강도는 더 크고 사회적 이익은 더 적은 것으로 생각하고 있으며, 위험에 대해 느끼는 두려움도 더 크고 위험의 결과를 더 파국적으로 생각하고 있었다. 이러한 두려움, 비자발성, 비통제성, 그리고 파국성은 모두 위험지각에 미치는 감정의 중요성을 나타낸다. "좋다-나쁘다"가 그 핵심인 감정 추단(*affective heuristic*)은 위험항목들에 대한 지각과 판단에 재빨리, 자동적으로 작용하는 것으로 알려져 있다(Slovic, 2000). 대학생들은 위험 강도에서는 전문가와 차이를 보이지 않았지만 위험을 통제할 수 없다고 생각하는 경향이 다른 두 집단에 비해 더 높았다. 이 연구는 세 사회집단이 로만(Rohmann, 1994)이 제안한 생태학적 태도에서 차이가 있을 것으로 보았다. 환경 보호에 대한 많은 관심, 기술의 발전에 대한 회의적인 생각, 그리고 물질주의를 배격하는 가치관을 포함하는 생태학적 태도는 환경단체에 근무하고 있는 직원들이 가장 높고 과학기술 분야에 종사하고 있는 전문가들이 가장 낮을 것으로 가정하였다. 예측한 대로 환경단체는 전문가와 대학생에 비해서 전체 위험항목에 대한 위험을 더 높게 지각하고 있어서 생태학적 태도가 위험지각에 영향을 미침을 알 수 있었다.

연구에 참여한 전문가 집단의 대다수가 원자력 관련 계통에 종사하고 있는 전문가들이라는 점을 감안하여 원자력 관련 항목들(예: 원자력, 방폐장, 핵폐기물)에 대한 평가를 따로 살펴보았다(〈표 2-6〉 참고). 일반적으로 원자력은 위험 강도는 크면서 사회적 이익은 낮은 것으로 지각되는 항목으로 알려져 있다(예: Alhakami & Slovic, 1994; Finucane et al., 2000). 이 연구에서 환경단체들은 원자력, 핵폐기물, 그리고 방폐장을 사회적인 이익은 낮으면서 위험한 것으로 지각하고 있었다. 그러나 전문가와 대학생의 경우 그 평가가 달랐다. 예를 들어, 전문가는 핵폐기물의 경우 환경단체와 마찬가지로 사회적 이익보다 위험 강도를 더 높게 평가하였지만, 원자력과 방폐장에 대한 평가는 역전되어, 위험 강도보다 사회적 이익을 더 크게 지각하고 있었다. 대학생은 방폐장과 핵폐기물에 대해 환경단체와 마찬가지로 그 사회적 이익보다 위험을 더 크게 지각하고 있었지만, 원자력에 대한 평가는 전문가와 동일하게 위험 강도보다 사회적 이익을 더 높게 평가하고 있었다. 전체적인 위험 강도뿐 아니라 세부 항목들에서도 세 사회집단이 위험지각에서 차이를 나타냈다. 집단 간 차이를 일으키는 심리적 요인들, 즉 위험판단에 영향을 미치는 심리적 요인들을 밝히는 것이 앞으로 위험지각 연구의 주요 과제이다.

이 연구는 슬로빅 등의 선구적인 발견인 위험지각의 두 심리구조를 한국인을 대상으로 검토하면서, 더 나아가 생태학적 태도가 위험지각에 영향을 미칠 것이라는 가설을 그 태도에서 차이가 있을 것이라고 생각되는 세 사회집단을 비교하여 검증하였다. 연구의 한계는 조사 대상자의 생태학적 태도를 직접 검사한 뒤에 설문조사를 실시한 것이 아니기 때문에 집단이 가지고 있는 다른 특성이 위험지각에 영향을 미쳤을 가능성을 배제할 수 없다는 점이다. 그러나 전체적인 위험 강도 및 세부 항목들에서 세 집단이 보인 차이는 위험지각에 미치는 생태학적 태도의 중요성을 시사한다. 또한 한국인의 위험지각을 분석하려 할 때, 슬로빅 등이 사용한 심리적 특성들 외에 다른 특성들을 고려하면서, 감정 추단의 효과를 자세히 평가할 필요가 있다. 앞으로의 연구에서 한국인의 위험지각을 설명할 수 있는 중요한 심리적인 특성(예: 가치관, 신뢰 등)들을 찾아낸다면 위험지각에 대한 좀더 포괄적인 설명과 예측이 이루어질 것이다.

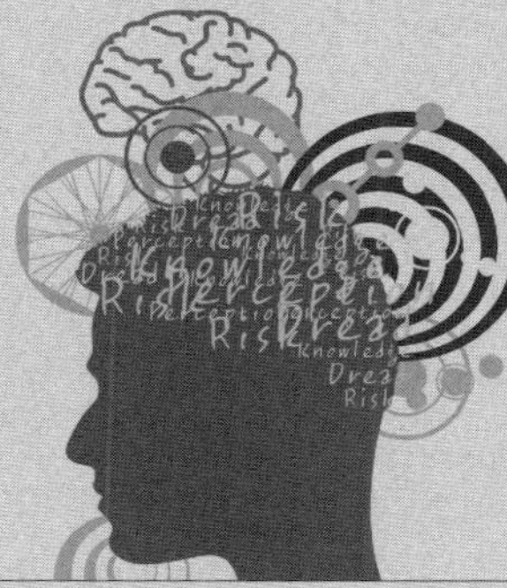

02

위험지각의 심리적 기제

제3장

방폐장 입지 결정과 위험지각

원자력 발전소나 방폐장의 입지 선정과 관련해서 해당 지역 주민들의 위험지각과 의사결정은 매우 중요하다. 전문가, 행정 당국, 환경보호 단체 및 주민들이 위험지각에서 현저한 차이를 보이고 쟁점을 해소하지 못하면서 심각한 갈등과 불안을 증폭시키기 때문이다. 슬로빅 등(Slovic, Fischhoff & Lichtenstein, 1976)은 인지심리학자들이 이러한 쟁점을 해소하는 데 기여할 수 있다고 주장하였다. 첫째, 인지심리학자들은 주민들이 수용할 수 있는 위험 수준을 정하는 정책결정과정에서 주로 이용되는 통계수치에 기초한 위험-이득(*risk-benefit*) 평가방식의 장단점을 잘 알고 있다. 따라서 주민들이 실제로 지각하는 위험이 통계 수치와는 차이가 있음을 밝혀 정책 결정에 실질적인 도움을 줄 수 있다. 둘째, 인지심리학자들은 전문가와 일반인이 의사결정과정에서 사용하는 확률에 관한 추단(*heuristic*) 연구를 바탕으로 전문가의 주관적 판단을 주민들이 얼마나 신뢰하는지를 밝혀 정책결정과정에 기여한다. 최근에 방폐장 입지를 정하는 문제가 여러 지역사회에 심각한 갈등을 일으키면서, 주민들의 의사결정이 더욱 중요시되고 있다. 이 장에서는 방폐장 유치에 대한 지역 주민들의 의사결정을 예측할 수 있는 요인들이 무엇인지를 밝혀서 실생활과 밀접한 관련이 있는 위험에 대한 판단 및 의사결정에서 인지심리학자의 역할을 다시 한 번 살펴보고자 한다.

1. 방폐장 유치 결정에서 감정 추단

최근에 위험지각 연구에서는 위험을 지각하고 판단하는 데 영향을 미치는 주요 요인으로 감정의 역할이 강조되고 있다. 감정은 어떤 외부 자극에 대한 좋은(*good*, *pleasant*, *positive*) 또는 나쁜(*bad*, *unpleasant*, *negative*) 느낌으로 정의된다. 사람들은 동일한 자극에도 다르게 반응하므로(Finucane, Peters & Slovic, 2003), 판단과 의사결정이 오직 이성(*reason*) 또는 인지(*cognition*)와 관련된 과정으로 생각했던 시기를 넘어서 최근에는 감정 역시 행동을 유발하는 강력한 동기 인자(*motivator*)로 간주되고 있다. 판단과 의사결정에서 감정을 이용하여 정보를 처리하는 방략을 감정 추단(*affect heuristic*)이라고 부른다. 특정 자극에 대한 감정은 그 자극에 대하여 개인이 마음에 떠올리는 여러 가지 심상(*imagery*)을 스스로 평가하게 함으로써 알아낼 수 있다. 심상, 감정 그리고 의사결정이 서로 관련이 깊기 때문에 의사결정을 할 때 감정 추단이 이용된다는 사실은 이미 여러 연구들에서 증명된 바 있다. 예를 들어, 슬로빅 등(1991)은 미국 네바다(Nevada) 주 소재의 고준위 방폐장

(*high-level nuclear waste repository*)에 대한 심상을 이용하여 그 장소에 대한 감정과 휴가지 선택 행동과의 관계를 검증하였다. 고준위 방사성 폐기물은 원자력 발전소를 포함한 모든 원자력 시설에서 나오는 사용 후 핵연료를 말한다. 조사 참여자들에게 네바다 주와 연합되어 있는 심상들을 보고하면서, 심상들의 값을 평가하도록 하였다. 심상값은 매우 부정적인 차원에서부터 매우 긍정적인 차원까지 5점 척도로 측정되었다. 참여자가 떠올린 네바다 주에 대한 모든 심상값(*imagery value*)의 합계 또는 평균치를 네바다 주에 대한 그 참여자의 감정이라고 보았다. 이렇게 측정된 감정으로 네바다 주를 휴가지 또는 새로운 거주지로 선택하는 사람들의 선호도를 잘 예측할 수 있었다. 즉, 네바다 주에 대한 감정이 부정적이면 네바다 주의 선호도는 감소하였고, 긍정적이면 선호도가 증가하였다. 이 연구는 사람들의 잠정적인 선호도뿐 아니라 실제 행동도 예측할 수 있었다. 첫 조사 후 16~18개월이 지난 뒤 참여자들이 실제로 선택하였던 휴가지를 조사하였더니 선호도 조사에서와 동일한 결과가 나타났다. 장소뿐 아니라 원자력에 대해 사람들이 가지고 있는 심상과 그 심상에 대한 좋고 나쁨의 감정은 원자력을 지지하는지 또는 반대하는지를 잘 예측해준다(Peters & Slovic, 2000). 이 연구에서는 지역 주민들의 방폐장에 대한 심상값을 단어 연상 검사(*word association test*)를 이용하여 측정하고, 이렇게 측정된 방폐장에 대한 감정이 방폐장 설치에 대한 의사결정을 얼마나 잘 예측할 수 있는지를 알아본다.

2. 낙인효과와 세계관

심리학에서 낙인(*stigma*)이란 사람, 사물, 장소 등이 일반적으로 바람직하지 못한 특성을 가진 것으로 간주하고 이를 피하는 현상을 말한다. 주민들이 자신의 거주지역에 방폐장이 들어서는 것을 꺼리는 중요한 이유 중의 하나는 방폐장이 그 지역을 낙인화할 가능성이 크기 때문이다. 방폐장으로 인한 낙인효과가 그 지역에 거주하는 사람들의 감정으로 예측할 수 있음을 보여주는 위험지각 연구들(예: Slovic et al., 1991; Jenkins-Smith, 2004)은 낙인효과도 감정 추단의 영향을 받음을 시사한다. 젠킨스 스미스(Jenkins-Smith, 2004)는 특정 장소에 부정적인 이미지나 정보가 첨가되는 것만으로 자동적으로 낙인효과가 발생하기보다는 지각자의 세계관, 이데올로기, 가치관 등이 정보의 선택 및 장소의 심상값에 영향을 미친다고 보았다. 더글라스와 윌다브스키(Douglas & Wildavsky, 1982), 데이크(Dake, 1991) 등이 주장하는 문화이론(*culture theory*)에 따르면, 세상을 바라보는 지각자의 태도가 위험지각에 영향을 미치기 때문에 세계관에 따라 위험지각의 양상에서 차이가 나타난다. 예를 들어, 위계주의 세계관을 가진 사람들은 행정 당국이나 전문가들이 별로 위험하지 않다고 주장하는 방폐장의 위험은 낮게 지각하고, 핵무기나 사회질서를 위협하는 범죄의 위험은 높게 지각한다. 평등주의자들은 차세대 또는 여러 사람들에게 영향을 일으킬 수 있는 위험들에 반대하고, 정부당국이나 전문가와 같은 소수 엘리트의 결정으로 발생하는 위험을 신뢰하지 않는다. 운명주의자들은 그들이 통제할 수 없다고 생각하는 위험에 대해 알려고 하지 않으며 걱정도 하지 않는다. 개인주의자들은 위험을 기회로 생각하기 때문에 신기술(*new technology*)에 대한 위험을 매우 낮게 지각한다(Thompson et al., 1990 참조). 젠킨스 스미스의 연구 결과를 보면, 평등주의 관점에 동의할수록, 위계주의적 관점에 동의하지 않을수록, 그리고 탈물질주의적 가치관을 가진 사람일수록 네바다 주에 대해 더 뚜렷한 핵 심상을 가지고 있었다. 모든 사람들이 네바다 주에 대해 핵 심상을 가지고 있지는 않았는데, 이 결과는 낙인효과가 모든 사람들에게서 발생하는 것이 아니라 개인의 특성에 따라 달라짐을 시사한다.

3. 연구에서 제기하는 질문들

이 연구는 당시 중·저준위 방폐장 유치가 논의되는 지역들에 거주하는 주민들을 대상으로 다음과 같은 구체적인 질문들에 대한 답변을 얻기 위해 수행되었다(참고: 중·저준위 방사성폐기물은 원자력 발전소, 방사성동위원소를 사용하는 산업체나 병원 등에서 발생하는 폐기물 중 낮은 방사성을 띠고 있는 것들이다).

첫째, 누가 방폐장을 두려워하는가?
또는 어떤 사람들이 방폐장 유치에 반대하는가?

방폐장 유치 의사결정에 영향을 미치는 주민들의 특성이 무엇인지를 알아보기 위해 세계관, 탈물질주의 가치관, 정치성향 등을 측정하여 방폐장 입지 의사결정과의 관계를 살펴보았다. 문화이론이 옳다면 세계관에 따라서 방폐장 입지에 대한 찬반 반응에서 차이가 나타날 것이다. 특히 당시의 정부 정책(2005년)은 방폐장 입지를 지역사회의 경제

부흥 기회로 강조하였고, 이런 관점에서 볼 때 신기술을 일종의 기회로 생각하고 위험을 높게 지각하지 않는 개인주의자들이 방폐장 건설에 찬성할 가능성이 가장 높을 것이다.

방폐장과 같은 위험물에 대한 의사결정에 영향을 미칠 수 있는 또 다른 개인의 특성으로 잉겔하트(Ingelhart, 1971; 1981; 1990)의 탈물질주의 가치관(*post-materialism*)을 들 수 있다. 잉겔하트는 개인들을 물질주의자 또는 탈물질주의자로 분류할 수 있다고 주장한다. 물질주의 가치관을 가진 사람들은 높은 경제성장 유지, 사회질서 유지, 경제 안정 등을 중요시하는 반면에 탈물질주의자들은 사회에서의 발언권 증대, 환경보호, 언론 자유 보장 등을 더 중요하게 본다. 방폐장과 같은 위험물에 대한 지각이 탈물질주의 가치관과 관련이 깊다는 증거는 젠킨스 스미스(Jenkins-Smith, 2004)뿐 아니라 생태학적 태도(*ecological attitude*)와 위험지각과의 관계를 보여준 이영애와 이나경(2005)의 연구에서도 찾아볼 수 있다. 이영애와 이나경의 연구는 높은 생태학적 태도 또는 높은 탈물질주의 가치관을 가지고 있을 것으로 추정되는 환경집단이 일반적인 재해를 대학생과 전문가 집단에 비해서 더 위험한 것으로 지각하고 있다는 것을 보여주었다. 이 두 연구를 기초로 할 때, 탈물질주의적 가치관을 가지고 있는 사람일수록 방폐장을 더 두려워하고 지역사회의 방폐장 유치에 반대할 것이다.

둘째, 방폐장 유치 결정은 방폐장에 대한 지역 주민들의 감정으로 예언할 수 있을까?

감정은 방폐장에 대한 심상들을 떠올리도록 한 후에 각 심상에 대해 응답자가 긍정-부정 차원에서 직접 평가하게 하여 측정하였다. 위험지각의 선행연구들(Slovic et al., 1991; Jenkins-Smith, 2004; Peters & Slovic, 2000)이 시사하는 것처럼 사람들의 위험에 대한 의사결정이 감정 추단의 영향을 받는다면 방폐장 유치에 대한 찬반 의사결정도 방폐장에 대한 감정으로 예측될 수 있을 것이다.

셋째, 어떤 사람들이 잠재적인 낙인효과에 더 민감한가?

방폐장 건설로 발생할 수 있는 잠재적인 낙인효과에 대한 주민들의 반응은 두 가지 차원에서 측정되었다. 사회 경제적인 측면에서는 방폐장이 건설되면 지역의 부동산 가격에 어떤 변화가 발생할 것으로 생각하는지와 지역사회의 경제에 부정적인 효과가 발생할지에 대한 응답자의 생각이 5점 척도에서 측정되었다. 낙인은 불명예스럽고, 비도덕적이며, 수용하기 어려운 어떤 것이다(Fischhoff, 2001). 이와 같은 정의에 따라 방폐장 건설이 지역사회를 얼마나 불명예스럽게 만든다고 생각하는지, 얼마나 비도덕적이라고 생각하는지, 그리고 어느 정도 수용할 수 있는지를 물어 방폐장 유치에 대한 심리적인 낙인효과를 측정하였다. 의사결정자의 여러 가지 특성들 — 세계관(개인주의, 운명주의, 평등주의 위계주의), 탈물질주의 가치관, 정치성향, 연령, 교육 등 — 을 이용하여 어떤 사람들에게 낙인효과가 더 많이 관찰되는지를 알아보았다. 젠킨스 스미스의 연구가 시사하는 것처럼, 개인의 특성에 따라서 낙인효과가 다르게 관찰된다면 방폐장 유치로 인하여 발생할 수 있는 잠재적인 낙인효과 역시 개인차가 나타날 것으로 예측할 수 있다.

넷째, 방폐장 유치에 관한 찬반 의사결정에 영향을 미치는 가장 중요한 요인들은 무엇인가?

지금까지의 위험지각 연구들을 바탕으로 방폐장 유치와 관련된 의사결정에 영향을 미칠 것으로 보이는 여러 가지 변수들 — 지각된 위험 강도, 낙인효과, 신뢰, 감정 — 을 가지고 회귀분석을 이용하여 중요한 예측 변수들을 알아보고, 그중 가장 중요한 변수가 무엇인지 밝히기로 한다.

4. 방법

1) 조사 대상

중·저준위 방폐장 건설에 대한 논의가 일어나고 있는 전라북도 군산과 경상북도 경주에 거주하는 대학생과 일반주민들을 대상으로 설문조사를 실시하였다. 조사 대상자 선정방식은 군산과 경주에 거주하는 대학생들을 먼저 선정한 후에 각 2부의 설문지를 배부하여 본인과 주변의 일반인으로부터 응답을 받아오도록 하였다. 총 508명의 조사 대상자들 중에서 군산시 거주자가 371명(72.9%), 경주시 거주자는 138명(27.1%)이었으며, 전체 응답자 중 대학생이 235명(46.3%), 일반주민은 273명(53.7%)으로 비율이 비슷하였다. 전체 응답자 중 여성이 244명(48%), 남성은 264명(52%)이었다. 연령은 20대 이하가 288명(57.1%), 그리고 30대 이상이 216명(42.9%)으로 구성되었으며, 대다수 응답자들의 교육수준은 고등학교 졸업 이상이었다(89.8%). 주관적인 정치성향에 대한 조사에서 자신을 진보라고 생각하는 응답자는 300명으로 전체 응답자의 60.4%에 달하였고, 자신을 보수라고 생각하는 사람들은 197명(39.6%)이었다.

2) 조사 내용

먼저 방폐장에 대한 감정을 측정하기 위해 응답자에게 '방폐장'에 대해 연상되는 네 개의 단어를 설문지에 적도록 하였다. 그 다음 마음에 떠올린 각 심상을 긍정과 부정 차원에서 평가하도록 하였다. 평가는 매우 부정적(-2), 약간 부정적(-1), 보통(0), 약간 긍정적(-1), 매우 긍정적(+2)의 5점 척도 차원에서 이루어졌다. 예를 들어 응답자가 방폐장에 대해 '핵폐기물'이라는 심상을 떠올렸고 약간 부정적이라고 평가하면 -1에 표시를 하면 되었다. 한 개인의 방폐장에 대한 감정은 그가 떠올린 모든 단어들의 심상값을 평균하여 얻어졌다. 낙인효과는 사회경제적 및 심리적 낙인효과를 다섯 개의 문항으로 측정하였는데, 사회경제적인 낙인효과로는 방폐장 건설로 지역의 부동산 가격에 어떤 변화가 일어날 것으로 생각하는지와 지역 특산물의 가치 하락 및 관광객의 감소처럼 부정적인 경제 효과가 발생할지에 대한 응답자의 생각을 조사하였다. 심리적인 낙인효과는 방폐장이 건설되면 이 시설이 지역사회를 위해서 얼마나 불명예스럽다고 생각하는지, 방폐장 건설은 얼마나 비도덕적이라고 생각하는지, 방폐장을 수용할 수 있는지를 각각 5점 척도로 측정하였다. 그 밖에 방폐장을 얼마나 위험하다고 생각하는지에 답변하도록 하여 방폐장에 대한 지각된 위험 강도를 측정하였다. 현재 추진 중인 방폐장 입지에 관한 주민투표를 실시할 경우 찬성할 것인지 또는 반대할 것인지에 답하도록 하고 그 이유를 간단히 적도록 하였다.

문화이론(예: Douglas & Wildavsky, 1982; Dake, 1991)이 주장하고 있는 세계관, 잉겔하트(1971; 1981; 1990)의 탈물질주의 가치관, 그리고 자신을 진보주의자 또는 보수주의자라고 생각하는지를 묻는 주관적인 정치성향이 그 밖의 개인 신상 정보들과 함께 위험판단에 영향을 미칠 수 있는 개인 특성들로 채택되었다. 위계주의, 평등주의, 개인주의, 운명주의 세계관을 측정하는 총 20개의 항목들이 데이크(Dake, 1992)의 측정도구와 이나경, 임혜숙과 이영애(2008)의 연구로부터 선택되어 사용되었다. 한국인의 위험지각과 세계관과의 관계를 살펴본 이나경, 임혜숙과 이영애(2008)의 연구를 보면, 한국인의 세계관 측정에 더 적합한 문항들이 있음을 알 수 있다. 데이크의 세계관 측정도구를 사용할 때 문화 차이를 고려해야 한다는 주장(예: Brenot et al., 1998)에 따라, 이나경, 임혜숙과 이영애(2008)의 연구에서 얻어진 문항들과 위험지각에서 주로 이용되고 있는 데이크(1992)의 측정도구를 혼합하여 세계관을 측정하였다. 탈물질주의 가치관은 잉겔하트의 연구에서 3개의 문항을 선출하여 측정하였다. 마지막으로 방폐장 문제와 관련하여 참여자는 정부와 관련 전문가들을 어느 정도 신뢰하고 있는지를 역시 5점 척도상에서 답하도록 하였다.

5. 결과

1) 방폐장을 두려워하는 사람들의 특성

방폐장 유치에 관한 찬반 투표에 의견을 표명한 501명 중에서 28.1%에 해당하는 141명이 지역사회의 방폐장 유치에 찬성하였으며, 나머지 360명(71.9%)은 반대를 표명하였다. 찬성 또는 반대 이유를 〈표 3-1〉에 정리하였다.

〈표 3-1〉에서 알 수 있듯이 방폐장 유치는 찬성자들에게는 지역발전을 위해서 이익이 된다고 간주되는 반면에 반대자들에게는 오히려 지역발전을 저해하는 것으로 여겨지고 있음을 알 수 있다. 방폐장 유치를 반대하는 사람들은 위험하기 때문이라는 이유 다음으로 방폐장으로 인하여 지역 이미지가 손상되고 지역 주민들 간 갈등이 발생하고, 경제적인 불이익이 발생할 것으로 생각하고 있는데, 이러한 사실은 주민들이 지역 발전을 이유로 방폐장 유치에 찬성하게 될 가능성이 적음을 시사한다.

〈표 3-1〉 방폐장 입지에 대한 찬성 및 반대 이유들

찬성(141명)		반대(360명)	
이유	빈도(%)	이유	빈도(%)
지역 발전의 기회이다	71(50%)	위험하다	82(23%)
국가를 위해서 필요하다	28(20%)	지역 발전을 저해한다	65(18%)
안전하다	17(12%)	건강을 위협한다	50(14%)
보상에 대한 기대 때문에	14(9%)	환경을 오염시킨다	50(14%)
무응답	11(7%)	후손에게 피해가 된다	14(3%)
		무응답	23(6%)

세계관을 측정하는 전체 20개의 항목들에 대한 응답자들의 반응을 요인분석한 결과 네 개의 세계관 요인들이 추출되었다. 제 1요인은 위계주의, 제 2요인은 개인주의, 제 3요인은 운명주의, 제 4요인은 평등주의로 나타났고, 여기서 얻어진 요인점수를 추후 통계분석에 이용하였다. 탈물질주의 가치관은 3개의 문항들에서 나온 답변들을 평균한 점수가 이용되었으며, 정부와 원자력 관련 전문가들에 대한 신뢰는 4개의 신뢰 측정 문항에서 나온 답변의 평균치가 통계분석에 사용되었다.

방폐장 유치의 의사결정에 영향을 미칠 것으로 간주되는 개인 특성들 — 위계주의, 개인주의, 운명주의, 평등주의, 탈물질주의 가치관, 주관적인 정치성향, 성별, 연령, 교육, 거주지역 — 을 독립변수로, 그리고 투표에서의 찬반 의사결정을 종속변수로 하는 이분형 로짓 회귀분석을 실시하였다(〈표 3-2〉 참조).

〈표 3-2〉 방폐장 입지 의사결정과 개인 특성들

	B	*S.E.*	*Wald**	*df*	*Sig.*	*Exp(B)***
성(1)	0.189	0.232	0.660	1	0.416	1.207
연령	0.015	0.008	2.924	1	0.087	1.015
교육	0.088	0.061	2.040	1	0.153	1.092
탈물질주의	0.519	0.134	14.953	1	0.000	1.680
위계주의	0.050	0.171	0.087	1	0.769	1.051
개인주의	−0.772	0.181	18.080	1	0.000	0.462
운명주의	−0.232	0.143	2.629	1	0.105	0.793
평등주의	−0.180	0.152	1.404	1	0.236	0.835
정치성향(1)	1.332	0.268	24.642	1	0.000	3.787
지역(1)	−0.151	0.287	0.276	1	0.599	0.860
Constant	0.995	0.686	2.104	1	0.147	2.704

* 계수를 각각의 표준오차로 나눈 값의 제곱 값으로 SPSS에서 이용되는 가설 검증의 통계치.
** 독립변수의 로짓 회귀계수 B를 Exp(B)로 변환시킨 값으로, 독립변수가 1 증가할 때 종속변수의 승산에 대한 증가 배수.

〈표 3-2〉에서 보듯이 성별, 교육, 연령, 거주지역은 통계적으로 유의미하지 않아서 방폐장 유치 의사결정과 아무런 관련이 없었다. 즉, 성별, 교육, 연령, 거주지역으로는 방폐장 유치에 대한 찬반 반응을 예측할 수 없다. 위계주의, 운명주의, 평등주의 세계관도 유의미한 영향을 미치는 요인들이 아니었다. 그러나 탈물질주의 가치관, 개인주의 세계관, 주관적 정치성향은 매우 유의미하였다. 즉, 탈물질주의 가치관을 가지고 있는 사람일수록 방폐장 유치를 반대하였고, 개인주의 세계관에서 높은 점수를 받을수록 방폐장 유치를 찬성하였다. 다른 조건이 모두 동일하다면, 스스로를 보수주의자라고 칭하는 사람이 방폐장 유치를 반대할 가능성은 진보주의자보다 약 3.8배 높았다.

2) 방폐장 유치와 관련된 긍정적 및 부정적 감정

〈표 3-3〉은 '방사성 폐기물 처리장'과 연합되어 있는 주요 심상들을 보여주고 있다. 심상들의 범주화는 슬로빅 등(Slovic, 1991)의 연구에서 사용되는 범주를 기초로 이루어졌다. 방폐장과 가장 많이 연합되어 있는 심상은 환경오염과 지역발전에 대한 부정적인 생각임을 알 수 있다. 대다수의 심상들이 부정적이었으며, 정부의 보상, 안전, 에너지와 같은 긍정적인 심상과 연합되어 있는 경우는 매우 적다는 것을 알 수 있다.

방폐장에 대해 떠올린 심상들을 긍정과 부정 차원에서 평가하여 그 결과를 평균하여 나온 점수가 방폐장에 대한 각 개인의 감정을 가리킨다. 전체 응답자의 평균 심상값은 -1.072(표준 편차: 0.829)로 지역 주민들이 방폐장에 대해 부정적인 감정을 가지고 있음을 보여주었다.

〈표 3-3〉 방폐장과 연합되어 있는 심상들

심상 범주	빈도
환경 오염	318
지역 갈등(시위, 부안사태 등)	272
위험(불안)	136
질병	130
기형아	117
누출 및 폭발사고(체르노빌, 히로시마)	114
원자력 발전소	105
방사성, 플루토늄	84
폐기물	74
핵, 핵무기	38
정부의 보상	27
안전	25
에너지, 전기	8

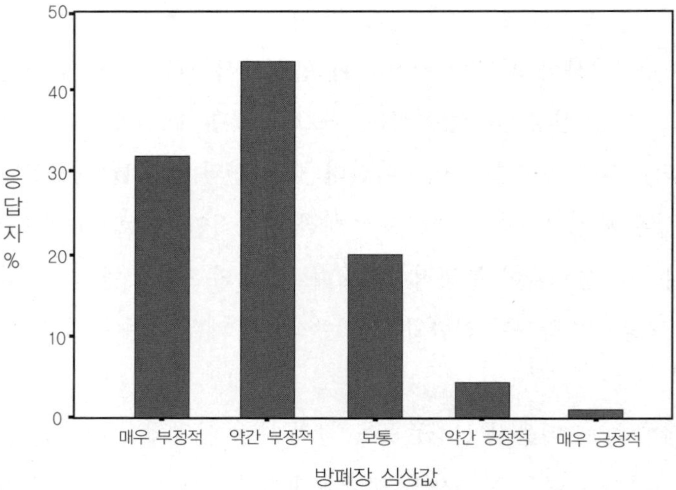

〈그림 3-1〉 방폐장에 대한 지역 주민들의 감정

〈표 3-4〉 방폐장 심상값과 의사결정

	B	*S.E.*	*Wald*	*df*	*Sig.*	*Exp(B)*
심상값	1.252	0.150	69.781	1	0.000	3.496
Constant	−3.526	0.340	107.664	1	0.000	0.029

〈그림 3-1〉은 방폐장에 대한 심상값에 따라 전체 응답자를 분류한 도표이다. 〈그림 3-1〉에서 보듯이, 대다수의 주민들이 방폐장에 대해 긍정적인 감정보다는 부정적인 감정을 가지고 있다. 매우 부정적인 심상을 가진 주민들은 전체 응답자의 32%, 약간 부정적인 심상을 가진 주민들은 43%, 부정도 긍정도 아닌 보통은 20%, 약간 긍정적인 심상을 가진 주민들은 4%, 매우 긍정적인 심상을 가진 주민들은 1%에 불과하였다.

방폐장에 대한 감정은 방폐장 유치에 관한 의사결정을 얼마나 잘 예언하는가? 로짓 회귀분석 결과, 심상값만으로 전체 변량의 약 25%를 예언하는 것으로 나타났다. 즉, 방폐장에 대한 감정은 방폐장 입지에 관한 지역 주민들의 의사결정을 예측할 수 있는 훌륭한 변수라고 할 수 있다. 〈표 3-4〉에서 보듯이 심상값 점수가 1점 증가하여 긍정적인 감정을 가질수록 방폐장 입지에 찬성할 확률은 약 3.5배 증가한다.

3) 방폐장 낙인효과와 이를 두려워하는 사람들

잠재적인 낙인효과를 사회 경제적인 낙인과 심리적인 낙인으로 분류하여 반응을 측정하였다. 〈그림 3-2〉는 사회 경제적인 낙인효과의 예로, 방폐장이 건설되었을 경우 지역의 부동산 가격 변동에 대한 주민

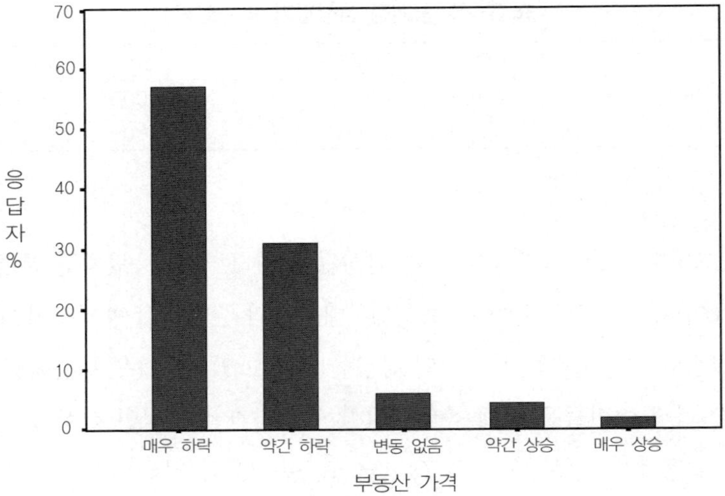

〈그림 3-2〉 사회경제적 낙인효과

들의 생각을 보여준다. 80% 이상의 주민들이 방폐장 건설로 지역의 부동산 가격이 하락할 것으로 예상하고 있음을 알 수 있다.

어떤 특성을 가지고 있는 사람들이 낙인효과를 보이는지를 다중회귀분석을 이용하여 검증하여 보았다. 연령, 교육, 성, 거주지역, 세계관(개인주의, 위계주의, 운명주의, 평등주의), 탈물질주의 가치관, 정치성향을 독립변수로 하여 사회 경제적인 낙인효과를 설명하는 회귀 모형은 유의미하였으나, 10개의 변수들 중에서 탈물질주의 가치관만이 통계적으로 유의미하였다(베타 값 = -244, $p<.0001$). 이는 탈물질주의 가치관에서 높은 점수를 보이는 사람일수록 방폐장 건설이 사회경제적인 낙인효과를 발생시킬 것이라고 생각하고 있음을 뜻한다. 심리적인 낙인효과를 종속변수로 다중회귀분석을 실시한 결과, 모형의 적합성은 유의하였으며 유의미한 독립변수들은 다음과 같았다(〈표 3-5〉 참조).

〈표 3-5〉 심리적 낙인효과와 개인 특성

	B	*S.E.*	*Beta*	*t*	*Sig.*
정치성향	0.225	0.081	0.122	2.772	0.006
거주지역	-0.438	0.094	-0.214	-4.676	0.000
탈물질주의	0.262	0.046	0.261	5.709	0.000
개인주의	0.114	0.057	0.098	2.001	0.046
Constant	2.533	0.275		9.202	0.000

탈물질주의 가치관을 가지고 있을수록 그리고 보수주의자일수록 심리적인 낙인효과가 크게 나타났다. 경주 지역 주민들보다 군산 지역 주민들에게서 심리적인 낙인효과가 더 컸으며, 개인주의 세계관을 가진 사람일수록 낙인효과는 적었다.

4) 지역 주민의 방폐장 유치 결정에 영향을 미치는 중요한 변수들

방폐장 유치에 대한 의사결정을 설명하기 위해 방폐장에 대한 감정 및 지각된 위험 강도, 사회 경제적 및 심리적 낙인효과, 전문가 및 정부에 대한 신뢰를 예측 변수로 하여 로짓 회귀분석을 실시하였다. 그 결과 회귀 모형의 적합도는 매우 유의미하였으며, 전체 변량의 약 64%를 설명해주는 매우 훌륭한 모형임이 드러났다.

〈표 3-6〉에서 알 수 있듯이 모든 예측 변수들이 유의미하였고, 가장 큰 영향력을 미치는 변수는 심리적인 낙인효과임이 드러났다. 즉 방폐장 건설을 수용할 수 없으며, 비도덕적이라고 생각하고, 지역에 불명예스러운 일이라고 생각하는 심리적인 낙인효과가 발생할수록 지역주민들이 방폐장 유치에 반대할 가능성이 매우 높았다. 심리적 낙인효과 다음으로 중요한 변수는 방폐장에 대한 지각된 위험 강도였는데, 방폐

〈표 3-6〉 로짓 회귀분석 결과

	B	*S.E.*	*Wald*	*df*	*Sig.*	*Exp(B)*
감정	0.495	0.207	5.706	1	.017	1.640
위험 강도	−0.740	0.172	18.426	1	.000	0.477
신뢰	0.693	0.210	10.870	1	.001	1.999
사회경제적 낙인	0.580	0.219	7.001	1	.008	1.785
심리적 낙인	−1.734	0.289	36.005	1	.000	0.177
Constant	2.373	1.580	2.255	1	.133	10.724

장을 위험하다고 지각할수록 방폐장 건설을 반대할 가능성이 증가한다. 또 정부와 전문가에 대한 신뢰가 중요한데, 정부와 원자력 또는 방폐장 관련 전문가를 신뢰하는 사람일수록 방폐장 유치를 찬성하고 있었다.

6. 논의

이 연구는 방폐장 유치에 대한 위험판단 및 의사결정을 예측할 수 있는 중요한 변수들이 무엇인지를 찾아 위험지각과 의사결정에 관한 인지심리학자들의 관심과 연구를 촉진시키기 위해 다음과 같은 물음들의 답을 구하였다. 첫째, 방폐장 유치 의사결정에 영향을 미치는 개인특성들은 무엇인가? 둘째, 방폐장에 대한 감정으로 방폐장 유치에 관한 의사결정을 얼마나 예측할 수 있는가? 셋째, 방폐장으로 인한 낙인효과를 걱정하는 사람들은 어떤 특성을 가지고 있는가? 넷째, 방폐장 유치에 관한 주민의 의사결정을 예측할 수 있는 중요한 변수들은 무엇인가?

1) 개인 특성: 개인주의, 탈물질주의, 정치성향

세계관은 위험지각의 문화이론에 따라 위계주의, 개인주의, 평등주의, 운명주의의 문항들로 측정되었다. 평등주의, 위계주의, 운명주의 세계관은 방폐장 입지 의사결정에 아무런 영향을 미치지 않는 것으로 나타났다. 방폐장 입지에 관한 찬반 의사결정에서는 다른 어떤 세계관보다 개인주의가 가장 큰 영향을 미치고 있었다. 개인주의 세계관을 가지고 있는 사람들은 사회적 지위 향상에 대한 욕구가 높고, 개인의 능력에 맞게 대우받는 것을 중요하게 생각하며, 지속적인 경제 성장을 삶의 질을 향상시킬 수 있는 해결 방안이라고 생각한다. 개인주의 성향이 강할수록 방폐장 유치를 찬성하는 연구 결과는 특히 현재 방폐장 유치를 지역 경제를 활성화시키려는 정책과 관련이 깊어 보인다. 따라서 이들은 방폐장 유치를 결정할 때 상황을 많이 고려하고, 방폐장 건설과 지역 발전이라는 상황적 요인이 주민들로 하여금 다른 어떤 세계관보다 개인주의 세계관으로 방폐장을 지각하고 판단하게 하였을 가능성이 높다. 높은 개인주의 세계관을 가지고 있는 사람일수록 방폐장 이미지를 가지고 있는 네바다 주를 휴가지로 더 선호한다는 젠킨스 스미스(Jenkins-Smith, 2004)의 연구와 이 연구의 결과는 개인주의 세계관을 가진 사람들이 방폐장과 같은 신기술의 위험을 낮게 지각한다는 문화이론(*culture theory*)을 지지한다.

소속감, 인간성 존중, 인간적인 사회, 환경보호 등 삶의 질을 추구하는 탈물질주의자들은 경제성장, 신변안전, 국가안보를 강조하는 물질주의 가치관을 가진 사람들보다 방폐장 건설에 더 반대한다. 탈물질주의 가치관은 여러 연구들을 통하여 위험지각을 비롯하여 낙인효과에도 영향을 미치는 중요한 변수임이 밝혀졌던 것처럼, 방폐장 유치 결정에서도 유의미한 예측 변수로 작용하고 있다.

정치성향도 매우 유의미한 예측변수로 나타났는데, 자신을 진보주의자라고 명명하는 사람들은 방폐장 유치에 찬성할 가능성이 높았다. 참여자들의 주관적인 기술이었기 때문에 진보주의와 보수주의에 대한 정확한 개념에 근거한 해석은 불가능하지만, 기존의 사회질서를 유지하려는 보수주의자들이 방폐장과 같은 위험시설을 두려워하고 반대하는 것은 당연해 보인다. 그러나 이 결과는 보수주의자들보다 진보주의자들이 오히려 낙인효과를 더 많이 보였던 젠킨스 스미스(Jenkins-Smith, 2004)의 결과와 대조된다. 이 연구와 젠킨스 스미스의 연구 모두 참여자들 스스로 자신의 정치성향을 기술하도록 하였다. 따라서 사회에 따라 진보와 보수의 개념이 차이가 있을 수 있음을 주목할 필요가 있다. 앞으로의 연구에서 특정 위험에 대한 의사결정에 영향을 미치는 여러 개인 특성들이 어떤 방식으로 서로 연관이 되어 있는지를 밝힐 필요가 있다.

2) 연구 결과의 인지심리학적 함의

단순노출효과와 역조건 형성 위험에 대한 판단과 의사결정에 감정 추단이 작용하고 있다는 가설이 이 연구에서 재확인되었다. 방폐장에 대한 주민의 감정만으로 방폐장 입지에 대한 찬성 또는 반대를 예언할 수 있는 설명력은 같은 문제를 다룬 연구(Peters & Slovic, 2000)의 결과들과 비교해서 매우 높았다. 연구의 결과에 비추어, 방폐장과 같은 위험시설을 특정 지역에 설치하려고 할 때 먼저 지역 주민들의 방폐장에 대한 감정을 변화시킬 필요가 있다. 방폐장과 연합된 부정적 심상들(〈표 3-4〉 참고)을 대체할 수 있는 긍정적 심상들을 찾고 그 효과적인 노출법들을 찾아 평가해야 한다. 긍정적인 정보에 단순히 반복 노출된 사람들은 그 자극을 좋아하게 된다(예: Alhakami & Slovic, 1994). 다른 방법은 역조건 형성을 이용해서 불안이나 걱정을 체계적으로 둔감화하는 것이다. 이때 방폐장이 유발하는 심상들 중 불안을 가장 적게 유발하는 것(예: 전기)부터 시작해서 크게 유발하는 것(예: 기형아, 환경오염)들을 찾아야 한다. 이를 위해 방폐장에 대해 지역주민들이 가진 불안 위계를 포함한 표상 구조를 먼저 밝혀야 한다.

틀 효과 위험판단과 의사결정에서 감정 추단의 효용성을 높이려 할 때 정보를 제시하는 방법도 중요하다. 이 문제는 인지심리학에서 말하는 틀 효과와 관련이 있다. 정보를 어떻게 제시하는가에 따라서 위험의 평가는 물론 의사결정이 달라진다. 앞으로의 인지심리학 연구에서 방폐장에 대한 정보 제시방법에 따라 방폐장에 대한 부정적 감정이 어떻게 변하고, 주민들이 수용할 수 있는 위험 수준과 관련된 득실 평가 및 의사결정이 어떤 식으로 영향을 받는지에 대한 체계적인 실험이 필요하다.

유추전이 방폐장 유치 의사결정에 지역주민의 잠재적인 낙인효과는 매우 중요한 변수이다. 심리적인 낙인효과를 비롯하여 사회경제적인 낙인효과를 예상하고 있는 주민들은 방폐장 유치를 지역의 경제적 발전의 기회로 인식시키려는 정부의 노력에도 불구하고 여전히 위험 시설로 인한 부정적인 경제 효과를 두려워한다. 지역사회에 대한 주민들의 염려(*concern*)와 불안이 방폐장 입지에 관한 의사결정의 결정적인 요인임을 알 수 있다. 이와 유사한 결과가 스저버그(Sjoeberg, 2001)의 연구에서도 보고되었다. 스웨덴 주민들에게 고준위 방폐장을 지역사회에 수용할지를 질문하였을 때, 방폐장 수용 여부를 결정짓는 변수는 지역사회에 대한 주민들의 염려와 도덕성이었다. 이 결과들은 방폐장 입지 의사결정에서 주민들이 개인의 안녕보다 지역사회를 더 많이 고려함을 의미한다. 낙인효과를 해소하는 정책을 실시 중인 미국 뉴멕시코 주정부의 전략을 우리나라의 해당 지역에 유추 전이(*analogical transfer*)하는 방법을 인지심리학자들이 고려해볼 필요가 있을 것이다.

이 연구의 장점 이 연구가 가지는 장점은 실제로 방폐장 입지에 관한 문제들이 논의되고 있는 지역에서 실시되었기 때문에 참여자들의 반응이 가상적이 아니라 실제적이며, 연구에서 다룬 문제들에 현실성이 있다는 사실이다. 위험지각의 많은 연구들이 참여자와 관련이 적은 위험에 대해 다루고 있기 때문에 위험에 대한 판단과 의사결정에 대해 일관성이 없는 결과를 내놓고 있는지도 모른다. 앞으로의 연구에서는 이와 같은 문제점들을 고려하여 위험지각 및 의사결정의 과정들을 다루어야 한다.

제4장

과학기술 지각과 감정 추단

현대사회에서 일반인들이 직접 또는 간접적으로 접하는 과학기술의 종류는 수없이 많다. 사람들은 과학기술을 이용한 시설이나 제품을 사용하면서도 기술 자체에 대해서는 잘 모르는 경향이 있다. 그리고 과학기술의 긍정적 측면인 유용성만 강조되기 때문에 사회적으로 문제가 된 후에야 비로소 그 위험을 인식하게 된다. '사람들은 여러 과학기술을 어떻게 지각하고 판단하는가?' 구체적으로, 과학기술에 대한 지각된 위험과 지각된 이득 간에 어떤 관계가 있는가? 과학기술에 대한 심상을 통해 각 기술에 대한 전반적 감정을 알 수 있는가? 그리고 과학기술에 대한 감정은 위험과 이득에 대한 지각에 어떤 차이를 가져오는가? 이 장에서는 이 세 가지 질문에 체계적으로 답하려고 한다.

1. 판단과 결정에서 추단

판단과 결정 분야에서는 오랫동안 인간의 합리성을 가정하였다. 그러나 1960년대 말과 1970년대 초, 카너먼과 트벌스키(Kahneman & Tversky)는 다양한 인지과제에서 사람들이 보여주는 판단의 오류를 관찰하고 합리성 가정이 잘못되었음을 지적하였다. 그 후 연구자들은 '제한된 합리성'(*bounded rationality*) 내에서 판단과 결정이 이루어지는 추단(*heuristic*) 과정에 관심을 가졌다(Gilovich & Griffin, 2002). 한편, 연구자들은 추단 과정에서 인지적 중요성뿐만 아니라 감정의 중요성도 점차 인식하기 시작하였다. 샤퍼 등(Shafir, Simonson & Tversky, 1993)은 "사람들은 대안을 철저하게 평가하지 않게 만드는 감정적 판단에 의해 선택하곤 한다"(p. 32)며 감정의 역할을 제한적으로나마 인정하였다.

1) 감정 추단

감정은 '좋다' 또는 '나쁘다'라고 경험되는 느낌으로서, 특정 자극이 긍정적인지 또는 부정적인지를 구분해준다(Finucane, Peters & Slovic, 2003). 판단과 결정에서 감정의 역할을 처음 제기한 자이언스(Zajonc, 1980)는 어떤 자극에 대한 첫 반응은 감정 반응이며, 이것이 정보의 처리와 판단을 이끌어낸다고 주장하였다. 사고에 대한 이중과정 이론(*dual-process theory*)에서도 감정을 중요하게 다루었다(Epstein, 1994; Sloman, 1996). 엡스타인(Epstein, 1994)에 따르면, 사람들은 현실을 파악할 때 상호작용하는 두 체계를 이용하여 정보를 처리한다. 이성체계(*rational system*)는 논리규칙 등을 가지고 심사숙고하는 분석체계이고, 경험체계(*experiential system*)는 감정을 담은 심상 등으로 정보를 약호화하는 체계이다. 이성적인 분석도 물론 중요하지만, 복잡하고 불확실한 상황에서는 감정에 따른 판단이 더 빠르고 효율적일 수 있다.

감정이 판단과정에 중요하다는 것은 뇌 연구에서 확인할 수 있다. 뇌손상 환자의 결정과정을 연구한 다마시오(Damasio, 1994)는 정상인과 뇌손상 환자에게 돈을 얻거나 잃는 카드 선택 과제를 제시하였다. 위험이 예측되면 피하는 정상인과 달리, 뇌의 복내측 전두피질 부위(*ventromedial prefrontal cortex*)가 손상된 환자는 크게 얻을 수도 있지만 때때로 막대한 돈을 잃게 되는 카드를 반복적으로 선택함으로써 파산할 위험이 예측되는데도 이를 피하지 못하였다. 정상인의 경우 위험한 선택을 생각하면 나타나는 예측적 피부전기반응(*anticipatory SCR*)이 이들에게서는 관찰되지 않았다(Bechera, Damasio, Tranel & Damasio, 1997).

슬로빅과 동료들(Finucane & Holup, 2006; Finucane, Peters & Slovic, 2003; Finucane, Alhakami, Slovic & Johnson, 2000; Slovic, 2000)은 자극에 관련된 감정이 판단과 결정에 주는 영향을 설명하기 위하여 감정 추단(*affect heuristic*)이라는 개념을 도입하였다. 감정 추단 가설에 따르면, 자극에 대한 심상은 판단에 영향을 주는 즉각적 감정 경험을 불러일으킨다. 실제 자극이나 상상된 자극은 심상을 떠오르게 하는데, 이 심상은 감정의 색채를 띠고 있으므로, 사람들은 판단을 내릴 때 심상과 연합된 감정을 참조할 수 있게 된다. 당장 이용할 수 있는 감정에 의존한 판단 과정은, 기억으로부터 관련 사례들을 인출하고 찬성과 반대에 가중치를 부여하고 계산하는 판단 과정보다 더 쉽고 효율적일 때가 있다. 이처럼 감정이 판단의 단서로 사용되는 것을 감정 추단이라고 한다(Slovic, Finucane, Peters & MacGregor, 2002).

2) 감정 추단을 사용한 연구

감정 추단에 관한 연구들은 주로 심상과 감정, 판단 및 지각의 관계를 부분적으로 다루어왔다. 선행연구들은 심상을 통해 측정된 감정과 판단의 관계를 다루거나, 또는 대상에 대한 위험과 이득 지각의 관계를 다루었다. 먼저, 단어 연상 검사(*word association test*)를 사용한 다수 연구들은 심상을 통해 측정된 감정이 판단과 관련된다는 점을 보여주었다. 심상은 지각의 초기단계에 생성되는 표상의 형태로서 자극이 지각되지 않을 때에도 존재하며, 이러한 표상은 주관적 경험을 불러일으킨다. 심상은 시각적 양상에만 국한되지 않고, 청각이나 촉각 등 다양한 감각양식을 동반한다(Kossyln, Thomson & Ganis, 2006). 단어 연상 검사에서는 단어로 된 표적 자극을 제시하고 마음에 떠오르는 심상(또는 연상 단어)들을 적게 한 후 그것이 긍정적인지 부정적인지를 평정하게 한다. 심상값은 그 자극에 대한 감정을 나타내는데, 이 값으로 특정 도시에 대한 선호를 예측할 수 있을 뿐 아니라(Slovic, Layman, Kraus, Flynn, Chalmers & Gesell, 1991) 특정 기술에 대한 찬성과 반대를 예측할 수 있었다(Peters & Slovic, 1996). 이처럼 심상값을 통해 측정된 감정은 판단과 의사결정을 예측하는 데 유용한 정보가 될 수 있다(이나경・이영애, 2005; Benthin, Slovic, Moran, Severson, Mertz & Gerrard, 1995; Peters & Slovic, 1996; Slovic, Layman & Flynn, 1991; Slovic, Layman, Kraus, Flynn, Chalmers & Gesell, 1991).

두 번째로, 감정 추단은 대상에 대한 위험과 이득 판단 연구에서도 다루어졌다. 위험과 이득은 질적으로 다르게 구분되는 개념이지만, 실세계에서는 위험과 이득 사이에서 정적 상관이 발견된다. 일반적으로 위험하더라도 특정 기술을 사용하는 이유는 그 기술을 통해 얻을 수 있는 이득이 크기 때문이고, 이득이 적은 기술은 사용에 따른 위험도 적은 편이다. 그러나 이와 달리, 사람의 마음에서는 정반대의 양상이 나타난다. 지각된 위험(*perceived risk*)과 지각된 이득(*perceived benefit*) 사이에는 부적 상관이 있다(Fischhoff, Slovic, Lichtenstein, Read & Combs, 1978). 예를 들어, 백신은 질병을 예방해주므로 이득은 큰 반면 위험이 적고 안전하다는 느낌을 준다. 또한 살충제의 경우 독성으로 인한 위험은 매우 큰 반면 이득은 적다는 느낌을 준다.

3) 과학기술의 지각된 위험과 이득

알하카미와 슬로빅(Alhakami & Slovic, 1994)은 과학기술에 대한 지각된 위험과 이득을 감정 추단으로 설명하였다. 그들은 40개의 활동 또는 과학기술에 대한 위험과 이득 평가 간에 부적 상관을 관찰하고, 대상에 대한 전반적 감정에 따라 위험지각이 달라진다고 주장하였다. 백신의 경우처럼 그 대상을 '좋아하면', 위험은 낮고 이득은 높게 지각되지만, 살충제처럼 그 대상을 '싫어하면' 위험은 높고 이득은 낮게 지각된다고 보았다(Alhakami & Slovic, 1994; Finucane, Alhakami, Slovic & Johnson, 2000). 이들은 대상에 대한 전반적 감정에 따라 위험이나 이득 지각이 달라진다고 가정하였으나 현재까지 이를 확증하는 연구는 없었다. 따라서 이 연구에서는 심상으로 대상에 대한 감정을 평가하고, 평가된 감정(긍정적 감정 또는 부정적 감정)에 따라 지각된 위험이나 이득에 차이가 나는지를 밝히고, 대상에 대한 감정이 긍정적이거나 부정적일 때 지각된 위험과 지각된 이득에서 부적 상관이 나타나는지를 확인하고자 한다.

일반 대중은 과학기술을 위험과 이득 측면에서 평가할 수 있다. 학술지 〈네이처 나노테크놀로지〉(*Nature Nanotechnology*)에서는 미국의 대중들이 신기술인 나노기술에 대해 느끼는 위험과 이득을 다음과 같이 밝혔다. 나노기술은 태양에너지, 백신, 가전제품, 자전거 타기에 비해 더 위험하고 이득은 적지만, 석면이나 유전자 변형식품은 흡연보다는 덜 위험하고 이득이 높다고 평가되었다. 줄기세포 연구의 위험과 이득은 나노기술과 비슷하게 평가되었다. 미국에서 나노기술은 위험이 적지만 이득도 가장 낮은 기술로 인식된다(Currall, King, Lane, Madera & Turner, 2006).

우리나라는 IT(정보공학) 강국으로서 BT(생명공학)나 NT(나노공학)와 같은 다른 첨단과학 분야의 연구에도 박차를 가하고 있는 중이다. 그 과정에서 황우석 사태를 겪은 일반 국민들은 연일 보도되는 뉴스를 통해 '체세포 복제기술'이라는 전문개념에 익숙해졌으나, 동시에 그에 대한 부정적인 인상을 받은 것도 사실이다. 이러한 문제들을 접하면서 새로운 과학기술들이 초래할 수도 있는 위험을 일반인들이 현재 어떻게 지각하고 있는지 알아보는 것은 매우 가치가 있는 일이다. 동시에 이 결과는 앞으로 과학기술의 잠재적 위험을 어떻게 전달하고 얼마나 수용될 것인지는 예측하는 데 매우 중요한 정보를 제공할 것이다.

4) 과학기술에 대한 심상과 감정

사람들이 판단과 결정에서 감정 추단을 사용한다는 증거를 얻고자 우리나라 사람들을 대상으로 세 과학기술(원자력 발전소, 체세포 복제기술, 나노기술)을 중심으로 과학기술에 대한 단어 연상 검사를 사용하였다. 조사 대상이 된 과학기술의 특징은 다음과 같다. 첫째, 원자력 발전소는 원자핵이 붕괴할 때 발생하는 에너지를 이용함으로써 석유를 대체할 에너지원으로서 각광을 받았으나, 체르노빌 사고가 일어난 이래 사람들은 이 기술에 대해 많은 위협을 느끼게 되었다. 둘째로 체세포 복제기술의 경우, 최근 유전 및 생명공학의 발달과 더불어 농·축산업 분야에서 생산품 개발에 이용되고 있으나, 이러한 복제기술은 생명을 다룬다는 점에서 윤리 문제와 결부될 수 있으며, 자칫 잘못되었을 때 발생할 문제의 심각성이 크다. 셋째, 10^{-9}의 단위를 다루는 최첨단 기술인 나노기술은 개발 초기단계이므로 아직 구체적인 문제점이 드러나지 않았다. 그러나 환경 단체들은 나노입자가 중금속처럼 체내에 축적된다는 연구 결과를 제시하면서 인체에 미치는 잠재적 위험을 고발하고 있다. 이러한 세 과학기술에 대하여 사람들이 가진 심상의 내용은 무엇이며, 심상과 감정 그리고 감정에 따른 위험과 이득 지각은 어떤 관련성을 가지는지 살펴보기로 한다.

2. 방법

1) 조사 대상

서울에 소재한 두 대학에서 심리학 개론을 수강하고 있는 남녀 학생들 326명(여자 33.1%)을 대상으로 설문조사를 실시하였다. 이들의 평균 연령은 21.3세였다.

2) 조사 도구

과학기술에 대한 태도 검사와 단어 연상 검사를 실시하였다.

(1) 태도 검사

과학기술이 얼마나 위험하다고 판단하는지 알아보기 위하여 14개 항목을 선정하였다. 감정 추단에 관한 국내외 선행연구에서 다루어진 항목들(예: 원자력 발전소, 방사성 폐기물 처리장)과 우리나라에서 이슈가 되는 첨단 과학기술 및 건강 관련 항목들(예: 체세포 복제기술, 나노기술, 유전자 변형식품)을 선정하였다. 조사된 총 14개의 과학기술에는 휴대전화, 차량용 내비게이션, 체세포 복제기술, 나노기술, 원자력 발전소, 방사성 폐기물 처리장, 천연가스 버스, 유전자 변형식품, 식품 방부제, 플라스틱 그릇, 수혈, 의료용 엑스레이, 성형수술, 유전자 검사가 포함되었다.

참여자는 14개의 과학기술 및 건강 관련 항목에 대한 위험(*risk*)과 이득(*benefit*)을 7점 척도에서 평가하였다. 예를 들어, 위험에 대한 평가에서는 "당신은 우리사회에서 다음 항목이 얼마나 위험하다고 생각하십니까?"라고 질문하고 각 항목에 대해 '전혀 위험하지 않다'(1점) 부터 '매우 위험하다'(7점) 사이에서 평가하게 하였다. 그리고 이득에 대해서는 "당신은 우리 사회에서 다음 항목이 얼마나 유익하다고 생각하십니까?"라고 질문하고 '전혀 유익하지 않다'(1점) 부터 '매우 유익하다'(7점) 까지 평가하게 하였다. 태도 검사에서 위험과 이득의 순서를 역균형화하여 한 집단에서는 위험을 먼저, 다른 집단에서는 이득을 먼저 평가하였다.

(2) 단어 연상 검사

과학기술에 대한 감정을 측정하기 위해서 선행연구와 마찬가지로, 심상값을 이용하는 간접적인 방법을 사용하였다. 과학기술을 자극 단어로 제시했을 때 마음에 떠오르는 심상(또는 단어) 들을 보고하도록 한다. 보고된 여러 심상들을 통해 각 과학기술과 연상되는 내용을 확인하고 그에 대한 감정을 측정한다. 심상들에 대해 참여자가 스스로 평정한 감정이 중요하며, 심상값들의 평균이 그 과학기술에 대한 전반적 감정을 반영한다.

연구의 주 대상은 예비연구에서 위험이 비교적 높게 지각된 세 과학기술(원자력 발전소, 체세포 복제기술, 나노기술) 이지만 참여자의 반응이 위험 쪽으로 편향되는 것을 막기 위하여 덜 위험하다고 지각되는 두 과학기술(휴대전화, 차량용 내비게이션) 에 대해서도 단어 연상 검사를 실시하였다. 설문지의 앞부분에서 다음과 같이 단어 연상 검사를 소개하였다.

사람들은 누구나 사물에 대한 이미지를 가지고 있습니다. 따라서 어떤 단어를 보면 그 단어와 관련된 이미지가 마음속에 떠오르곤 합니다. 연구자들은 당신에게 떠오른 생각이나 이미지에 관심이 있습니다. 주어진 단어를 보고 머리에 떠오르는 생각이나 이미지를 적어주십시오. 예를 들어, 연구자가 "컴퓨터"에 대해 마음에 떠오르는 생각이나 이미지를 질문하면, 매번 "컴퓨터"에 대해 떠오르는 생각을 적어주십시오. "컴퓨터"라는 단어를 보면 첫 번째로 '인터넷'이 떠오를 수 있습니다. 그것을 빈칸에 적고 다시 "컴퓨터"에 대해 떠오르는 또 다른 생각을 적으십시오. "컴퓨터"는 그밖에 '프린터', '자격증', 또는 '게임' 등을 생각나게 할 수 있습니다. 생각이 떠오르는 순서대로 빈칸에 적어주십시오. 이 검사는 신속하게 이루어져야 합니다. 답을 너무 오래 생각하지 마십시오. 단어에 대한 첫인상, 즉각적인 생각을 적어주십시오. 그러나 부주의하게 답해서는 안 됩니다.

이와 같이 단어 연상 검사를 소개한 후, 각 과학기술에 대한 단어 연상 검사를 실시하였다. 예를 들어, 원자력 발전소에 대한 감정을 측정하는 경우 "원자력 발전소"에 대해 연상되는 단어들을 머리에 떠오르는 순서대로 설문지에 적게 하였다. 연상되는 네 가지 단어를 기록한 후, 떠올린 각 심상을 7점 척도를 사용하여 매우 부정적(-3), 부정적(-2), 약간 부정적(-1), 보통(0), 약간 긍정적(+1), 긍정적(+2), 매우 긍정적(+3)으로 평가하게 했다. 만약 참여자가 원자력 발전소에 대해 "핵"이라는 심상을 떠올렸고 매우 부정적이라고 평가하면 -3에 표시하게 했다. 각 과학기술에 대한 감정은 그 참여자가 떠올린 모든 단어들의 심상값을 평균하여 얻어졌다. 선행연구(예: Slovic, Layman, Kraus,

Flynn, Chalmers & Gesell, 1991)에서 -2점부터 +2점까지 5점 척도에서 반응하도록 했던 것과 달리, -3점과 +3점이라는 양 극단치를 추가하여 반응 폭을 넓혔다. 이렇게 측정된 감정은 절대값을 기준으로 긍정적 감정과 부정적 감정으로 구분되어 대상에 대한 지각된 위험과 지각된 이득을 비교하는 데 사용되었다. 자극 단어로 사용된 다섯 가지 과학기술들은 설문 순서를 두 가지로 구성하여 역균형화하였다.

3) 조사 실시 및 분석

과학기술 항목에 대한 단어 연상 검사와 과학기술 및 건강 관련 항목에 대한 검사를 2007년 3월에 실시하였다. 두 검사는 평균 일주일의 시간 간격을 두고 수업시간에 집단적으로 이루어졌으며, 검사에 각각 10~15분이 소요되었다. 참여자에게는 소정의 보상이 제공되었다. 자료 분석에는 상관분석과 변량분석을 사용하였다.

3. 결과

1) 과학기술의 지각된 위험과 지각된 이득

항목별로 지각된 위험이나 이득은 달랐으나, 조사된 모든 항목에서 지각된 위험과 지각된 이득 사이에 부적 상관이 나타났다(〈표 4-1〉). 이 결과는 과학기술에 대한 위험과 이득 지각에서 감정 추단이 작용한다는 가설을 지지한다.

〈표 4-1〉 항목별 지각된 위험과 지각된 이득의 상관계수와 각각의 평균

과학기술	지각된 위험과 지각된 이득 간 상관계수	지각된 위험	지각된 이득
유전자 변형식품	−.513***	5.55(1.33)	2.81(1.38)
유전자 검사	−.504***	3.44(1.49)	4.98(1.31)
나노기술	−.495***	2.70(1.35)	5.85(1.30)
플라스틱 그릇	−.474***	4.19(1.46)	4.31(1.40)
차량용 내비게이션	−.447***	2.55(1.45)	5.49(1.28)
성형수술	−.441***	4.90(1.37)	3.71(1.44)
천연가스 버스	−.389***	2.67(1.30)	5.68(1.16)
체세포 복제기술	−.364***	4.62(1.59)	4.63(1.47)
의료용 엑스레이	−.356***	3.60(1.36)	5.60(1.16)
식품 방부제	−.316***	5.09(1.26)	3.76(1.36)
방사성 폐기물 처리장	−.301***	5.60(1.32)	4.42(1.67)
수혈	−.296***	3.88(1.43)	5.44(1.24)
원자력 발전소	−.243***	4.85(1.39)	5.10(1.25)
휴대전화	−.212***	3.52(1.45)	5.64(1.26)

$^{***}p<.001$ (괄호 안은 표준편차)

2) 과학기술에 대한 심상 및 감정

세 과학기술에 연합된 심상들을 범주화한 결과는 다음과 같다.

원자력 발전소 〈표 4-2〉에서 보는 바와 같이, '원자력 발전소'라는 자극 단어에 대해 머릿속에 떠오르는 네 개의 심상을 적도록 했을 때, 총 1,269개의 단어가 보고되었다. 원자력 발전소는 조사된 다른 과학기술에 비해 연합된 심상의 종류가 다양하였다. '전기'(에너지) 같은 단어가 가장 많이 보고되었으며, 그밖에 핵, 폐기물, 사고, 방사능, 위험 등과 같은 단어들이 보고되었다.

〈표 4-2〉 원자력 발전소에 연합된 심상들

범주	빈도	범주에 포함된 심상들
전기	181	전기, 전기 공급, 에너지
핵	127	핵, 핵융합, 핵분열
폐기물	97	폐기물, 핵폐기물
사고	77	체르노빌, 폭발, 사고
방사능	70	방사능, 방사선
위험	56	위험, 위험물질, 무서운
핵폭탄	51	핵폭탄, 핵무기
님비현상	45	님비 현상, 지역 이기주의, 시위
발전소 지역	38	울진, 고리, 영광
건물	38	발전소, 공장, 둥근 지붕
오염	35	오염, 환경오염
우라늄	28	우라늄, 플루토늄
북한	26	북한, 경수로
사망/질병	21	사망, 질병, 기형, 장애

체세포 복제기술 총 1,281개 중 복제동물(개, 양, 소) 또는 복제인간이 가장 많이 보고되었으며 2005년과 2006년 사회적으로 큰 이슈가 되었던 특정 인물(황우석 교수)에 대한 단어가 그 다음으로 보고되었고, 그 밖에 과학이나 의학, 세포, 윤리 문제에 관련된 내용이 포함되었다(〈표 4-3〉).

나노기술 총 1,230개의 단어가 보고되었는데, 다른 과학기술에 비해 연합된 심상의 개수나 종류가 적은 편이고, 내용도 다양하지 않았다. 나노기술을 이용한 제품들(세탁기와 컴퓨터)을 떠올리기도 하였는데, 극히 작은 단위를 다루는 미래의 첨단 과학기술이라는 점 이외에는 사람들에게 현재 강력하게 연합된 내용이 없다(〈표 4-4〉).

〈표 4-3〉 체세포 복제기술에 연합된 심상들

범주	빈도	범주에 포함된 심상들
복제동물/인간	250	복제양(돌리), 복제개(스너피), 복제소(영롱이), 복제인간(또 다른 나)
황우석	205	황우석, 황우석 사건
과학/실험실	122	과학, 과학기술, 생명과학, 생명공학, 실험실, 연구실, 현미경
세포/유전자	111	줄기세포, 세포, 난자, 배아세포, DNA
의학/치료	100	의학, 의사, 의료, 질병치료, 불치병 치료, 장기이식
윤리/도덕/종교	90	비윤리적, 비도덕적, 인간 존엄성, 신
생명	21	생명, 생명연장
위험	9	위험, 두려움, 불안

〈표 4-4〉 나노기술에 연합된 심상들

범주	빈도	범주에 포함된 심상들
과학/기술	285	과학, 공학, 기술, 신기술, 의학
기계/제품	269	반도체, 컴퓨터, 세탁기, 은나노, 로봇
작다/정밀	234	작다, 미세함, 세밀, 정교함, 10-9, 머리카락(머리카락보다 작다)
미래/첨단	101	미래, 미래지향적, 최첨단, 발달
위험	3	위험

세 기술을 비교해볼 때, 해당 기술에 대해 '위험'이라는 단어가 직접 언급된 것은 원자력 발전소에서 56회, 체세포 복제기술에서 9회, 나노기술에서 3회로 나타났다.

3) 감정(심상값)

각 과학기술에 대해 참여자가 떠올린 모든 단어들의 심상값을 평균하면 과학기술별 감정을 알 수 있다. 매우 부정적(-3)에서부터 매우 긍정적(+3)까지 7점 척도에서 평정했을 때 원자력 발전소에 대한 심상값 평균은 -.50(*SD* = 2.02)으로서 전반적으로 다소 부정적이었으며, 체세포 복제기술은 .03(*SD* = 1.73)으로서 중립적이고, 나노기술 1.17(*SD* = 1.36)로서 긍정적이었다. 각 과학기술마다 느껴지는 감정에 차이가 있었다.

4) 감정에 따라 지각된 위험과 이득 그리고 이 둘의 관계

과학기술별로 느껴지는 감정이 다르다는 것 외에 더 중요한 사실은 각 개인이 과학기술에 대해 느끼는 감정이 다르다는 점이다. 감정 추단 측면에서 본다면, 개인마다 경험에 따라 떠오르는 심상이 다를 것이며, 동일한 심상을 떠올렸더라도 상이한 감정의 색채를 띨 수 있다. 따라서 개인이 과학기술에 대해 가진 감정에 따라 위험 및 이득 지각이 달라지는지를 분석하였다.

과학기술에 대한 감정은 과학기술별로 참여자가 떠올린 모든 단어들의 심상값을 평균하여 얻어졌다. -3에서 +3까지의 7점 척도에서 심상값 평균점수에 따라, 음수에서 평균 0 미만까지는 부정적 감정, 0을 초과한 양수는 긍정적 감정으로 구분하였다. 심상값 평균 0은 감정-중립 상태를 나타내며 사례가 적으므로 분석에서 제외하였다(원자력 발전소 *n* = 35; 체세포 복제기술 *n* = 36; 나노기술 *n* = 21).

개인이 각 과학기술에 대하여 가지는 감정이 그 위험이나 이득을 지각하는 데 차이를 가져오는지를 파악하고, 긍정적 감정과 부정적 감정 각각에서 지각된 위험과 지각된 이득 간의 관계를 검토하였다. 감정에 따른 지각된 위험과 이득에서의 차이를 검증하고자 두 감정(긍정적 감정과 부정적 감정)을 독립변인으로 하고 지각된 위험과 이득을 종속변인으로 변량분석을 실시하였다. 그 결과 과학기술에 대해 긍정적 감정을 가진 집단이 부정적 감정을 가진 집단보다 위험을 낮게 지각할 것이고, 이와 대조적으로 긍정적 감정을 가진 집단이 부정적 감정을 가진 집단보다 이득을 높게 지각할 것으로 예측되었다. 또한 지각된 위험과 이득의 관계는, 대상에 대한 감정이 긍정적일 때 위험을 낮게 지각하면서 이득을 높게 지각하므로 부적 상관이 나타나고, 감정이 부정적일 때 위험을 높게 지각하면서 이득은 낮게 지각하므로 마찬가지로 부적 상관이 나타날 것으로 예측되었다.

5) 감정에 따라 지각된 위험과 지각된 이득(변량분석)

예측대로 원자력 발전소(〈그림 4-1〉)와 체세포 복제기술(〈그림 4-2〉)에서는 개인이 과학기술에 대해 가진 감정에 따라 지각된 위험과 지각된 이득에서 유의미한 차이가 나타났다. 먼저, **원자력 발전소**를 지각된 위험 측면에서 비교했을 때, 원자력 발전소에 대해 긍정적 감정을 가진 집단은 부정적 감정을 가진 집단보다 위험을 더 낮게 지각하였다 ($M_{긍정}$ = 4.33, $M_{부정}$ = 5.04). 반면, 지각된 이득 측면에서 긍정적 감정 집단은 부정적 감정 집단보다 이득을 더 높게 지각하였다. 이득에서는 변량의 동질성 가정이 충족되지 않았으므로 Welch *F*를 분석에 사용하였다($M_{긍정}$ = 5. 51, $M_{부정}$ = 4. 92). 두 번째로, **체세포 복제기술**에 대한 긍정적 감정 집단이 부정적 감정 집단보다 위험을 더 낮게 지각하였으며($M_{긍정}$ = 4. 21, $M_{부정}$ = 5. 11) 이득은 더 높게 지각하였다($M_{긍정}$ = 5. 00, $M_{부정}$ = 4. 27). 원자력 발전소와 마찬가지로 이득 분석 시 Welch *F*를 사용하였다. 두 과학기술에 대해 얻은 결과를 정리하면, 어떤 기술에 대해 긍정적 심상을 떠올린 사람은 부정적 심상을 떠올린 사람보다 그 기술

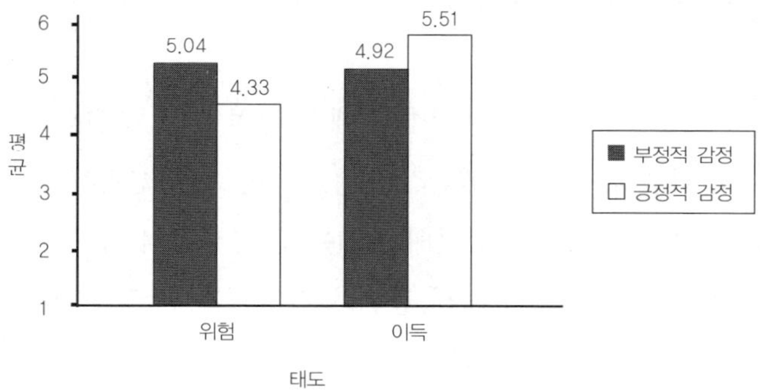

〈그림 4-1〉 원자력 발전소에서 감정에 따른 지각된 위험과 지각된 이득

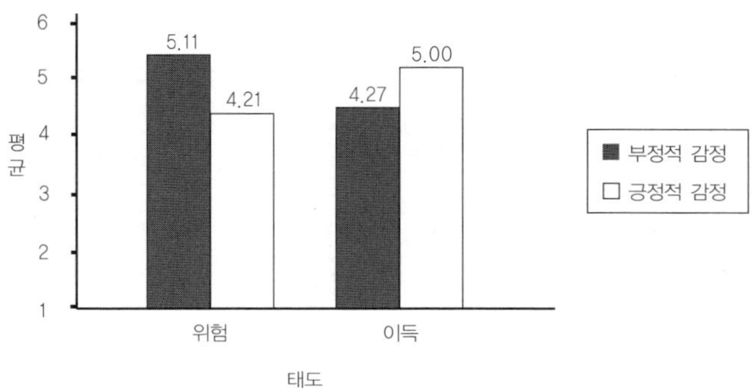

〈그림 4-2〉 체세포 복제기술에서 감정에 따른 지각된 위험과 지각된 이득

을 위험하지 않다고 판단하고, 이득이 높은 것으로 판단하였다. 반대로 부정적 심상을 떠올린 사람은 기술을 위험하다고 판단하고, 이득이 낮은 것으로 판단하였다. 한편 나노기술에 대해서는 대부분 긍정적 감정을 가지고 있었으며, 이 기술에 대해 부정적 감정을 가진 사례가 소수($n = 19$)에 불과하여 감정 집단에 따른 지각의 차이를 비교하지 않았다.

6) 감정에 따라 지각된 위험과 지각된 이득의 관계(상관분석)

과학기술별로 상관관계를 분석했을 때 긍정적 또는 부정적 감정 내에서 지각된 위험과 지각된 이득 간에 유의미한 부적 상관이 있었다. 구분된 각 감정 내에서 부적 상관의 존재는 감정 추단의 작용을 재확인시켜준다. 원자력 발전소에 대해 긍정적 감정을 가진 경우 위험과 이득 간 상관계수는 -.449, 부정적 감정을 가진 경우 -.165였다. 체세포 복제기술에 대한 긍정적 감정을 가진 경우 위험과 이득 간 상관계수는 -.271, 부정적 감정을 가진 경우 -.418이었다. 그리고 나노기술에 대한 긍정적 감정을 가진 경우에는 상관계수가 -.451이었다. 나노기술의 경우 부정적 감정을 가진 사례($n = 19$)가 적어서 통계분석을 실시하지 않았다.

4. 논의

이 연구는 우리나라 사람들을 대상으로 다음과 같은 질문에 답하기 위해서 실시되었다. 첫째, 과학기술에 대한 지각된 위험과 지각된 이득 간에 어떤 관계가 있는가? 둘째, 과학기술에 대한 심상을 통해 각 기술에 대한 전반적 감정을 알 수 있는가? 셋째, 과학기술에 대한 감정은 위험과 이득에 대한 지각에 어떤 차이를 가져오는가?

1) 과학기술에 대한 지각된 위험과 지각된 이득의 관계

조사된 각 과학기술들은 지각된 위험과 지각된 이득 사이에 부적 상관을 보였다. 기술에 대한 감정을 긍정적 감정과 부정적 감정으로 나누어 분석했을 때에도 각 감정 내에서 부적 상관을 발견할 수 있었다. 다시 말해, 대상에 대한 지각은 그 대상에 대해 느끼는 전반적 감정과 일관된 방향으로 이루어진다. 이 결과로 사람들의 과학기술에 대한 지각이 감정 추단의 영향을 받음을 확인하였다.

2) 심상을 통해 밝혀진 과학기술에 대한 전반적 감정

심상값을 측정한 결과, 사람들은 원자력 발전소에 대해서 부정적, 체세포 복제기술에 대해서 중립적, 나노기술에 대해서 긍정적 감정을 가진 것으로 나타났다. 무엇이 이러한 감정을 구성하는가를 알기 위해 심상 내용을 분석하였다. 먼저, 원자력 발전소에 대해 사람들은 이득과 관련하여 상당히 긍정적 측면(예: 에너지, 전기)을 떠올린다. 그러나 이전부터 제기되어온 폭발이나 사고 위험이나 최근 부각된 방폐장 문제들이 연상되면서 전반적으로 부정적 감정을 가진다. 둘째, 체세포 복제기술은 전반적으로 중립적인데, 떠올리는 긍정적 심상과 부정적 심상의 빈도가 비슷하며 감정-중립적 심상들이 많기 때문이다. 내용 측면에서 체세포 복제기술에 대해 단일 심상으로 가장 많이 떠올린 것은 '황우석'이었다. 감정 측면에서 황우석($n = 205$)이라는 동일한 내용에 대하여 부정적 감정(53.7%), 긍정적 감정(24.4%), 중립적 감정(22.0%)이라는 상이한 감정을 보임으로써, 동일한 심상이라도 다양한 감정의 색채를 띤다는 점을 보여주었다. 마지막으로, 미국과 달리 현재 우리나라에서 나노기술은 위험은 낮고 이득이 높은 유익한 기술로 인식되며, 부정적 심상은 거의 없고 전반적으로 긍정적이었다.

3) 과학기술에 대한 감정이 지각된 위험과 지각된 이득에 주는 영향

심상을 통해 측정된 감정이 과학기술에 대한 지각에 어떤 차이를 가져오는지를 분석하였다. 즉, 특정 과학기술에 대해 긍정적으로 느끼는 사람과 부정적으로 느끼는 사람이 지각하는 위험과 이득의 차이를 비교하였다. 과학기술(예: 원자력 발전소나 체세포 복제기술)에 대해 긍정적 감정을 가지고 있는 사람은, 부정적 감정을 가진 사람에 비해 위험은 다소 낮고 이득은 높게 지각하였다. 반면, 부정적 감정을 가지고 있는 사람은, 긍정적 감정을 가진 사람에 비해 위험은 높고 이득은 낮게 지각하였다.

4) 연구의 의의 및 제안

이 연구는 외국인을 대상으로 이루어진 선행연구에서 얻은 결과를 우리나라 사람들을 대상으로 확장시키고 심상과 감정 그리고 위험 및 이득 지각의 관계를 감정 추단의 틀 안에서 밝혔다는 데 의의가 있다. 그러나 후속 연구를 위해 몇 가지 제안이 있다. 감정을 측정하는 데 심상이 최상의 측정도구가 아닐 수 있다는 점과 심상의 언어화가 문제가 될 수 있다. 감정을 측정하는 방법에는 심상을 이용하는 방법 외에 다른 측정도구들이 있으므로(Peters & Slovic, 2007) 더 객관적이고 간편한 다른 측정도구들을 개발하는 것이 필요하다. 그 다음으로, 심상을 연구할 때 심상의 언어화가 초래할 수 있는 영향을 고려해야 한다. 최근 피터스와 슬로빅(Peters & Slovic, 2007)은 심상을 표현하는 것 자체가 감정적 느낌을 방해하고, 감정과 행동의도 사이의 관련성을 떨어뜨릴 가능성을 제기하였다. 이러한 가능성은 스쿨러와 동료들(Schooler, Ohlsson & Brooks, 1993)의 연구와 맥을 같이한다. 그들은 통찰문제처럼 말로 하기 힘든 과정(*nonreportable*)을 언어화했을 때 수행이 방해받음을 보여주었다. 피터스와 슬로빅(Peters & Slovic, 2007)은 심상 연구에서 특히 감정적 요소와 행동 간의 관계를 연구하려면 심상에 대한 질문을 설문지의 끝부분에 두는 것이 바람직하다고 제안하였다. 행동의도가 아닌 실제행동을 예측할 때도 심상 질문의 순서가 영향을 주는지는 아직 밝혀지지 않았으나, 앞으로 심상을 이용한 연구에서는 이러한 순서가 고려되는 것이 바람직하겠다.

다른 한편으로, 후속 연구에서는 위험이나 이득판단에 영향을 주는 다른 변인들(예: 지식)의 영향을 검토할 필요가 있다. 한 연구(Lee,

Scheufele & Lewenstein, 2005)에서는, 나노기술에 대한 위험을 판단할 때 과학일반에 대한 지식이나 나노기술에 대한 객관적 지식이 많을수록 위험(이득과 비교된 위험)을 더 낮게 지각한다고 밝혔다. 사람들은 어떤 과학기술에 대해서 구체적으로 모르더라도 주변 단서를 가지고 판단을 하므로, 잘 모르는 분야일수록 부정적 정보가 제시되면 대상에 대한 감정은 순식간에 부정적으로 변한다. 사람들이 감정 추단을 사용하고 있음을 시사하는 이 연구의 결과를 미루어볼 때, 잘 알려지지 않은 기술에 대해서 위험과 이득에 관한 정보를 균형 있게 제공한다면 사람들은 잠재적 위험을 덜 느끼게 될 것이다. 끝으로 황우석 사태 이후로 체세포 복제기술에 대해 인식이 달라진 것에서도 알 수 있듯이, 현대사회에서 과학기술의 발전은 잠재적 위험과 이득에 관해 일반 대중과 소통하는 가운데 이루어져야 할 것이다.

제5장

위험결정에서 인지적 처리수준과 틀 효과

사람들은 결정을 할 때 문제가 이득의 측면에서 기술될 때와 손실의 측면에서 기술될 때 다르게 반응할까? 결정에서 사람들은 문제가 이득으로 기술되면 위험-회피적인 반응을 하고 동일한 문제가 손실로 기술되면 위험-추구적인 반응을 하는 경향을 보인다. 틀 효과라고 불리는 이 현상은 판단과 결정 연구에서 가장 많이 연구되는 편향 중 하나이다. 분석적 사고와 경험적 사고체계를 가정하는 이중사고체계 이론들은 인지처리수준이 증가하여 분석적 사고체계가 활성화되면 틀 효과가 사라지거나 감소한다고 주장한다. 이 장에서는 이 가설을 검증하기 위해 결정자의 인지처리수준을 높게 또는 낮게 변화시킨 후에 다양한 결정 문제에서 나타나는 틀 효과를 두 개의 실험을 통해 기술하고자 한다.

1. 틀 효과

같은 문제라도 틀을 다르게 하여 물으면 결과에서 선호 역전 현상이 나타나는 것이 틀 효과이다. 다음은 틀 효과 연구에서 사용되는 전형적인 과제로서, 트벌스키와 카너먼(Tversky & Kahneman, 1981)이 기술한 아시아 질병 문제이다. 실험에서 참여자들은 희귀한 질병으로부터 생명을 구하기 위해(긍정 틀) 또는 죽음을 피하기 위해(부정 틀) 확실한(안전한) 대안과 확률적(모험적) 대안을 두고 선택하기를 요구받는다.

미국은 600명의 목숨을 앗아갈 것으로 예상되는 희귀한 아시아 질병의 발생에 준비 중이다. 이 질병에 대처하기 위한 두 개의 프로그램이 제안되었다. 프로그램의 결과에 대한 과학적 추정은 다음과 같다.

긍정 틀

- A 프로그램을 선택하면 확실히 200명의 목숨을 구하게 된다.
- B 프로그램을 선택하면 600명의 목숨을 구하게 될 확률은 1/3이고 한 사람의 생명도 구하지 못할 확률은 2/3이다.

부정 틀

- C 프로그램을 선택하면 확실히 400명이 사망하게 된다.
- D 프로그램을 선택하면 한 명도 사망하지 않을 확률은 1/3이고 600명 모두 사망하게 될 확률은 2/3이다.

트벌스키와 카너먼(Tversky & Kahneman, 1981)의 연구에서 긍정 틀 문제를 제시받은 참여자의 72%가 확실한 대안(*sure option*)을 선택하는 반면 부정 틀 문제에서는 참여자의 78%가 모험적 대안(*risky option*)을 선택한다. 기대 가치를 놓고 보면 A와 C가 동일하고 B와 D가 동일함에도 불구하고 A와 D 대안이 선택되는 편향이 일어난다. 즉, 긍정 틀에서는 모험 회피적(*risk-avoidant*) 반응을, 부정 틀에서는 모험 추구적(*risk-seeking*) 반응을 보인다.

1) 결정과제 유형과 틀 효과

틀 효과를 다룬 연구들을 대상으로 수행된 메타분석(예: Kühberger, 1998; Kühberger, Schulte-Mecklenbeck & Perner, 1999)에 따르면 틀 효과의 발생은 결정 문제의 유형에 의해 영향을 받는다. 금전이나 자산 문제들보다 아시아 질병 문제와 같은 생명 문제에서 더 강력한 틀 효과가 나타난다. 메타분석 연구뿐 아니라 항목 반응 함수(IRF: item response function)라고 불리는 통계기법을 이용한 분석에서도 다른 영역의 문제들보다 인간의 생명을 다루는 문제는 틀의 영향을 가장 크게 받는 것으로 밝혀졌다(Zikar & Highhouse, 1998). 생명 문제라도 다양한 변인들이 틀 효과에 영향을 미친다. 다른 어떤 생명체보다 인간의 생명을 다룬 문제에서 강력한 틀 효과가 발생한다. 예를 들어, 왕, 사이먼과 브리다트(Wang, Simon & Bredart, 2001)의 연구에서는 인간의 생명 문제에서 모험적 대안을 선택한 참여자의 비율이 긍정 틀에서 36%이지만 부정 틀에서 66%에 달하였다. 외계인의 생명 문제에서는 모험적 대안을 선택한 참여자의 비율이 53%로 두 틀 조건에서 차이가 나타나지 않았다. 슈나이더(Schneider, 1992)는 동물의 생명을 다룬 두 개의 문제와 인간 생명을 다룬 3개의 문제에서 틀 효과를 비교하였다. 인간 생명 문제들은 모두 유의미한 틀 효과를 보여주었지만 동물 생명의 경우 한 문제에서만 틀 효과가 관찰되었다. 최근에는 블룸필드(Bloomfield, 2006)가 동물의 생명(회색곰, 거북이, 늑대)과 트벌스키와 카너먼(Tversky & Kahneman, 1981)의 아시아 질병 문제와 비슷하게 만들어진 인간 생명 문제에서 틀 효과를 비교하였다. 네 개의 결정 문제는 참여자 내 설계였기 때문에 동일한 참여자가 이 네 개의 문제들을 모두 제시받았음에도 불구하고 문제 유형에 따라서 틀 효과는 다르게 나타났다. 인간의 생명을 다룬 문제는 아시아 질병 문제에서 나타나는 결과와 매우 유사하게 모험적 대안의 선택 비율이 부정 틀에서 73%이고 긍정 틀에서 27%로, 매우 유의미한 틀 효과를 보여주었다. 동물 생명 문제에서는 유의미한 틀 효과가 발생하지 않았다. 뿐만 아니라 인간의 생명 문제라도 생명의 수 또는 결정자와의 혈연관계 여부 등 다양한 변인들이 틀 효과에 영향을 미친다고 알려져 있다(Wang, Simons & Bredart, 2001). 금전을 비롯한 자산 문제들에 대한 틀 효과 연구들은 더욱 더 일관성을 보여주지 못한다(Kühberger, 1998; Kühberger, Schulte-Mecklenbeck & Perner, 1999; Wang, 1996). 지불금액의 크기, 확률 수준 등 다양한 요인들에 의하여 틀 효과가 변화하는 것으로 알려져 있다.

종합하면, 인간 생명을 다루면서 트벌스키와 카너먼(Tversky & Kahneman, 1981)의 아시아 질병 문제와 유사한 문제들에서는 비교적 일관된 틀 효과가 발견되지만, 그 외의 결정과제들에서 틀 효과의 발생을 예측하기는 어려운 상황이다.

2) 틀 효과와 이중사고체계 이론

사람들이 판단과 결정에 두 개의 사고체계를 이용한다는 여러 이중처리 이론들이 제안되었다(예: De Neys, 2006; Epstein, 1994; Evans, 2003; Sloman, 1996). 스타노비치와 웨스트(Stanovich & West, 2000)는 이중처리 이론들을 종합한 뒤, 두 사고체계의 명칭과 특징에 대하여 모든 학자들이 명확히 일치하는 의견을 보이는 것은 아니지만 매우 유사한 것만은 사실이라고 주장하였다. 사고체계 1은 빠르고 자동적이면서 추단과 연합에 기초한(*heuristic-and associative-based*) 경험적인 체계이며, 사고체계 2는 규칙과 이유에 기초한(*rule-and reason-based*) 합리적이고 통제적이며 작업기억 용량을 요구하는 분석적인 체계라는 것이다.

이중사고체계 이론들은 틀 효과가 인지적 노력을 적게 들이는 경험체계와 관련이 있다고 주장한다(예: Chaiken & Trope, 1999; De Neys, 2006; Kahneman & Frederick, 2007; Stanovich & West, 2000). 이를 지지하는 증거로 참여자들에게 선택의 이유를 기술하게 하는 실험절차를 이용하여 분석적 사고를 활성화시키면 틀 효과는 사라지거나 감소하는 연구 결과를 들고 있다(Larrick, Smith & Yates, 1992; Miller & Fagley, 1991; Takemura, 1994). 또한 깊은 정보처리와 논리적인 사고를 좋아하는 인지 욕구가 높은 사람들은 인지 욕구가 낮은 사람들에 비해서 틀 효과를 덜 보인다는 연구 결과(예: Simon, Fagley & Halleran, 2004; Smith & Levin, 1996)도 이중사고체계 이론을 지지하는 것으로 간주된다.

3) 틀 효과의 신경생리적 기저

최근 디 마르티노 등(De Martino, Kumaran, Seymour & Dolan, 2006)은 기능적 자기공명 영상(fMRI: functional Magnetic Resonance Imaging)을 이용하여 틀 효과의 신경생리학적 기제를 밝히고자 하였다. 정서와 관련된 편도체의 활성화도 확인되었지만 무엇보다 중요한 발견은 틀 효과가 작업기억 및 분석적 추론과 연합되어 있는 전두엽과 안와피질(*orbital cortex*)의 활성화 수준으로 예측될 수 있다는 사실이었다. 즉, 분석적 사고와 관련된 뇌 부위의 활성화가 높은 사람일수록 틀 효과를 덜 보였다. 곤잘레스 등(Gonzalez, Dana, Koshino & Just, 2005)이 수행한 fMRI 연구에서도 틀 효과 과제를 수행할 때 작업기억과 관련된 피질 부위들의 활성화가 발견되었다. 이런 연구증거들은 결정자가 분석적 사고체계를 사용할수록, 즉 인지적 처리수준이 증가할수록 틀 효과는 감소할 것이라는 이중사고체계 이론의 가설과 일치한다. 최근에 휘트니 등(Whitney, Rinehart & Hinson, 2008)은 이와 같은 신경생리학적 연구 결과들을 바탕으로 틀 효과와 작업기억과의 관계를 밝히려는 행동 연구를 수행하였다. 결정과제만 수행하는 통제조건과 기억과제도 함께 수행해야 하는 인지부하조건 간에 틀 효과의 차이는 없었다. 그러나 연구자들은 참여자들이 통제조건보다 인지부하조건에서 위험 선택을 더 적게 한 결과를 들어 인지부하의 효과를 주장하고 있다.

4) 연구의 목적

이 연구는 인지적 처리수준을 증가시키거나(실험 1) 감소시킨(실험 2) 후에 틀 효과의 변화를 관찰함으로써 이중사고체계 이론의 가설을 검증하고자 하였다. 틀 효과가 결정 문제 유형의 영향을 많이 받는다는 선행연구들을 근거로 이 연구에서는 결정 문제에 따른 틀 효과의 변화를 살펴보기로 하였다. 인간과 동물의 생명을 다룬 문제 두 개와 금전과 재산을 다룬 두 개의 문제를 사용하여 독립변인의 처치가 이 문제들에서 틀 효과를 어떻게 변화시키는지를 관찰하였다. 실험 1에서는 이유를 생각하면서 선택하게 하는 지시를 통하여 인지적 처리수준을 증가시켰다. 이유에 기반한 판단과 결정짓기는 분석적 사고체계의 특징 중 하나이기 때문에 이와 같은 실험절차는 분석적 사고체계를 활성화시켜 선택반응에 영향을 미칠 것으로 보았다. 실험 2에서는 작업기억과제를 동시에 수행하는 이중과제 절차를 이용하여 결정과제에서 참여자의 인지적 처리수준을 낮추었을 때 틀 효과의 변화를 관찰하였다.

2. 실험 1: 이유에 기반한 선택과 틀 효과

실험 1에서는 결정 문제를 읽고 선택을 하는 동안 자신이 특정 대안을 선택하는 이유를 생각하면서 반응을 한 후에 그 이유를 적도록 하는 실험집단과 어떤 지시도 없었던 통제집단 사이의 틀 효과의 차이를 검증하였다. 참여자에게 선택의 이유를 기술하도록 하여 반응의 정당화 또는 책임을 요구하면 인지적 처리에 노력을 기울이려는 동기수준이 증가한다고 알려져 있다. 그러나 선행연구들에서 보여주는 이런 처치의 효과는 일관적이지 않다. 어떤 경우에는 틀 효과를 감소시키고(예: Larrick, Smith & Yates, 1992; Miller & Fagley, 1991; Takemura, 1994), 또 다른 경우에는 오히려 증가시킨다(예: Igou & Bless, 2007). 한 가지 이유는 사용된 결정 문제들이 달랐기 때문이고, 또 다른 이유로는 선택 반응을 한 후에 단순히 선택의 이유를 기술하도록 요구하는 절차만으로 선택하는 동안 인지적 처리수준을 증가시켰다거나 또는 분석적 사고를 활성화시켰다고 보기 어렵다. 즉, 정당화 조건의 참여자들은 선택반응을 하는 동안에는 인지적 노력을 기울이지 않았다가 선택이 끝난 후 이유를 기술할 때 인지적 노력을 기울일 수도 있다. 참여자에게 이유를 근거로 선택을 하도록 지시하고 반응 후에 그 이유를 기술하도록 요구하였다. 이 방법은 특히 선택이 일어나는 동안 인지적 처리수준을 증가시켜서 분석체계를 활성화시킬 것으로 가정하였다. 이중사고체계 이론에 따르면 실험집단의 틀 효과는 통제집단과 비교해서 감소하거나 또는 사라질 것으로 예측된다.

1) 방법

(1) 참여자

서울 소재 대학교에 재학 중이며 심리학 개론을 수강하는 140명의 대학생이 실험에 참여하였다.

(2) 실험설계

4(결정 문제: 인간 생명, 동물 생명, 금전, 농작물) × 2(처리수준: 이유-기

반, 통제) × 2(틀: 긍정, 부정)의 혼합요인 설계로서, 결정 문제는 참여자 내 설계였으며 처리수준 요인과 틀 요인은 참여자 간 설계였다. 따라서 참여자들은 4 집단에 무선적으로 배정되었으며 4개의 결정 문제들은 역균형화로 순서 효과를 배제시켰다.

(3) 과제

4개의 결정 문제는 피터스와 레빈(Peters & Levin, 2008)의 연구에서 사용된 문제들을 변형하여 사용하였다. 인간 생명 문제는 서론에 기술한 트벌스키와 카너먼(Tversky & Kahneman, 1981)의 결정과제와 매우 유사하였다. 스웨덴은 600명의 목숨을 앗아갈 수 있는 질병에 대비하고 있다고 가정하고 두 가지 프로그램 중 하나를 선택하도록 하였다. 긍정 틀로 제시된 문제는 다음과 같다.

> A 프로그램을 선택하면 200명의 목숨을 확실히 구할 수 있다. B 프로그램을 선택하면 600명의 목숨을 구할 수 있는 확률은 1/3이고 한 사람의 생명도 구하지 못할 확률은 2/3이다.

부정 틀로 제시되었을 때는 다음과 같다.

> A 프로그램을 선택하면 400명이 확실히 죽게 된다. B 프로그램을 선택하면 한 사람도 죽지 않을 확률은 1/3이고 600명이 죽을 확률은 2/3이다.

동물의 생명 문제에서는 산불이 발생하는 계절이 돌아와서 강원도의 오래된 산림에 피해를 주고 있는데 이런 산에는 산불의 위험에 노출된 크고 작은 3천 600마리의 동물들이 살고 있고, 이 동물들을 보호하기 위한 두 개의 프로그램 중 하나를 선택하도록 하였다. 긍정 틀로 제시된 문제는 다음과 같다.

A 프로그램을 선택하면 1천 200마리의 동물들을 확실히 구할 수 있다. B 프로그램을 선택하면 3천 600마리의 동물들을 구할 수 있는 확률은 1/3이고 한 마리도 구할 수 없는 확률은 2/3이다.

부정 틀 문제는 다음과 같다.

A 프로그램을 선택하면 2천 400마리의 동물들이 확실히 죽게 된다. B 프로그램을 선택하면 한 마리의 동물도 죽지 않을 확률이 1/3이고 3천 600마리의 동물들이 죽게 될 확률은 2/3이다.

두 개의 자산 문제 중에 금전 문제는 파산한 회사의 주식에 60만 원을 투자했다고 가정하고 투자한 돈의 일부를 돌려받을 수 있는 두 가지 대안 중 선택하도록 하였다. 긍정 틀로 제시된 문제는 다음과 같다.

A 프로그램을 선택하면 20만 원을 확실히 돌려받는다. B 프로그램을 선택하면 60만 원을 돌려받는 확률은 1/3이고, 한 푼도 돌려받지 못할 확률은 2/3이다.

부정 틀로 제시되었을 때는 다음과 같다.

> A 프로그램을 선택하면 40만 원을 확실히 잃게 된다. B 프로그램을 선택하면 한 푼도 잃지 않을 확률은 1/3이고 60만 원을 잃게 될 확률이 2/3이다.

농작물 문제에서는 남부지방의 심각한 가뭄으로 2만 4천 평의 농작물이 피해를 입을 것으로 보고 있는데 물을 공급하기 위한 두 개의 대안 중 선택하도록 하였다. 긍정 틀 문제는 다음과 같다.

> A 프로그램을 선택하면 8천 평의 농작물을 확실히 구할 수 있다. B 프로그램을 선택하면 2만 4천 평의 농작물을 구할 수 있는 확률은 1/3이고 한 평의 농작물도 구할 수 없는 확률은 2/3이다.

부정 틀로 제시된 문제는 다음과 같다.

> A 프로그램을 선택하면 1만 6천 평의 농작물 손실을 확실히 입게 된다. B 프로그램을 선택하면 한 평의 농작물 손실도 없을 확률은 1/3이고, 2만 4천 평의 농작물 손실을 입을 확률은 2/3이다.

(4) 절차

모든 참여자들에게 다양한 위험 상황에서 일어나는 판단과 결정에 관한 연구를 수행하기 위해 설문조사를 실시한다고 말해주었다. 통제집단에 속한 참여자들은 단순히 설문지의 내용을 순서대로 읽고 응답하라는 지시를 받았다. 선택 이유를 기술해야 하는 집단에 배정된 참여자들은 문제를 읽고 대안을 선택하는 동안 선택의 이유를 생각하라는 명시적 지시를 받았다. 대안의 선택이 끝난 후에는 참여자가 생각했던 선택의 이유를 적게 하였다. 참여자들은 문제를 읽고 선택하는 시간의 제한 없이 설문지에 포함된 4개의 결정 문제들에 차례로 응답하였고 수정은 불가능하였다.

2) 결과

틀 효과 연구의 일반적인 통계 방법인 카이자승 검증을 이용하여 문제 유형별로 그리고 처리수준 집단별로 분석을 시도하였다. 〈표 5-1〉은 통제집단과 이유-기반 집단에서 결정 문제가 긍정 또는 부정 틀로 제시될 때 대안 B(모험 대안)를 선택한 참여자의 백분율과 결정 문제별 카이자승 검증 결과이다. 먼저 통제집단을 살펴보면 자산 문제와 생명 문제에서 틀 효과의 차이가 분명했다. 두 생명 문제에서는 전형적인 틀 효과가 발생하였다. 인간 생명의 경우 긍정 틀 조건에서 모험 대안을 선택한 참여자의 비율이 44%인 반면에 부정 틀 조건에서는 79%의 참여자들이 모험 대안을 선택하였다. 즉, 문제가 긍정 틀로 제시되었을 때는 확실한 대안을 선택한 비율이 더 많고(56%), 부정 틀로 제시되면 모험 대안을 선택한 비율이 더 많았다. 이와 같은 편향은 동물 생명 문제에서도 분명하게 나타났다. 그러나 자산과 관련된 두 결정 문제에서는 틀 효과가 발생하지 않았다. 금전 문제에서는 틀과 관계없이 확실한 대안과 모험 대안을 선택하는 비율이 비슷하였으며, 농작물 문제에서 참여자들은 틀에 관계없이 모험 대안을 선택하는 비율이 낮아서 위험을 회피하는 반응을 보였다. 이유-기반 집단은 어떤 결정 문제에서도 틀 효과를 보이지 않았다. 무엇보다 중요한 결과는 분석적 사

〈표 5-1〉 4개의 결정 문제에서 모험 대안(대안 B)을 선택한 참여자의 백분율

결정 문제	처리수준	틀	
		긍정 틀	부정 틀
인간 생명	통제($\chi^2 = 9.023$, $df = 1$, $p = .003$)	44	79
	이유-기반($\chi^2 = 1.433$, $df = 1$, $p = .338$)	46	60
동물 생명	통제($\chi^2 = 13.310$, $df = 1$, $p = .000$)	17	59
	이유-기반($\chi^2 = .000$, $df = 1$, $p = 1.000$)	34	34
금전	통제($\chi^2 = .001$, $df = 1$, $p = .978$)	56	56
	이유-기반($\chi^2 = 2.100$, $df = 1$, $p = .147$)	51	34
농작물	통제($\chi^2 = .867$, $df = 1$, $p = .352$)	27	38
	이유-기반($\chi^2 = .764$, $df = 1$, $p = .382$)	17	26

고가 활성화되면 틀 효과가 감소 또는 사라질 것이라는 이중사고체계 이론의 예측대로 통제집단의 생명 문제에서 유의미한 틀 효과가 이유-기반 선택 집단에서 사라졌다는 사실이다. 특히 동물 생명 문제에서 이유를 근거로 선택하도록 하였더니 참여자들은 틀에 상관없이 모험 대안을 회피하면서 확실한 대안을 선택하는 경향성을 강하게 보였다.

3. 실험 2: 작업기억의 인지부하와 틀 효과

실험 2는 결정과제를 처리하는 데 필요한 인지자원이 감소하면 결정자는 분석적 사고체계보다는 경험체계에 의존하게 되므로 틀 효과가 증가할 것이라는 가설을 검증하였다. 분석적 사고체계가 작업기억 용량을 요구한다는 여러 연구증거들(예: De Martino, Kumaran, Seymour & Dolan, 2006; Gonzalez, Dana, Koshino & Just, 2005; Stanovich &

West, 2000)을 바탕으로 작업기억과제를 부가과제로 하면서 결정과제를 수행하는 이중과제가 제시되었다. 작업기억 부하와 틀 효과의 관계를 검증하였던 휘트니 등(Whitney, Rinehart & Hinson, 2008)의 연구에서 사용된 실험 과제와 절차는 전형적인 틀 효과 연구와 많은 차이가 있었다. 이들의 실험에서 참여자들은 컴퓨터를 통하여 먼저 일정 금액의 가상적인 금전을 제시받았다. 참여자는 자신이 받은 금전의 일부를 계속 보유할 수 있거나(긍정 틀) 또는 잃을 수 있다(부정 틀)는 문제에서 확실한 대안과 모험 대안 중 선택을 해야 했다. 실험 결과는 작업기억과제를 이용한 인지부하조건에서도 통제조건과 동일하게 유의미한 틀 효과가 발생하였다.

틀 효과에 미치는 인지부하의 영향을 발견할 수 없었던 원인으로 여러 가지를 들 수 있다. 첫째는 이들의 실험에서 단 하나의 문제 유형만이 사용되었기 때문에 결국 결정자들은 숫자만 다르지 동일한 결정 문제들을 처리하였다. 문제 유형에 따라서 틀 효과의 민감성이 다르다는 선행연구의 증거들에서 보듯이 여러 문제 유형들을 이용하여 인지부하의 효과를 살펴볼 필요가 있다. 둘째, 이들의 실험이 틀 변인과 인지부하 변인을 모두 참여자 내 설계로 수행되었던 점도 인지부하의 효과를 발견하지 못한 원인일 수 있다. 참여자 내 설계에서 참여자의 일관된 반응을 하려는 경향성 또는 제시된 문제에 대한 참여자의 기억 등이 혼합변인으로 작용하였을 가능성이 높다. 이 실험에서는 틀과 인지부하조건을 참여자 간 설계로 하면서, 설문지 방식의 전형적인 틀 효과 연구방법 및 실험 1에서 사용했던 4개의 결정 문제들을 이용하여 작업기억의 인지적 부하가 틀 효과에 미치는 영향을 살펴보기로 하였다.

1) 방법

(1) 참여자

서울 시내 소재 대학교에 재학 중이면서 심리학 개론을 수강하는 대학생 90명이 인지부하조건에 참가하였다.

(2) 실험설계

실험 설계는 4(결정 문제: 인간 생명, 동물 생명, 금전, 농작물) × 2(틀: 긍정, 부정)의 혼합요인 설계로서, 결정 문제는 참여자 내 설계였으며 틀 요인은 참여자 간 설계였다.

(3) 과제

작업기억과제는 5개의 영어 낱자들로 구성된 목록으로 이루어졌으며(예: KLFBX) 참여자는 이 목록을 순서대로 기억하였다가 결정과제를 마친 뒤에 실험자의 지시에 따라 특정 위치에 있었던 낱자를 회상하도록 요구받았다. 이 과제는 휘트니 등(Whitney, Rinehart & Hinson, 2008)의 연구에서 사용된 절차와 매우 유사하며, 참여자가 컴퓨터가 아닌 설문지에 응답을 한다는 점에서만 차이가 있다. 결정 문제들은 실험 1과 동일하였다.

(4) 절차

참여자들은 스크린에 5초 동안 제시되는 영어 낱자 5개로 이루어진 기억목록 자료를 순서대로 기억하라는 지시를 받았다. 5초의 제시 시간이 끝나면 스크린에서 기억목록은 사라지고 참여자는 설문지에 제시된 결정 문제를 읽고 선택 반응을 하는 데 15초의 시간을 받았다. 결정과제를 수행하는 15초의 시간이 지난 후에 실험자는 기억과제의 5개의 낱자들 중 특정 위치에 제시되었던 낱자가 무엇이었는지 회상하라고 말했다(예: 목록에서 세 번째 위치에 있던 영어 낱자는 무엇이었습니까?). 참여자는 설문지의 하단에 표시된 빈칸에 회상한 낱자를 적어야 했다. 실험은 10명으로 이루어진 소집단 형태로 진행되었다. 설문지에 포함된 4개의 결정 문제의 제시순서는 참여자들마다 달랐기 때문에 특정 기억목록과 특정 결정 문제가 모든 참여자들에게 똑같이 연합되어 있지는 않았다. 즉, 동일한 실험집단에 속하는 참여자들의 경우 기억과제는 같아도 설문지에서 결정 문제들의 제시순서가 달랐기 때문에, 기억과제와 결정 문제의 대응이 참여자들마다 달랐다. 이와 같은 절차로 기억과제의 난이도가 결정과제의 수행에 미치는 영향을 예방하였다. 실험에 앞서 참여자는 기억과제를 4회에 걸쳐 연습할 기회를 가졌다.

2) 결과

작업기억과제에서 성공적인 수행을 보인 결정 문제들만을 틀 효과 분석에 포함시켰기 때문에 결정 문제에 따라 실제 사례 수에는 차이가 있었다. 전체 90명의 참여자들 중에서 작업기억과제에서 성공적인 수행을 보인 참여자는 인간 생명 문제에서 68명, 동물 생명 문제에서는 69명, 금전 문제는 68명, 농작물 문제에서는 68명이었다. 실험 1과 마찬가지로 결정 문제별로 카이자승 분석을 실시한 결과를 〈표 5-2〉에 제시하였다. 가까스로 유의미한(*marginally significant*) 금전 문제($p = .052$)를 제외하고 모든 문제들에서 매우 유의미한 틀 효과가 발생하였

〈표 5-2〉 4개의 결정 문제에서 모험 대안(대안 B)을 선택한 참여자의 백분율

결정 문제	틀		
	처리수준	긍정 틀	부정 틀
인간 생명	통제($\chi^2 = 9.023$, $df = 1$, $p = .003$)	44	79
	인지부하($\chi^2 = 15.023$, $df = 1$, $p = .000$)	26	73
동물 생명	통제($\chi^2 = 13.310$, $df = 1$, $p = .000$)	17	59
	인지부하($\chi^2 = 12.251$, $df = 1$, $p = .000$)	27	69
금전	통제($\chi^2 = .001$, $df = 1$, $p = .978$)	56	56
	인지부하($\chi^2 = 3.778$, $df = 1$, $p = .052$)	35	59
농작물	통제($\chi^2 = .867$, $df = 1$, $p = .352$)	27	38
	인지부하($\chi^2 = 15.03$, $df = 1$, $p = .000$)	26	73

음을 알 수 있다($p = .000$). 생명 문제들은 통제집단과 마찬가지로 인지적 부하 조건에서도 역시 강력한 틀 효과를 보여주었다. 자산 문제의 경우, 통제집단에서 보이지 않았던 틀 효과가 인지적 부하 조건에서 매우 유의미하거나(농작물 문제) 또는 가까스로 유의미한(금전 문제) 수준으로 발생하였다. 전체 결과는 이중사고체계 이론의 주장대로 인지적 처리수준이 감소하면 틀 효과가 증가한다고 말할 수 있다.

〈그림 5-1〉과 〈그림 5-2〉는 처리수준과 틀 효과 사이의 관계를 보여주기 위하여 실험 1과 실험 2의 결과를 종합하여 제시한 것이다. 각 문제별 특징을 살펴보면, 인간 생명 문제의 경우 인지적 부하는 통제 조건과 비교할 때 특히 긍정 틀에서 큰 변화를 일으켰는데, 긍정 틀에서 위험 회피적 반응을 증가시킴으로써(56%에서 74%로) 더 확실한 틀 효과가 발생하였다. 동물 생명 문제에서 틀 효과는 통제와 인지부하 집단에서 모두 매우 유의미하였다. 특히 인지부하의 효과는 자산과제들에서 나타났다. 통제조건에서 보이지 않았던 틀 효과가 인지적 용량

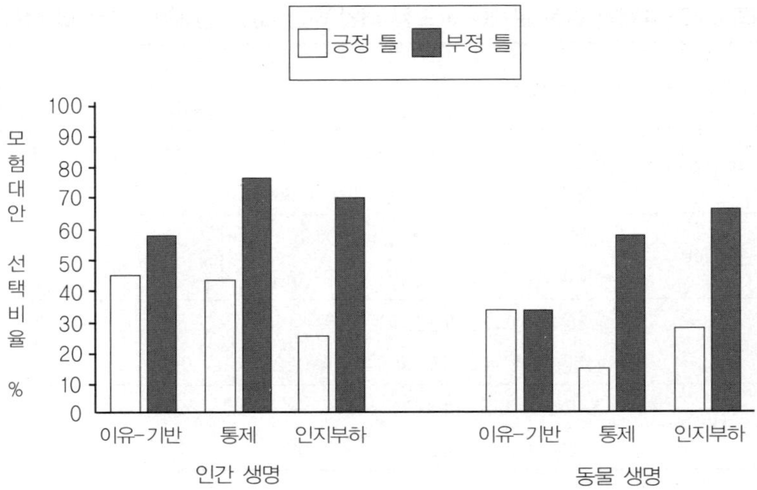

〈그림 5-1〉 생명 문제에서 인지적 처리수준과 틀 효과의 한계

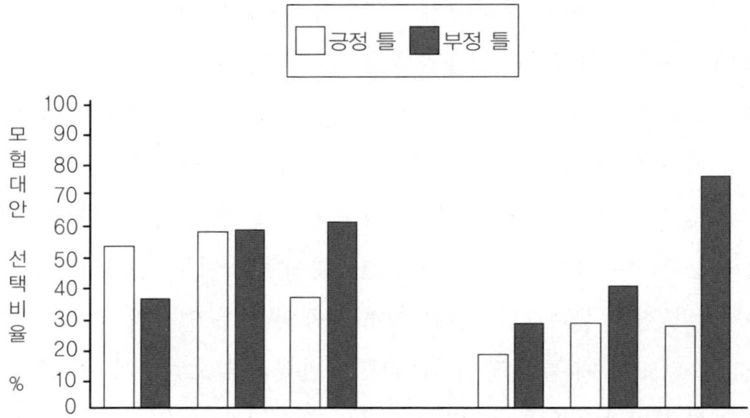

〈그림 5-2〉 자산 문제에서 인지적 처리수준과 틀 효과의 한계

이 감소하자 매우 유의미한 효과를 보여주었다. 가장 큰 변화는 부정 틀에서 나타났으며, 인지적 부하가 발생하자 참여자들은 모험 대안을 선택하는 위험 추구적인 반응을 증가시켰다.

4. 종합 논의

이유 기반 처리 대 인지부하 효과

판단과 결정 연구에서 이중사고체계 이론들은 인지적 처리수준을 증가시켜서 분석적 사고체계가 활성화되면 경험체계의 작용으로 발생하는 틀 효과는 사라질 것으로 주장하고 있다. 이 가설을 검증하기 위하여 인지적 처리수준을 감소 또는 증가시킨 후에 틀 효과가 어떻게 달라지는지를 관찰하였다. 실험 1에서는 특정 대안을 선택하는 분명한 이유를 생각하면서 선택 반응을 한 뒤에 이유를 적도록 하는 실험절차를 사용하여 결정과제를 처리할 때 인지적 처리수준을 증가시킨 실험집단과 통제집단의 틀 효과를 비교하였다. 먼저 통제집단은 결정 문제 유형과 틀 효과에 관한 선행연구들과 유사한 결과를 보여주었다. 생명 문제에서는 틀 효과가 나타났지만 자산 문제에서 틀 효과는 보이지 않았다. 그런데 이유에 기반을 둔 선택을 요구하자 모든 결정 문제들에서 틀 효과는 사라졌다. 실험 2에서는 작업기억과제를 수행하면서 동시에 결정 문제에서 선택을 요구하는 이중과제 절차를 사용하여 결정과제에 할애할 수 있는 인지적 처리수준을 감소시켰더니 모든 결정 문제에서 틀 효과가 발생하였다. 이 결과는 분석적 사고체계가 작업기억의 용량을 요구하기 때문에 부가적인 기억과제에 의한 인지부하는 경험체계를 사용하게 만들어서 틀 효과가 증가할 것이라는 이중사고체계 이론의 가설과 일치한다.

비록 이 연구를 비롯하여 여러 선행연구들의 결과가 인지 처리수준과 틀 효과 사이의 관계에 대한 이중사고체계 이론을 지지한다 할지라도 더 많은 후속 연구를 필요로 한다. 최근 이구와 블레스(Igou & Bless, 2007)는 틀 효과가 단순히 인지적 노력을 적게 들이는 추단의 사용으로 발생하는 것이 아니라고 주장하였다. 연구자들은 틀 효과가 인지적 노력과 구조적인 처리 전략을 요구하는 실질적 처리(*substantive processing*)의 산물이라고 보았으며, 이런 실질적 처리는 과제가 어렵고 모호하거나, 결정자가 과제에 대해 생각하려는 동기가 높거나, 사고 능력이 뛰어날 때 일어난다고 하였다. 제시된 과제가 모호하면 사람들은 과제 정보를 명확히 이해하기 위하여 자신의 선행지식을 이용하게 되고, 주어진 정보 이상의 처리를 요구하는 이 과정은 제시된 결정 틀과 관련된 지식의 인출을 포함한다. 그 결과 실질적 처리를 하면 할수록 문제 시나리오를 풍부하게 만드는 구조적인 사고의 양은 더욱 증가한다. 즉, 이중사고체계 이론들과 반대로 이구와 블레스에 의하면 인지적 처리의 양, 처리 동기 그리고 처리 능력은 틀 효과를 증가시킨다.

인지적 처리수준과 틀 효과에 대한 이와 같은 상반되는 주장과 연구 결과들은 문제의 복잡성을 시사한다. 특히 결정 문제의 유형에 따른 틀 효과의 차이를 인지적 처리수준 차원에서 설명할 필요가 있다. 결정 문제들이 참여자 내 설계로 제시되었음에도 불구하고 결정 문제별로 틀 효과의 차이를 보여준 앞의 결과만 보더라도 틀 효과가 단순히 추단을 사용하기 때문에 발생한다고 말하기 어렵다. 이구와 블레스는 결정 문제가 어렵고 모호하면 실질적 처리수준을 증가시킨다고 주장하고 있는 반면에, 이중사고체계 이론은 결정 문제와 틀 효과의 상호작용에 대하여 어떤 예측도 하지 못한다. 앞으로의 이중사고체계 이론들의 과제는 결정 문제가 가지고 있는 어떤 특성이 분석적 또는 경험적 사고체계의 활성화를 촉진시키는지를 밝혀야 할 것이다. 마찬가지로 이구와 블레스의 주장도 결정 문제의 난이도 또는 모호성에 대한 설명이 제안되어 구체적인 예측이 가능해야 할 것이다.

틀 효과와 인지적 처리수준의 관계에 대한 문제를 해결하기 위하여 다음과 같은 시도가 가능하다. 첫째는 지금까지 수행되었던 연구들보다 더 세밀하게 인지적 처리수준을 통제할 수 있는 기법들을 개발하여 틀 효과를 검증한다. 예로 작업기억과제의 부하 강도를 보다 세부적인 수준으로 조작한 뒤에 틀 효과의 변화를 살펴본다면 어느 정도의 부하 상태에서 편향이 일어나는지를 알 수 있을 것이다. 둘째, 인지적 처리수준과 틀 효과 사이의 관계를 정확히 밝히려면 처리수준과 틀 변인을 참여자 내 설계로 실험할 것이 요구되는데, 이때 결정 문제에 대한 참여자의 기억과 같은 혼합변인들을 적절히 통제할 수 있는 실험 기법의 개발이 필요하다. 참여자 간 설계를 이용한 실험 1과 2는 이유-기반 선택 및 인지부하가 틀 효과에 영향을 미치는 것은 보여줄 수는 있었지만, 어느 정도의 인지적 처리수준에서 틀 효과가 발생하는지를 예측하기 어렵다. 그러나 앞서 언급하였듯이 참여자 내 설계를 사용하였던 휘트니 등(Whitney, Rinehart & Hinson, 2008)의 연구에서 인지부하조건과 통제조건 간에 틀 효과의 유의미한 차이가 없었던 결과도 문제 해결의 어려움을 시사한다. 이들의 연구에서 인지부하 효과를 발견하지 못한 또 하나의 원인은 결정자들이 숫자는 다르지만 결국 동일한 결정 문제들을 처리한 것이기 때문일 수 있다. 참여자 내 설계의 문제점을 보완하고 인지적 처리수준을 세분화하는 방략으로 인지적 처리수준으로 일어나는 틀 효과를 통제할 가능성을 높일 수 있을 것이다.

틀 효과가 인지적 처리수준에 따라서 달라진다는 연구 결과는 위험에 대한 판단 및 결정에서 결정자의 역할이 중요하다는 것을 시사한다. 위험 정보는 긍정 또는 부정 틀로 제시될 수밖에 없고, 정보가 제시된 후에는 틀에 의한 판단의 편향이 발생할지 여부는 결정자의 인지적 처리수준에 달려 있다고 할 수 있다. 위험 정보의 처리수준을 통제하기 위한 여러 방략들에 대한 대책이 요구된다고 하겠다.

제6장

정신 물리적 무감각과 위험지각

정신 물리적 무감각(*psychophysical numbing*)은 구할 수 있는 생명의 수는 같지만 위험에 처한 전체 사람 수에 따라 도움을 주려는 행동이 달라지는 현상이다. 예를 들어 2천 명의 이재민 중에서 1천 명을 구할 수 있는 원조 프로그램과 9만 9천 명의 이재민 중에서 역시 1천 명을 구할 수 있는 원조 프로그램이 있을 때 구할 수 있는 생명 수는 동일함에도 불구하고 사람들은 앞의 프로그램을 택한다. 이런 정신 물리적 무감각은 전체 집단의 크기가 증가하면 생명의 가치가 감소한다고 지각하는 잘못된 판단이다. 정신 물리적 무감각이라는 용어는 페더스톤하우 등(Fetherstonhaugh, Slovic, Johnson & Friedrich, 1997)과 19세기 베버(Weber), 페히너(Fechner) 등이 발견한 자극의 강도가 증가하면서 자극의 변화를 지각하는 능력이 급속도로 감소함을 보여주는 정신 물리적 원리에서 도출하였다. 이 연구에서는 정신 물리적 무감각에 미치는 요인들이 무엇이며, 이 현상을 어떤 이론으로 설명할 것인지를 다룬다.

1. 정신 물리적 무감각은 감정 추단의 결과인가?

정신 물리적 무감각을 다룬 연구는 소수에 불과하다. 페더스톤하우 등(Fetherstonhaugh et al., 1997)이 처음으로 그 현상을 보고한 이래로 배런(Baron, 1997), 프리드리히 등(Friedrich, Barnes, Chapin, Dawson, Garst & Kerr, 1999), 제니와 로엔슈타인(Jenni & Loewenstein, 1997)의 연구가 있을 뿐이다. 이 연구들을 종합하면 사람들이 구할 수 있는 생명의 절대 수보다 비율(*proportion*)에 민감하게 반응하기 때문에 정신 물리적 무감각이 일어난다. 이 현상은 현재 두 이론 — 슬로빅(Slovic)의 감정 추단과 히시(Hsee)의 평가 가설(*evaluability hypothesis*) — 로 설명되는데(예: Finucane, Peters & Slovic, 2003; Hsee, Loewenstein, Blount & Bazerman, 1999; Hsee & Rottenstreich, 2004), 두 이론의 기본 가정은 크게 다르지 않다. 먼저 두 연구자는 우리의 사고가 계산(*calculation*)에 근거한 분석적 사고와 기분(*feeling*) 또는 감정에 근거한 감정적 사고의 두 체계로 이루어져 있다고 가정한다. 슬로빅 등(Slovic, Finucane, Peters & MacGregors, 2002)은 정신 물리적 무감각 반응이 감정적 사고체계의 주요 정보처리 전략인 감정 추단의 사용 때문에 생긴다고 주장한다. 구할 수 있는 생명의 절대적인 수치로는 한 대안의 좋고 나쁨을 평가하기 어렵지만, 비율은 0에서 100%의 척도상에서 좋다-나쁘다의 감정적 평가가 용이하기 때문에 사람들이 비율에 의존하여 판단을 한다. 히시(Hsee)의 평가 가설은 대안이 가지고 있는 속성들이 평가 용이성에 따라 차이가 있다고 주장한다. 어떤 속성은 평가하기 쉬운 반면에 어떤 속성은 평가하기 어렵다. 각각의 대안을 따로 제시하고 평가하도록 하면 평가하기 쉬운 속성에 의해 대안들에 대한 판단이 결정되기 쉽다. 정신 물리적 무감각 현상이 발생하는 상황에서 비율은 평가하기 쉬운 속성이지만, 생명의 가치(실제로 구할 수 있는 생명의 절대적 수치)는 평가하기 어려운 속성이다. 히시는 정신 물리적 무감각은 평가하기 쉬운 비율 속성에 의해서 대안들을 평가하기 때문에 발생한다고 보고 있다.

여러 선행연구들이 시나리오를 이용하여 정신 물리적 무감각 현상을 검증한 것이라면, 프리드리히 등(Friedrich et al., 1999)은 유일하게 이 현상에 영향을 미치는 요인들을 찾아보려고 시도하였다. 그들의 실험 1은 추론과정에 대해 질문할 것이라는 정보를 사전에 알려주어 깊은 정보처리를 유도한 조건과 사전 통보가 없었던 조건을 조작하였다. 이 두 조건에서 정신 물리적 무감각 반응은 차이가 없었다. 이 결과를 바탕으로 프리드리히 등은 정신 물리적 무감각이 사람들이 부주의하거나 추단을 사용하기 때문에 나타나는 현상이 아니라고 결론짓고 있다. 또 개인의 교통사고 사례를 생생하게 묘사하여 문제를 제시하여도 정신 물리적 무감각은 영향을 받지 않았다. 실험 2는 참여자들이 경제적인 관점에서 문제를 지각하도록 유도하였는데, 문제를 기술하는 방식에 따라 정신 물리적 무감각 반응이 약간 증가하였다.

프리드리히 등(Friedrich et al., 1999)의 결과를 분석해보면 정신 물리적 무감각을 감정적 사고의 결과라고 보기 어려운 점들이 눈에 띈다. 예를 들어 감정 추단설은 개인의 교통사고 사례에 대한 생생한 묘사는 감정적 사고에 영향을 미쳐 정신 물리적 무감각 현상을 증가시킬 것을 예측한다. 그러나 결과는 이 예측과 일치하지 않았다. 또 경제적인 측면에 초점을 맞추고 문제를 판단하도록 하면 분석적 사고체계가 활성화되어 정신 물리적 무감각 현상이 감소해야 할 것이다. 실제로는 의사결정자의 경제적 고려가 정신 물리적 무감각 반응을 오히려 증가시켰다. 이와 같은 결과들은 정신 물리적 무감각이 감정 추단 또는 감정적 사고체계의 작용이라고 보기 어렵게 한다. 이 문제들을 다룬 선행연구들이 별로 없고 프리드리히 등의 연구에서 나타난 위와 같은 의문점들이 이 연구의 주요 동기가 되었다. 이 연구의 목적은 먼저 정신 물리적 무감각 반응에 영향을 미치는 요인들을 선행연구와는 다른 방식으로 밝혀내고 이 현상에 대한 기존 가설들의 타당성을 검증하는 데 있다.

2. 실험 1

실험 1은 정신 물리적 무감각 현상에 영향을 미칠 것으로 보이는 두 가지 요인 — 경제적 관점과 인지 욕구 — 의 효과를 알아보기 위해 수행되었다. 특히 프리드리히 등(Friedrich et al., 1999)의 연구에서 의사결정자의 경제적 관점이 정신 물리적 무감각에 영향을 미치는 것으로 나타났기 때문에 경제적 관점 요인의 효과를 재검증해야 한다. 이 연구자들은 경제학 과목을 수강 중인 대학생들에게 전화를 걸어 경제이론과 의사결정에 관한 교육을 받고 있는 사람들의 의견을 알고 싶어 설문조사를 하는 것이라고 말하여 독립변수를 조작하였다. 그러나 경제학 과목 수강자와 비수강자 사이에 존재하는 어떤 특성의 차이가 부분적인 효과를 일으킨 것인지, 아니면 정말로 문제를 지각하는 관점의 차이가 있기 때문인지가 불분명하다. 실험 1에서는 프리드리히 등의 실험과는 다른 방식으로 독립변수를 조작하여 경제적인 관점과 정신 물리적 무감각 현상의 관계를 밝히고자 한다.

경제적인 관점 외에도 정신 물리적 무감각 현상이 개인의 사고 특성에 의하여 중재되는지를 인지 욕구(Cacioppo & Petty, 1982)를 측정하여 알아보았다. 인지 욕구는 "사고에 몰두하고 즐기는 경향성에 있어서 개인차"(Cacioppo & Petty, 1982, 116쪽)를 의미한다. 인지 욕구가 높은 사람들은 이 욕구가 낮은 사람들보다 글을 이해할 때 더욱 분석적인 사고를 하고(Cacioppo, Petty & Morris, 1983), 더 많은 정보를 탐색하려고 하며(Verplanken, Herzenberg & Palenwen, 1992), 표면 단서에 주의를 덜 기울인다(Heppner, Reeder & Larson, 1983). 따라서 인지 욕구가 높은 사람들은 높은 사고수준 때문에 인지 욕구가 낮은 사람들보다 정신 물리적 무감각 현상을 더 적게 보일 것이다.

1) 방법

(1) 참여자

심리학 개론을 교양과목으로 수강하고 있는 대학생 344명이 실험에 참여하였다. 이들 중 154명이 남성이었고, 나머지 190명은 여성이었다.

(2) 설계

2(높은 인지 욕구 대 낮은 인지 욕구) × 2(높은 경제적 관점 대 낮은 경제적 관점) × 2(전체 집단 크기: 대집단 대 소집단) × 2(문제 제시순서)의 혼합요인 설계였다. 전체 집단 크기는 참여자 내 설계로, 참여자는 대집단과 소집단에서 동일한 수의 생명을 구하는 문제에 모두 응답하도록 하였다. 그 밖의 다른 요인들은 참여자 간 설계로 경제적 관점과 문제 제시순서의 변화에 따라 4가지 유형의 설문지가 작성되었고, 참여자는 4

집단 중 하나에 무선적으로 배정되었다.

(3) 인지 욕구의 측정

참여자들의 인지 욕구는 인지 욕구척도(Cacioppo, Petty & Kao, 1984)로 측정되었다. 이 척도는 18개의 문항으로 구성되어 있으며, 각 문항에 대해 1(전혀 그렇지 않다)에서 7(매우 그렇다)의 범위에서 답변하도록 되어 있다. 참여자들의 점수 범위는 41점에서 110점 사이였으며 중앙치(79점)를 기준으로 높은 인지 욕구 집단과 낮은 인지 욕구 집단이 분류되었다.

(4) 경제적 관점 조작

실험을 시작하기 약 3주 전에 선택과 판단의 상황에서 이익 또는 성과의 극대화를 추구하는 경향성을 측정하는 슈와르츠(Schwartz, 2002)의 극대화 검사를 먼저 실시하였다. 실험에서는 극대화 점수와 상관없이 무선적으로 선발된 절반의 참여자들에게 "지난번에 실시한 특성 검사에서 여러분은 평균 이상의 경제관념을 지닌 것으로 나타났기 때문에 실험의 참여자로 선택되었습니다. 여러분은 선택을 하는 상황에서 손해와 이익을 세심히 분석하고, 결정을 내릴 때 무엇보다 경제적인 가치를 최대한 고려하는 특성을 지니고 있는 것으로 나타났습니다. 위와 같은 기준에서 선정된 여러분들이 다양한 사회적 이슈들에 대하여 어떤 생각을 하고 있는지를 알고 싶어 설문 조사를 실시하는 것입니다"라고 말했다. 나머지 절반의 참여자들에게는 다양한 사회적 이슈들에 대한 당신의 생각을 알기 위한 조사라고만 알려주었다.

(5) 전체 집단 크기 조작

정신 물리적 무감각 반응을 측정하기 위해 지능형 교통시스템을 도입하여 연간 800명의 교통사고 사망자들 중에서 120명의 생명을 구하는 문제(소집단 문제)와 연간 6천 명의 교통사고 사망자들 중에서 120명의 생명을 구하는 문제(대집단 문제)를 만들었다.

(6) 문제 제시순서

절반의 참여자들에게는 소집단 문제가 먼저 제시된 후에 대집단 문제가 제시되었으며, 나머지 절반의 참여자들에게는 대집단 문제가 먼저 제시되고 난 뒤에 소집단 문제가 제시되었다.

(7) 종속변수

정신 물리적 무감각 반응은 두 개의 종속변수로 측정되었다. 먼저 참여자에게 이 문제에 대한 결정권을 가지고 있는 사람이라고 상상하도록 한 후, 2천억 원의 비용으로 800명의 사람들, 또는 6천 명의 사람들 중에서 120명을 구할 수 있는 지능형 교통안전 시스템 도입에 어느 정도 동의하는지를 1(전혀 동의하지 않는다)에서 7(매우 동의한다) 사이에서 평정하도록 하였다. 구할 수 있는 생명의 수는 120명으로 동일하기 때문에 사람의 생명을 중요하게 생각한다면 동의하는 정도가 두 집단에서 차이가 나지 않을 것이다. 그리고 800명 또는 6천 명의 연간 사망자들 중에서 최소 몇 명을 구한다고 하면 2천억 원을 투자하게 될 것인지에 대한 질문에서 추정한 생명의 수가 두 번째 종속변수였다. 투자비용은 고정되어 있는데 집단의 크기에 따라 구해야 한다는 생명의 수가 변한다면 정신 물리적 무감각을 보이는 것이다.

(8) 절차

참여자들에게 사회적 이슈에 대해 어떤 생각을 가지고 있는지 알아보기 위해 실시하는 심리연구이며 이 설문에는 "옳은" 또는 "틀린" 답이 존재하지 않으므로, 자신의 의견을 솔직하게 답하도록 하였다. 정신 물리적 무감각을 측정하는 문제는 관련 없는 다른 의사결정 문제들과 함께 설문지의 형태로 제시되었다. 응답에 소요된 전체 시간은 약 25분 정도였다.

2) 요약 및 논의

전체 집단 크기를 참여자 내 설계로 조작하였기 때문에 정신 물리적 무감각 반응을 보인 참여자와 그렇지 않은 참여자들을 분류할 수 있었다. 지능형 교통 시스템에 대해 어느 정도 동의하는지를 묻는 평정 문항에서는 집단 크기에 따라 동의하는 정도가 동일하지 않아서, 정신 물리적 무감각을 보인 참여자의 수는 187명으로 전체 참여자의 54.4%였다. 그러나 고정된 비용으로 구해야 하는 생명의 수를 추정하는 문제에서는 정신 물리적 무감각 반응을 보인 참여자의 비율이 높았다. 집단 크기에 따라 구해야 하는 생명의 수를 다르게 답변한 사람들이 전체 344명 중에서 280명으로, 전체 참여자의 81.4%가 정신 물리적 무감각을 나타냈다. 단지 64명만이 2천억 원으로 구해야 한다고 생각하는 사람의 수가 집단의 크기에 상관없이 동일하였다.

평정점수에 대해 2(인지 욕구집단) × 2(경제적 관점) × 2(전체 집단 크기) × 2(문제 제시순서) 혼합 변량분석을 실시하였다. 7점 척도의 평정 과제에서 대집단(평균: 4.33; 표준편차: 1.770) 일 때 보다 소집단(평균:

4.99; 표준편차: 1.532) 일 때 교통시스템의 설치에 동의하는 정도가 높아 정신 물리적 무감각 현상이 확실히 관찰되었다. 그리고 정신 물리적 무감각은 문제의 제시순서와 상호작용효과를 보여서, 소집단에 대한 평가를 먼저 한 후에 대집단에 대한 평가를 하면 그 반대인 경우보다 정신 물리적 무감각이 더 크게 나타났다. 그러나 인지 욕구의 개인차는 정신 물리적 무감각에 영향을 미치지 않았다. 두 번째 종속변수인 생명의 수는 로그 점수로 변환하여 역시 변량분석을 실시하였다. 집단 크기 효과는 매우 유의미해서 정신 물리적 무감각 현상이 나타나고 있음을 알 수 있었다. 비용은 고정되어 있는데도 불구하고 소집단에서보다 대집단에서 더 많은 생명을 구해야 한다고 답변하여, 집단의 크기에 따라 생명의 가치를 다르게 평가하고 있었다. 경제적 관점 효과도 유의미하였는데, 경제적인 관점에서 문제를 지각하도록 유도한 집단이 통제집단보다 집단 크기에 상관없이 추정한 생명의 수가 더 많았다(〈그림 6-1〉). 생명의 수를 추정하도록 하는 과제에서도 인지 욕

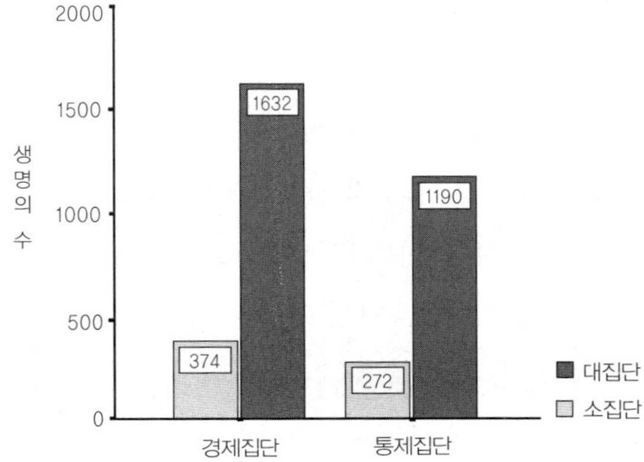

〈그림 6-1〉 경제적 관점이 정신 물리적 무감각 현상에 미치는 영향

구의 개인차는 정신 물리적 무감각에 영향을 미치지 않았지만, 무엇보다 중요한 점은 집단 크기와 경제적 관점 사이의 상호작용 효과가 유의미하다는 것이었다. 〈그림 6-1〉에서 볼 수 있듯이 정신 물리적 무감각 현상이 통제집단에서보다 경제집단에서 더 크게 나타났다. 그 밖의 다른 요인들에서는 유의미한 효과가 발견되지 않았다.

실험 1은 구할 수 있는 생명의 수는 동일한데도 불구하고 집단의 크기가 증가하면 사람들의 선호도가 감소하고 구해야 하는 생명의 수도 많아져야 한다고 생각하는 정신 물리적 무감각 현상이 크게 나타나고 있음을 밝혔다. 인지 욕구의 개인차가 정신 물리적 무감각 반응에 영향을 미치지 않는 실험 1의 결과는 프리드리히 등(Friedrich et al., 1999)의 결과와 마찬가지로 사고수준과 정신 물리적 무감각은 관련이 없음을 시사하고 있다. 프리드리히 등이 정보를 처리하는 수준을 외적으로 조작하였다면, 실험 1에서는 개인특성으로서 사고수준과 정신 물리적 무감각의 관계를 살펴본 것이다. 경제적인 관점에서 문제를 지각하도록 유도하면 정신 물리적 무감각 반응이 더욱 증가한 결과는 이 반응에 대한 기존의 설명에 의문을 일으키게 한다.

스몰 등(Small, Loewenstein & Slovic, 출간 중)은 정체 확실한 희생자 효과(*identifiable victim effect*)에 미치는 계산과제(*calculation task*)의 점화 효과(*priming effect*)가 감정적 사고체계의 결과임을 증명하는 것이라고 주장하고 있다. 여기서 정체 확실한 희생자 효과란 그 정체가 드러나지 않은, 통계적인 수치로만 드러나는 희생자들보다 그 정체가 확실한 희생자에게 더 많은 도움을 주려는 현상을 말한다. 연구자들은 실험 전에 계산 문제를 풀도록 하여 정체 확실한 희생자 효과가 사라지는 결과를 얻었다. 스몰 등은 이 결과를 계산 문제가 분석적 사고를 활성화시켜서 정체 확실한 희생자 효과가 사라지도록 만들었다고 해석하였다. 이들의 논리대로라면, 경제적 관점은 분석적 사고를 활성화시켜서 감정적 사고체계에서 발생하는 정신 물리적 무감각 현상을 사라지게 하거나 적어도 감소시켰어야 할 것이다. 그런데 실험 1은 정반대의 결과를 보여주었고, 이것은 정신 물리적 무감각 현상이 기존의 이론들이 주장하는 것과는 다른 이유로 발생할 가능성을 시사한다. 실험 2에서는 두 이론 — 감정 추단과 평가 가설 — 이 정신 물리적 무감각 현상에 대하여 제기한 주요 가정을 검증하여 이 이론들의 타당성을 밝히고자 하였다.

3. 실험 2

페누캔 등(Finucane et al., 2003)은 감정적 사고의 영향력이 문제의 제시양식에 따라 변화한다고 주장하고 있으며, 히시(Hsee)도 평가에 미치는 속성들의 영향력이 제시양식에 따라 다르다고 말한다. 예를 들어, 두 대안을 평가할 때, 대안들을 개별적으로 따로 제시하는지(개별제시, *separate presentation*), 아니면 비교할 수 있게 함께 제시하는지(합동제시, *joint presentation*)에 따라서 두 대안에 대한 평가가 달라진다. 그 이유가 개별제시 조건에서는 평가하기 쉬운 속성에 의해서 감정적 판단을 하기 쉽지만, 합동제시 조건에서는 평가하기 어려운 속성들이 파악되기 때문에 감정적 사고는 감소하고 분석적 사고가 증가한다는 것이다. 정신 물리적 무감각의 경우 개별조건에서는 구할 수 있는 생명의 수가 판단에 영향을 미치기 어려웠지만, 문제를 합동으로 제시하면 두 대안의 절대적 수치가 동일함을 참여자들이 알게 되고 따라서 집단 크기에 따라 다르게 반응하는 정신 물리적 무감각은 사라질 것이다. 슬로빅과 히시, 두 연구자들은 여러 논문들에서 정신 물리적 무감각 현상이 합동조건에서 감소하거나 사라질 것이라고 주장하고 있다(예: Hsee et al., 1999, 587쪽; Finucane et al., 2003, 339쪽). 예를 들어 슬로빅은 150명의 사람들 중 98%의 생명을 구할 수 있는 비행안전장치와 150명의 생명을 구할 수 있는 비행안전장치를 개별적으로 제시하면 전자를 더 선호하는 것으로 나타나지만, 합동조건에서는 150명의 생명을 구할 수 있는 후자의 대안이 더 선호된다고 하였다. 히시(Hsee)는 멸종 위기에 처한 조류를 구하는 문제에서 5만 마리 중 20%를 구할 수 있는 원조 프로그램과 5천 마리 중 80%를 구할 수 있는 원조 프로그램을 개별제시 조건과 합동제시 조건에서 각각 평가하도록 하였다. 사람들은 개별조건에서는 후자의 프로그램을, 합동조건에서는 전자의 프로그램을 더 선호하였다. 두 연구자는 이 결과를 정신 물리적 무감각 현상과 관련시키고 있지만, 엄밀히 말하면 이 연구에서 사용된 문제가 정신 물리적 무감각 현상에서 사용되는 문제와 동일하다고 볼 수는 없다. 왜냐하면 정신 물리적 무감각 현상을 측정하는 과제에서는 두 대안의 절대적인 수치가 동일한 데 반해서 위 실험들에서 사용된 대안들의 절대적 수치에는 차이가 있다. 정신 물리적 무감각 현상에서 관건은 합동조건에서 두 대안의 절대적 수치(구할 수 있는 생명의 수)가 같다는 속성이 파악되어 두 대안에 대해 동일하게 응답하는 것이다. 실험 2에서는 두 대안의 절대적 수치가 동일할 때 합동조건에서 기존의 이론들의 주장대로 정신 물리적 무감각 현상이 감소 또는 사라지는지를 알아보기로 하였다.

감정 추단 또는 평가 가설의 주장이 옳다면, 문제 제시양식과 정신 물리적 무감각 사이에 유의미한 상호작용 효과가 나타날 것이다. 즉, 개별조건에서 나타나는 정신 물리적 무감각 현상이 합동조건에서는 사라지거나 또는 적어도 개별조건보다 감소할 것이다. 그러나 실험 1과 프리드리히 등의 실험에서 나온 결과들로부터 예상할 수 있듯이, 정신 물리적 무감각이 감정적 사고 또는 평가의 결과가 아니라면 정신 물리적 무감각과 제시양식 사이에 상호작용 효과가 사라지거나 또는 상호작용 효과가 유의미하더라도 슬로빅과 히시의 주장과는 반대로 정신 물리적 무감각이 합동조건에서 더 증가할 것이다. 두 대안을 서로 비교할 수 있는 합동조건에서 정신 물리적 무감각이 더욱 증가한다면, 이중사고체계 이론들의 주장과는 달리 이 결과는 오히려 분석적 사고에서 나타나는 현상이라고 볼 수 있을 것이다.

1) 방법

(1) 참여자

심리학 개론을 수강하고 있는 대학생 173명이 참여자로 참여하였다.

(2) 설계

2(문제 제시양식: 개별 대 합동) × 2(문제 제시순서) × 2(전체 집단 크기)의 혼합요인 설계였다. 전체 집단 크기는 참여자 내 설계로 참여자들은 소집단과 대집단 문제들에 대해 모두 답변하여야 했다. 문제 제시양식과 문제 제시순서는 참여자 간 설계로 문제 제시양식과 문제 제시순서의 변화에 따라 4가지 유형의 설문지가 작성되었고, 참여자들은 4

집단 중 하나에 무선적으로 배정되었다.

(3) 전체 집단 크기

35만 명의 이재민들 중에서 4천 500명의 생명을 구할 수 있는 원조 프로그램(대집단)과 7만 5천 명의 이재민들 중에서 4천 500명의 생명을 구할 수 있는 원조 프로그램(소집단)에 대한 문제가 정신 물리적 무감각 반응을 측정하기 위해 제시되었다.

(4) 문제 제시양식

개별 제시양식은 실험 1과 마찬가지로 두 집단 크기 문제가 차례대로 제시되었으며, 합동 제시양식은 두 집단 크기 문제를 가로로 나란히 배열하여 비교할 수 있도록 제시되었다.

(5) 문제 제시순서

문제 제시순서는 실험 1과 동일하게 변화시켰다.

(6) 종속변수

두 원조 프로그램에 어느 정도 동의하는지를 전혀 동의하지 않는다(1)에서 매우 동의한다(7)의 7점 척도상에 각각 표시하도록 하였고, 이 점수가 종속변수로 측정되었다.

(7) 절차

정신 물리적 무감각 현상을 검사하는 문항들 외에 다른 문항들은 첨부되지 않았다는 점만 제외하고 모두 실험 1과 동일하였다. 전체 시간은 약 10분 정도 소요되었다.

2) 요약 및 논의

집단 크기에 따라 원조 프로그램에 동의하는 정도가 분명히 차이를 보이는 결과는 이 실험 2에서도 정신 물리적 무감각이 관찰되었음을 의미한다. 대집단의 생명을 구하는 원조 프로그램에 동의하는 정도는 소집단의 생명을 구하는 원조 프로그램에 동의하는 정도보다 낮았다(대집단 평균: 4.72, 표준편차: 7.34; 소집단 평균: 5.45, 표준편차: 1.327). 정신 물리적 무감각과 문제 제시양식 사이의 상호작용 효과는 통계적으로 유의미하였다. 〈그림 6-2〉를 보면 알 수 있듯이 슬로빅이나 히시의 주장과는 정반대로 합동조건에서 오히려 정신 물리적 무감각 현상이 증가하였다. 그 밖의 다른 요인들에서는 유의미한 효과가 발견되지 않았다.

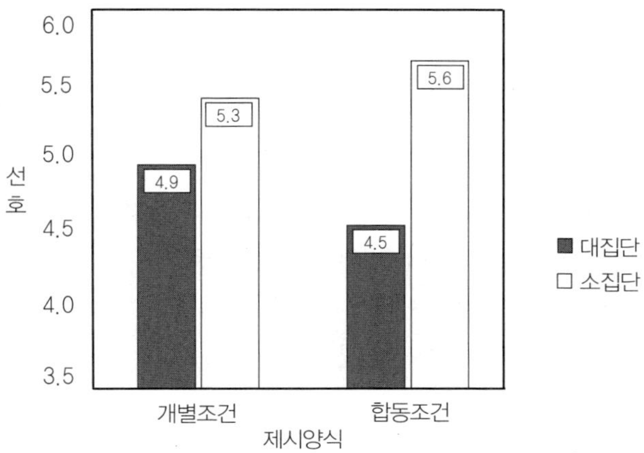

〈그림 6-2〉 문제 제시양식과 정신 물리적 무감각 반응과의 관계

실험 2가 사용한 문제는 정신 물리적 무감각 현상을 검증하는 실험에서 사용되고 있는 전형적인 문제 유형이었다. 즉, 구할 수 있는 생명의 수는 동일하고 위험에 처한 전체 집단의 크기가 다른 두 원조 프로그램에 대한 사람들의 선호도를 측정하여 정신 물리적 무감각 반응을 측정하는 과제였다. 감정 추단과 평가 가설은 이와 같은 과제에서 두 대안을 합동으로 제시하면 선호도의 역전이 발생하여 정신 물리적 무감각반응이 사라지거나 감소할 것이라고 예측한다. 그러나 개별제시 조건보다 합동제시 조건에서 정신 물리적 무감각 반응이 더 크게 관찰되었다. 이 결과는 두 이론의 예측과는 완전히 상반된다. 이 연구자들은 합동조건이 분석적 사고를 활성화시킨다고 주장한다. 실험 2의 결과를 이중사고체계 이론으로 설명한다면 감정적 사고가 아닌 분석적 사고 때문에 정신 물리적 무감각이 발생한다고 보아야 할 것이다. 슬로빅과 히시(Slovic & Hsee)의 연구와 실험 2 사이에 다른 점이 있다면 두 대안에 대한 선호도가 이들 연구의 개별제시 조건에서는 참여자 간 설계(*between-subject design*)로, 합동제시 조건에서는 참여자 내 설계(*within-subject design*)로 측정되었던 반면에, 실험 2에서는 개별조건과 합동조건 모두 정신 물리적 반응이 참여자 내 설계로 측정되었다는 것이다. 이 차이가 상반된 연구 결과의 원인이 되었을 것으로 보기는 어렵다. 오히려 참여자 간 설계에서 발생할 수 있는 개인 특성의 혼입이 참여자 내 설계로 정신 물리적 무감각을 측정한 실험의 개별조건에서 사라졌을 것으로 본다.

4. 종합 논의

이 연구의 주요 발견들은 다음과 같다. 먼저 전체 집단 크기에 따라 생명의 가치를 다르게 평가하는 정신 물리적 무감각 현상이 다양한 과제들에서 광범위하게 발생하고 있음을 알 수 있었다. 실험 1에서 개인의 인지 욕구에 따른 사고수준은 정신 물리적 무감각 현상과 관련이 없었다. 이 결과는 사람들이 부주의하고 깊은 사고를 하지 않기 때문에 정신 물리적 무감각 반응을 보이는 것이라고 할 수 없다는 프리드리히 등의 결론과 일치한다. 경제적 관점에서 문제를 지각하도록 유도하면 정신 물리적 무감각 현상이 증가하였다. 경제적 관점의 효과는 정신 물리적 무감각 현상이 감정적 사고체계의 작용이라는 기존의 이론들에 의문을 제기하게 한다. 실험 2에서 감정 추단설과 평가 가설의 주장에 따라 합동 제시조건에서 정신 물리적 무감각 반응이 감소하거나 사라지는지를 검증하였다. 그런데 개별조건에서보다 합동조건에서 정신 물리적 반응이 오히려 증가하였다. 이 결과는 감정 추단 또는 평가 가설의 예측과는 정반대의 결과이며 정신 물리적 무감각에 대한 새로운 대안 설명이 요구된다.

이 연구의 두 실험 결과들은 정신 물리적 무감각 현상이 감정적 사고체계에서 발생하는 현상이라는 슬로빅의 이론을 지지하지 않는다. 이 연구와 프리드리히 등의 연구는 정신 물리적 무감각이 사고의 깊이와는 관련이 없고 경제적 관점에 의해서 영향을 받는다는 동일한 결과를 내놓고 있다. 대안들을 경제적인 관점에서 지각하도록 유도한 조건과 대안들을 비교 분석할 수 있도록 합동하여 제시한 조건에서 정신 물리적 무감각이 더 증가했다는 실험 1과 2의 결과는 이 현상이 감정 추단 때문에 발생한 현상으로 보기 어렵게 한다. 슬로빅의 논리대로라면 오히려 분석적 사고체계에서 발생하는 현상이라고 보는 것이 더 타당하다. 따라서 정신 물리적 무감각 현상이 계속하여 감정 추단으로 설명되려면 새로운 가설이 필요하다.

또 이 연구 결과들은 대안들이 합동으로 제시되어도 생명의 가치 또는 절대적 수치는 여전히 평가되기 어려운 속성이라는 것을 보여준다. 슬로빅과 히시의 실험들에서는 두 대안의 절대적 수치가 달랐기 때문에 참여자들이 합동조건에서 이 수치의 차이에 주의를 기울이게 되는 것은 당연한 결과이다. 그러나 동일한 수의 생명을 구하는 문제의 경우 합동조건에서 평가하기 쉬운 속성의 영향력이 더 증가했는데, 이 연구의 이러한 결과는 히시의 평가 이론에 문제점을 제기하고 있다. 그렇지만 히시도 합동조건에서 판단의 오류가 항상 감소한다고는 주장하지 않는다. 그는 논문에서 "합동평가가 개별평가보다 무조건 우수한 것은 아니다. 합동평가의 경우, 사람들은 특정 속성에서 대안들 간의 차이에 민감하게 반응하게 되는 것 같다"〔However, JE (joint evaluation) is not unconditionally better than SE (separate evaluation). In JE, people may be overly sensitive to the difference between the alternative options on a certain attribute〕(Hsee et al., 1999, 588쪽) 라고 하였다. 이 연구의 합동조건에서 두 대안이 나란히 제시되었을 때 비율 속성이 지각적으로 더욱 돌출되면서 비율에 지나치게 민감하게 반응하여 정신 물리적 무감각이 증가한 것으로 볼 수 있다. 이와 같은 히시의 의견은 기거렌저(Gigerenzer, 2000)가 주장하는 "최선책(TTB: take the best) 추단법"과 유사하다. TTB는 판단과 의사결정에서 최상의 속성을 선택하고 나머지 속성들은 무시하는(*take the best and ignore the rest*) 추단법이다.

사람들은 두 대안을 놓고 의사결정을 할 때 두 대안의 차이를 보여주는 속성을 찾은 다음에는 더 이상의 탐색을 멈추고 첫 번째 찾은 속성에 의거하여 의사결정을 한다. 실험 2에서 두 대안의 유일한 차이는 집단 크기인데, 개별조건에서보다 합동조건에서 두 대안의 차이가 더욱 극단적으로 드러나기 때문에 이 차이에 의존한 판단이 증가한 것으로 볼 수 있다.

위험지각에 대한 함의

위험에 처한 생명의 가치에 대한 판단이 전체 집단의 크기에 따라 변화하는 정신 물리적 무감각 현상에 대한 이 연구 결과는 위험지각 및 판단에 관한 연구에 시사하는 바가 적지 않다. 예를 들어 방폐장과 같은 위험 시설의 입지와 관련하여 지역 주민들에게 위험물의 경제적인 가치를 강조하는 정책은 분석적 사고에 의한 의사결정을 하도록 만드는가, 아니면 감정적 사고에 의해서 위험을 판단하게 하는가에 대한 의문의 해결점을 찾는 데 도움이 될 것이다. 경제적 관점에서 문제를 지각하도록 직접적인 지시를 내린 것이 아닌데도 불구하고 정신 물리적 무감각이 증가한다는 이 연구 결과는 외적인 요구가 있을 때는 정신 물리적 무감각이 더욱 증가할 수 있음을 시사한다. 이것은 경제적 관점에서 위험과 관련된 대안들을 선택하도록 하였을 때 판단과 의사결정에서 오류가 증가할 수 있음을 예측하게 한다. 대안들을 비교 분석할 수 있도록 제시한다고 해서 관심과 주의를 기울여야 하는 속성이 판단과 의사결정에서 중요한 역할을 하지 않을 수 있다는 점도 염두에 둘 필요가 있다.

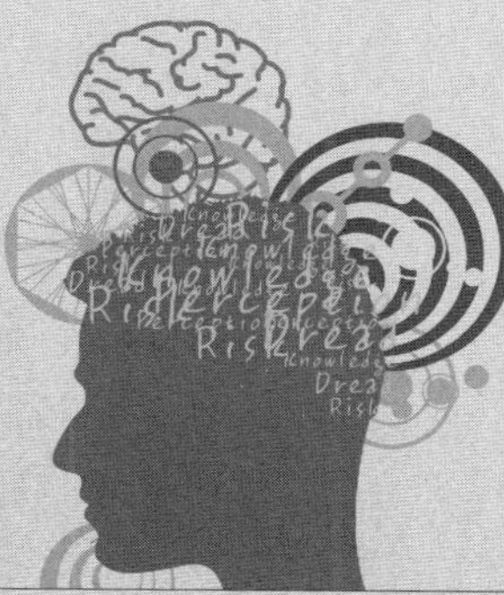

03

위험 정보 소통

제7장

숫자정보 제시양식이 위험판단에 미치는 영향

사람들은 통계 정보를 받았을 때 어떻게 반응할까? 숫자가 주는 의미를 정확하게 파악할 수 있을까? 같은 정보라도 그것이 백분율인지 또는 빈도인지에 따라 숫자가 주는 의미는 달라진다. 이 장에서는 숫자를 어떻게 제시해야 그 의미가 정확하게 전달되는지를 이중사고체계로 접근한다.

1. 사고의 이중처리체계

이 연구는 숫자 양식의 효과와 범위의 효과를 이중처리체계(*dual process theory*) 관점으로 접근한다. 인간의 사고체계는 두 체계로 되어 있다(예: Chaiken & Trope, 1999; Epstein, 1994; Kahneman & Frederick, 2002; Sloman, 1996). 즉, 정보를 느리게 처리하고 논리규칙을 따르며 분석적 사고를 담당하는 분석체계(*analytic system*)와 정보를 빠르게 처리하며 감정을 동반한 심상(*image*)으로 현실을 약호화하는 사고의 경험체계(*experiential system*)이다. 두 체계는 독립적으로 또는 상호 작용하여 판단과 결정에 영향을 준다. 동일한 가능성을 가진 위험 정보에 대해 사람들이 위험성을 다르게 지각한다는 연구 결과들은 경험체계의 작용으로 이해될 수 있다.

엡스타인(Epstein)은 흰 구슬과 빨간 구슬을 섞어 놓은 두 쟁반을 제시하고 그중에서 한 쟁반을 선택하여 눈을 가린 채 구슬을 뽑도록 했다. 빨간 구슬을 뽑으면 이기는 것이다(Denes-Raj & Epstein, 1994; Denes-Raj, Epstein & Cole, 1995; Kirkpatrick & Epstein, 1992; Pacini & Epstein, 1999). 사람들은 두 쟁반에서 빨간 구슬의 비율이 같더라도, 절대수가 적은 쟁반(예: 구슬 10개 중 빨간 구슬 1개)보다 절대수가 더 많은 쟁반(예: 구슬 100개 중 빨간 구슬 10개)을 선호하였다. 심지어 빨간 구슬의 비율이 높지만 절대수가 적은 쟁반(예: 구슬 10개 중 빨간 구슬 1개)과 빨간 구슬의 비율이 낮더라도 절대수가 더 많은 쟁반(예: 구슬 100개 중 빨간 구슬 7개) 중에서도 절대수가 많은 쟁반을 선호하였다(Denes-Raj & Epstein, 1994). 이 결과에서 볼 수 있는 것처럼, 저확률로 발생하는 사건 가능성에 대하여 작은 수(예: 10의 1)보다 큰 수의 형태(예: 100의 10)로 제시할 때 가능성을 더 크게 지각하는 현상을 비율 편향(*ratio bias*)이라고 한다. 이 현상에 대해서 페누캔 등(Finucane, Peters & Slovic, 2003)은 엡스타인(Epstein, 1994)의 참여자들이 어떤 쟁반을 선택할지 결정할 때 '분자(빨간 구슬의 수)를 주목하고, 분모(쟁반의 전체 구슬 수)는 무시하는 추단 방략'을 사용했을 가능성을 제기하였다.

한편 슬로빅 등(Slovic, 2000)은 추후 질문을 통해서, 숫자양식의 효과를 보인 참여자들이 조건에 따라 다른 심상을 떠올렸음을 발견하였다. 정신질환자의 폭력행동의 가능성이 확률로 제시된 참여자들은 다른 사람에게 해를 끼치지 않을 사람의 심상이 떠오른 반면, 빈도로 제시된 조건의 참여자들은 무서운 다수의 정신질환자들의 심상이 떠올랐다고 응답하였다(Finucane et al., 2003). 숫자 판단을 요하는 추론 과제에서 선행연구들의 결과(Slovic & Monahan, 1995; Slovic et al., 2000; Yamagish, 1997)를 검토해보면, 숫자정보를 제시할 때 추단을 통한 경험체계를 활성화시키는 제시양식이 존재하는 것으로 보인다. 이 연구에서는 숫자양식의 효과와 숫자범위의 효과를 유발하는 사고체계의 작용을 확인하고자 한다.

2. 숫자정보의 제시양식과 위험판단

1) 숫자양식의 효과

질병으로 사망할 가능성처럼 사건이 발생할 가능성의 크기는 빈도(*frequency*)나 확률(*probability*) 등의 숫자로 제시된다. 위험판단은 여러 요인들의 영향을 받으나, 위험 가능성을 나타내는 숫자양식(*numerical format*)에 따라 영향을 받는 것으로 잘 알려져 있다. 슬로빅 등(Slovic, Monahan & MacGregor, 2000)은 임상심리학자들에게 정신질환자의 폭력행동 가능성을 판단하게 했는데, 임상심리학자들은 정신질환자의 위험성이 빈도로 제시되는가 아니면 확률로 제시되는가에 따라 위험 정도를 다르게 판단하였다. 가령 퇴원 후 정신질환자가 폭력 행동을 할 가능성이 '100명 중 20명'(빈도양식) 이라고 했을 때에는 폭력 행동을 할 '확률이 20%'(확률양식) 라고 했을 때보다 위험이 더 크다고 지각하였다. 위험 정보를 빈도로 제시받은 임상심리학자들은 확률로 제시받은 경우보다 정신질환자의 상태를 더 위험하게 생각하여 환자의 퇴원을 반대하는 결정을 더 많이 내렸다. 임상심리학자와 같은 전문가들도 숫자양식에 따라 위험지각 및 판단이 영향 받는다는 점이 밝혀졌으며, 이처럼 확률보다 빈도로 제시된 위험 정보를 더 위험하다고 판단하는 것을 숫자양식의 효과(*numerical format effect*) 라고 한다.

2) 숫자범위의 효과

확률의 경우 전체를 100% 기준으로 놓는 것과 달리, 빈도로 정보를 제시할 때는 숫자 범위를 정해야 한다. 같은 위험성도 어떤 숫자 범위(예: 1만 명 또는 100명) 에서 제시되는지에 따라 다르게 느껴질 수 있다. 야마기시(Yamagish, 1997) 는 암처럼 잘 알려진 사망원인의 가능성을 여러 숫자 범위에서 제시하고 위험을 평가하도록 하였다. 예를 들어, 참여자들은 '1만 명 중에서 2,414명이 암으로 사망한다'는 것이 얼마나 위험하게 지각되는지를 평가하였다. 사람들은 동일한 사망 가능성(24.14%) 을 놓고도 범위에 따라 위험을 다르게 느끼는 것으로 나타났는데, 큰 범위에서 큰 숫자로 제시된 경우(1만 명 중 2,414명 사망) 를 작은 범위에서 작은 숫자로 제시된 경우(100명 중 24.14명 사망) 보다 더 위험하게 지각하였다. 뿐만 아니라, 더 낮은 가능성(12.86%) 일지라도 큰 범위에서 제시되면(1만 명 중 1천 286명 사망, 즉 12.86%) 큰 가능성(24.14%)이 작은 범위에서 제시된 경우(예: 100명 중 24.14명 사망)보다 더 위험하다고 판단하였다. 이와 같이 위험 정보가 큰 범위에서 제시될 때 더 위험하다고 지각하는 것이 숫자범위의 효과(*numerical range effect*)이다.

3. 숫자정보의 제시양식과 추론

1) 베이즈 추론 과제

판단과 결정 분야의 연구자들(예: Eddy, 1982; Kahneman & Tversky, 1972; Gigerenzer & Hoffrage, 1995)은 베이즈 추론 과제(*Bayesian inference task*)를 개발하였다. 이 과제는 참여자들에게 관찰을 근거로 무슨 일이 발생할 것인지에 관한 개인의 신념 정도를 확률 또는 빈도로 측정한다. 베이즈 추론 과제는 확률 법칙에 따른 인간의 추론 능력을 알아볼 수 있는 중요한 인지 과제로 알려져 있다. 질병의 경우, 그 사전 확률(*prior probability*)과 조건 확률(*conditional probability*)을 사용하여 그 질병이 발생할 사후 확률(*posterior probability*)을 추정할 수 있다. 유방암 진단 문제를 베이즈 추론 과제로 살펴보자.

> 정기 건강검진을 받은 40세 여성의 경우, 유방암에 걸릴 확률은 1%이다. 유방암에 걸린 여성이 양성판정을 받을 확률은 80%이다. 유방암에 걸리지 않은 여성이 양성판정을 받을 확률은 9.6%이다. 이 연령의 한 여성이 정기 건강검진에서 양성판정을 받았다. 그 여성이 실제로 유

방암에 걸렸을 확률은 얼마인가?

유방암 진단 문제에서 사후확률이란 양성판정을 받은 여성이 실제로 유방암일 확률로서, 사전확률, 참-양성판정률(*hit rate*), 그리고 거짓-양성판정률(*false-alarm rate*)을 모두 고려하여 추정한다. 이 문제에서 양성판정을 받은 여성이 실제 유방암일 확률은 0.078이다. 일반적으로 숫자정보가 확률의 형태로 제시되면 전문가이든 일반인이든 베이즈 추론을 잘하지 못한다(예: Gigerenzer, 1996; Hoffrage & Gigerenzer, 1998). 100명의 의사들에게 유방암 진단 문제를 제시했을 때 사후확률을 정확하게 추론한 의사는 5%에 불과하였다(Eddy, 1982).

카너먼과 트벌스키(Kahneman & Tversky, 1972, 450쪽)는 베이즈 추론 과제에서 사람들이 사전확률을 무시한다는 사실을 발견하고 '인간은 베이즈 추론을 잘 하지 못한다'(*he is not Bayesian at all*)는 결론을 내렸다. 그런데 사람들이 베이즈 추론 과제를 잘 해결하지 못하는 이유는 무엇인가? 이는 사람들이 베이즈 추론을 할 능력이 없는 것이 아니라 숫자정보를 적절하게 표상하지 못하기 때문이다(Chase, Hertwig & Gigerenzer, 1998; Gigerenzer & Hoffrage, 1995).

〈표 7-1〉 유방암 진단 문제를 확률양식으로 제시했을 때

정보의 종류	확률양식으로 제시했을 때	사후확률 계산
사전확률	p(유방암) = 0.01	
참-양성판정률	p(양성판정 I 유방암) = 0.80	p(유방암 I 양성판정) = $\frac{0.01 \times 0.80}{0.01 \times 0.80 + 0.99 \times 0.096}$
거짓-양성판정률	p(양성판정 I 유방암 아님) = 0.096	
사후확률	p(유방암 I 양성판정) = 0.078	

〈표 7-2〉 유방암 진단 문제를 빈도양식으로 제시했을 때

<table>
<tr><th>정보의 종류</th><th>빈도양식으로 제시했을 때</th><th>사후확률 계산</th></tr>
<tr><td>사전확률</td><td>유방암인 사람 1,000명 중 10명</td><td></td></tr>
<tr><td>참-양성판정률</td><td>유방암인데 양성판정 받은 사람
10명 중 8명</td><td rowspan="3">양성판정 받은
사람 중
유방암인 사람 = $\frac{8}{8+95}$</td></tr>
<tr><td>거짓-양성판정률</td><td>유방암 아닌데 양성판정 받은 사람
990명 중 95명</td></tr>
<tr><td>사후확률</td><td>양성판정 받은 사람 중 유방암인 사람
8+95명 중 8명</td></tr>
</table>

숫자정보는 다양한 방식으로 나타낼 수 있는데, 예를 들어, 아라비아 숫자 988과 로마 숫자 CMLXXXVIII는 같은 값이지만 다르게 표상된다. 이와 같이 숫자정보를 표상하는 방식은 추론에 영향을 줄 수 있다. 만약 유방암 진단 문제를 확률이 아닌 빈도로 제시하면 사후확률을 추론하는 데 큰 어려움을 겪지 않는다. 〈표 7-2〉는 동일한 유방암 진단 문제를 빈도양식으로 제시한 경우이다. 6학년 아동을 대상으로 이루어진 한 연구(Zhu & Gigerenzer, 2006)에서 숫자정보를 빈도로 제시했을 때 아동의 53%가 이와 유사한 베이즈 추론 과제를 풀 수 있었다.

같은 값을 표시하더라도 그 숫자가 확률인지 또는 빈도인지, 그리고 빈도로 제시할 때 범위가 좁은지 또는 넓은지에 따라 사람들의 판단은 달라진다. 사람들은 질병에 대한 의학적 결정을 할 때 숫자정보를 고려해야 하지만, 그 정보를 일관된 방식으로 해석하지 못한다. 따라서 숫자정보가 어떤 양식으로 제시되는지는 특히 의학적 위험을 추론하고 판단할 때 매우 중요하다.

4. 연구 1: 위험판단과 추론은 숫자양식에 따라 달라지는가?

연구 1에서는 위험판단과 베이즈 추론의 정확성이 확률, 빈도 그리고 빈도 범위에 따라 달라지는지를 검토한다. 분석체계가 활성화되면 사람들은 제시된 숫자정보들을 바탕으로 합리적인 판단을 내릴 것이다. 따라서 위험 가능성이 빈도로 제시되든 확률로 제시되든, 아니면 빈도가 어떤 범위로 제시되든 제시양식과 상관없이 위험 가능성을 비슷하게 판단할 것이다. 반면, 경험체계는 감정을 동반한 심상에 기초하여 정보를 직관적으로 빠르게 처리하므로, 이 체계가 활성화되면 감정 추단에 따라 위험 가능성을 다르게 판단할 것이다.

히시와 로텐스트라이히(Hsee & Rottenstreich, 2004)는 이중처리체계 모형에 근거하여 대상의 가치를 평가하는 심리과정을 계산에 의한 평가와 감정에 의한 평가로 구분하였다. 점화과제(*priming task*)가 계산을 점화시키는지 또는 감정을 점화시키는지에 따라 대상에 대한 평가가 달라졌다. 연구 1에서는 참여자에게 베이즈 추론 과제를 직접 계산하여 풀게 함으로써 분석체계를 활성화할 것이다. 분석체계가 활성화된 상태에서 위험을 판단하면 감정적으로 판단하지 않고 이성적으로 판단하므로, 사후확률에 대한 위험판단은 숫자양식에 따라 달라지지 않을 것이다. 즉 숫자양식의 효과 및 숫자범위의 효과가 관찰되지 않아야 한다.

1) 방법

(1) 참여자

서울 소재 대학의 학생 437명이 연구 1에 참가하였고 소정의 보상을 받았다.

(2) 설계

베이즈 추론 과제를 한 개의 확률양식과 두 개의 빈도양식으로 제시하고 숫자양식에 따른 위험판단과 추론의 정확성을 측정하였다. 확률조건은 숫자정보를 백분율로 제시하였으며, 빈도조건의 경우 100명과 10,000명으로 정했는데, 그 이유는 선행연구인 야마기시(Yamagish, 1997)의 연구와 비교하기 위해서였다. 따라서 숫자정보는 확률, 빈도-좁은 범위(FNa), 빈도-넓은 범위(FWi) 라는 총 세 가지 양식으로 제시하였다(〈표 7-3〉).

일반적으로 사전확률은 과제 내에 주어져 있으나, 사후확률은 주어진 정보들을 활용하여 계산해야 한다. 이 연구에서는 이중처리체계가 위험판단에 주는 영향을 검증하고자, 참여자가 사후확률을 계산하는 조건과 계산하지 않는 비계산조건으로 나누어 사후확률에 대한 위험판단을 비교하였다.

(3) 자극 및 절차

연구 1의 자극은 선행연구(Gigerenzer & Hoffrage, 1995)의 자극들과 기본적으로 같지만, 몇 가지 점에서 달랐다. 첫째, 특정 질병에 대한 사전지식이나 선입견의 영향을 배제하고자 '유방암'과 같은 실제 병명 대신 '질병 A'라고 명명함으로써 오로지 사망 가능성의 크기를 통해 위험 정도가 조작되게 하였다. 둘째, 확률과 빈도양식의 차이를 비교할 뿐 아니라, 숫자범위의 효과를 검증하기 위해 빈도정보를 좁은 범위(100명)와 넓은 범위(1만 명)로 제시하였다. 셋째, 과제의 복잡성을 줄이고자 숫자정보의 가짓수를 사전확률과 거짓-양성판정률로 제한하였다. 보통 베이즈 추론 과제에서는 사전확률, 참-양성판정률, 거짓-양성판정률이라는 세 가지 정보가 제시된다. 분석에 따르면 베이즈 추론 과제에서 오류가 발생하는 이유는 거짓-양성판정률을 고려하지 못하기 때문이다(Krynski & Tenenbaum, 2007). 따라서 이 연구에서는 질병 A에 걸린 사람들이 모두 양성판정을 받는다고 제시함으로써(즉, 참-양성판정률 100%), 결정적 정보인 '거짓-양성판정률'을 고려하면 정답을 구할 수 있도록 했다. 이 연구에서는 숫자양식에 따른 추론과정의 정확성을 연구하는 데 목적이 있으므로 계산과정의 단순화를 통해 계산상 오류를 줄이고자 하였다. 제시된 진술문(예: 빈도-좁은 범위 조건)은 〈표 7-4〉와 같다. 숫자양식마다 사후확률을 계산해서 답하는 계산조건과 사후확률을 포함시켜 제시한 비계산조건으로 나누어진다.

참여자들은 사전확률과 사후확률 두 가지에 대하여 위험을 판단하였다. 먼저 **사전확률에 대한 위험**을 판단하였다. 확률조건에서는 '매년 우리나라 성인남녀의 12%가 질병 A로 사망한다'고 제시하고 질병 A가 얼마나 위험하다고 느껴지는지를 9점 척도에서 평정하게 하였다('1점 전혀 위험하지 않다'와 '9점 매우 위험하다'). 빈도-좁은 범위(FNa) 조건에서는 '매년 우리나라 성인남녀 100명 중 12명이 질병 A로 사망한다', 빈도-넓은 범위(FWi) 조건에서는 '매년 우리나라 성인남녀 1만 명 중 1,200명이 질병 A로 사망한다'고 제시하였다.

사전확률 조건에서 위험을 평정한 후 참여자들 중 일부(계산조건)는 숫자정보들을 사용하여 사후확률(즉, 양성판정을 받은 중에서 실제로 질병 A에 걸렸을 확률)을 계산하였다. 그리고 자신이 계산한 **사후확률을 고려했을 때, 질병 A에 관한 검사에서 양성판정을 받는 것이 얼마나 위험한 상황이라고 느껴지는지**를 판단하였다. 참여자 중 일부(비계산조건)는 연구자가 제시한 사후확률에 대해 위험을 판단하였다. 따라서

〈표 7-3〉 연구 1과 연구 2에서 제시된 조건별 정보

제시양식	정보의 종류	연구 1 및 연구 2의 고확률 조건	연구 2의 저확률 조건
확률	사전확률	12%	2%
	참-양성판정률	100%	100%
	거짓-양성판정률	10%	30%
	정답(사후확률)	57.7%	6.4%
빈도 -좁은 범위 (FNa)	사전확률	100명 중 12명	100명 중 2명
	참-양성판정률	12명 중 12명 모두	2명 중 2명 모두
	거짓-양성판정률	88명 중 8.8명	98명 중 29.4명
	정답(사후확률)	20.8명 중 12명	31.4명 중 2명
빈도 -넓은 범위 (FWi)	사전확률	10,000명 중 1,200명	10,000명 중 200명
	참-양성판정률	1,200명 중 1,200명 모두	200명 중 200명 모두
	거짓-양성판정률	8,800명 중 880명	9,800명 중 2,940명
	정답(사후확률)	2,080명 중 1,200명	3,ㅎ명 중 200명

〈표 7-4〉 계산조건과 비계산조건의 지시문

<table>
<tr><th>계산조건</th><th>비계산조건</th></tr>
<tr><td colspan="2">매년 우리나라 성인남녀 100명 중 12명이 질병 A에 걸릴 것이다. 이 검사를 받게 되면, 질병 A에 걸린 사람들 모두 양성(+)이라고 판정될 것이다. 그러나 질병 A에 걸리지 않은 나머지 88명 중 8.8명도 양성(+)이라는 판정을 받게 될 가능성이 있다.</td></tr>
<tr><td>검사를 받고 양성(+)이라는 판정을 받은 사람들 중에서 실제로 질병 A에 걸려 있는 사람은 몇 명일까?</td><td>검사를 받고 양성(+)이라는 판정을 받은 사람들 중에서 실제로 질병 A에 걸려 있는 사람은 20.8명 중 12명이다.</td></tr>
</table>

연구 1에서는 위험판단과 관련해서 두 가지 위험평정 점수, 즉 사전확률에 대한 위험평정(9점 척도)과 사후확률 고려 시 양성판정에 대한 위험평정(9점 척도)을 포함하여 추론의 정확성과 관련해서 사후확률의 정답률(%)을 측정하였다.

연구 1에서는 모든 참여자들(437명)이 사전확률에 대한 위험판단을 하였다. 사후확률 추정에 대한 정답률은 계산조건 참여자들(327명)을 대상으로 구하였다. 사후확률을 고려한 양성판정에 대한 위험판단은 비계산조건 전체와 계산조건 참여자 중 사후확률을 정확하게 추정한 정답자에게서 얻었다.

2) 요약 및 논의

(1) 사전확률에 대한 위험판단

모든 참여자들이 사전확률에 대한 위험평정을 하였다. 연구 1의 관심은 숫자양식의 효과(즉 확률과 빈도조건 간의 차이) 그리고 숫자범위의 효과(즉 넓은 범위와 좁은 범위 간의 차이)를 검증하는 데 있었다. 숫자양식의 효과를 검증하기 위한 계획된 쌍별 사전비교에서 빈도조건의 참여자(M = 6.64, SD = 1.70)들이 확률조건의 참여자들(M = 5.71, SD = 1.81)보다 위험을 높게 평정하였다. 그리고 두 빈도범위 조건(FNa 조건과 FWi 조건)은 위험평정에서 차이가 나타나지 않았다. 연구 1의 결과는 〈그림 7-1〉에 제시되었다. 숫자범위의 효과는 연구 2에서 다시 다룰 것이다.

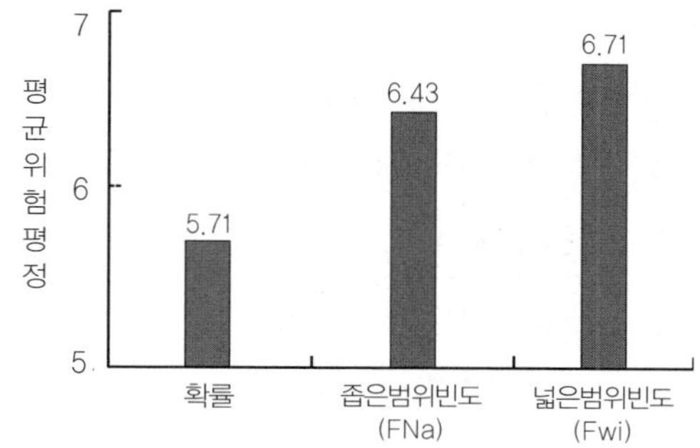

〈그림 7-1〉 숫자양식별 사전확률에 대한 평균 위험평정

(2) 베이즈 추론 정답률

계산조건의 참여자들(327명)의 제시양식별 베이즈 추론 정답률을 비교하였다. 빈도조건의 정답률(FNa 조건 44.0%; FWi 조건 58.9%)은 확률조건의 수행(19.0%)보다 유의미하게 높았다. FWi 조건은 FNa 조건보다 정답률은 높았으나 통계적으로 유의하지 않았다. 선행연구(Gigerenzer & Hoffrage, 1995)와 마찬가지로 연구 1에 참가한 한국 대학생들도 확률보다 빈도로 제시하였을 때 베이즈 추론 과제에서 사후확률을 더 정확히 추정하였다.

(3) 사후확률을 고려했을 때 양성판정에 대한 위험판단

계산조건의 참여자들에게 사후확률 값을 구하게 하고 양성판정에 대한 위험을 평정시켰다. 자료 분석에서는 사후확률을 정확하게 추정한 응답자들의 위험평정을 비교하였다(확률조건 31명, FNa 40명, FWi 43명). 사후확률을 고려했을 때 양성판정에 대한 위험평정 값은 조건별로 다음과 같았다. 확률조건(M = 6.22, SD = 1.60), 좁은 범위 조건(M

계산 여부를 참여자 간 변인으로 하는 이원 변량분석을 실시하였으나, 위험평정에 대한 숫자양식과 계산 여부의 상호작용효과가 통계적으로 유의하지 않았다. 즉, 숫자양식에 따른 위험판단이 계산 여부에 의해 달라지지 않았다. 계산 여부의 주효과도 없었으므로 이후에는 계산조건과 비계산조건을 통합하였다.

숫자양식의 효과와 숫자범위의 효과를 검증하기 위한 계획된 쌍별 사전비교를 실시하였다. 확률조건($M = 6.22$, $SD = 1.60$)의 참여자들보다 빈도조건($M = 6.75$, $SD = 1.50$)의 참여자들이 위험을 더 크게 판단하였다. 사후확률에서도 역시 숫자범위의 효과는 관찰되지 않았다.

요컨대, 사후확률을 계산하여 분석체계를 활성화시켰는지 여부와 상관없이 참여자들은 숫자정보가 확률(57.7%)보다는 빈도(20.80명 중의 12명이나 2,080명 중의 1,200명)로 제시될 때 질병으로 사망할 위험을 더 크다고 판단하였다. 사후확률에 대한 위험판단에서도 숫자양식의 효과가 검증되었고, 빈도의 경우 범위가 좁든지(20.80명 중의 12명) 넓든지(2,080명 중의 1,200명) 위험판단은 다르지 않았다.

선행연구와 비교했을 때 연구 1에서는 슬로빅 등(Slovic et al., 2000)의 연구와 일관되게 숫자양식의 효과를 얻었다. 즉, 사람들은 사전확률과 사후확률이 확률이 아닌 빈도로 제시될 때 위험을 더 크게 판단하였다. 연구 1에서는 참여자들이 사후확률을 계산하면 숫자양식에 따른 위험판단 차이가 사라질 것으로 예측하였다. 그러나 숫자양식의 효과는 여전히 관찰되었다. 계산 여부에 상관없이 숫자양식의 효과가 발견된 점과 사후확률을 정확히 추정한 사람들에게서도 숫자양식의 효과가 발견되었다는 점은 히시와 로텐스트라이히(2004)의 결과와는 달리, 위험판단에 분석체계 이외의 과정이 개입되어 있음을 시사한다.

한편 야마기시(1997)의 연구와 달리 연구 1은 숫자범위의 효과를 얻지 못했다. 그 이유로 몇 가지 가능성을 생각해볼 수 있다. 그가 사용한 자극은 천식(0.87% 또는 4.59%)에서부터 암(12.86% 또는 24.14%)에 이르는 여러 원인별 사망률이었다. 연구 1에서는 가상의 질병에 대한 위험을 판단하도록 하였고, 야마기시가 제시한 것보다 큰 확률(12%)만을 다루었다. 연구 2에서는 사전확률과 사후확률의 크기를 고확률과 저확률로 나누어 위험판단에서 숫자양식의 효과 및 숫자범위의 효과를 검증하고 야마기시(1997)의 연구와 비교하고자 한다.

5. 연구 2: 위험판단은 확률 크기와 숫자양식에 따라 다른가?

연구 1은 예측한 것과 달리 숫자범위에 따른 위험판단의 차이를 관찰하지 못했다. 연구 2는 연구 1에서 얻은 결과가 상이한 위험 가능성에 대해서도 나타나는지를 검토하고자 실시되었다. 연구 2에서는 사전확률의 고저(고-사전확률, 저-사전확률), 그리고 사후확률의 고저(고-사후확률, 저-사후확률)에 따른 위험판단을 비교하였다. 작은 확률의 사건에서만 비율 편향 효과가 관찰된다는 사실에 비추어 볼 때 저확률 조건에서는 숫자범위의 효과가 관찰될 것이다.

1) 방법

(1) 참여자

서울 소재 대학의 학생 355명이 참가하였고 소정의 보상을 받았다. 이들은 연구 1에 참가하지 않았다.

(2) 설계

제시양식의 효과가 확률의 크기에 따라 다른지 검증하기 위해 사전확률과 사후확률에 대한 위험평정을 측정하였다. 연구 2에서는 확률 크기별로 숫자양식의 효과를 검증하였다.

(3) 자극

사전확률 자극 재료는 연구 1에서 사용된 자극과 같았으나 사전확률이 낮은 조건(저-사전확률)을 추가하였다(〈표 7-3〉). 저-사전확률 조건에서 확률은 2%, 좁은 범위는 100명 중 2명, 넓은 범위는 10,000명 중 200명으로 제시하였다.

사후확률 연구 1에서 계산과정이 사후확률 위험판단에 영향을 주지 않는다는 것이 확인되었으므로 연구 2에서는 사후확률 값을 제시해주고 위험을 판단하게 하였다. 연구 1에서 제시된 사후확률이 높은 조건 외에 사후확률이 낮은 조건을 추가하였다(〈표 7-3〉). 저-사후확률 조건에서 확률은 6.4%, 좁은 범위는 31.4명 중 2명, 넓은 범위는 3,142명 중 200명으로 제시하였다.

2) 결과 및 논의

숫자양식과 사전확률 크기에 따른 위험판단 숫자양식과 사전확률 크기에 대한 이원 변량분석을 실시하였고, 숫자양식의 주효과, 사전확률 크기의 주효과, 그리고 숫자양식과 사전확률 크기의 상호작용효과가 모두 통계적으로 유의하였다(〈그림 7-2〉).

숫자양식과 사전확률 크기의 상호작용효과가 나타났으므로 사전확률 크기별로 위험평정을 분석하였다. 계획된 쌍별 사전비교에 의하면 **고-사전확률**에서 확률조건($M=5.38$, $SD=1.77$) 보다 빈도조건($M=6.26$, $SD=1.62$) 에서 더 위험하다고 판단되었다. 빈도조건인 FNa 조건(100명 중 12명 사망) 과 FWi 조건(1만 명 중 1,200명 사망) 을 비교하였으나 통계적으로 차이가 없었다. 이로써 고-사전확률 조건의 결과는 연구 1의 결과를 반복한다.

저-사전확률에서도 확률조건($M=4.27$, $SD=1.85$) 보다 빈도조건($M=5.50$, $SD=2.04$) 에서 더 위험하다고 판단되었다. 그러나 고-사전확률과 달리, 저-사전확률의 경우 두 범위 조건 간에도 통계적으로 유의

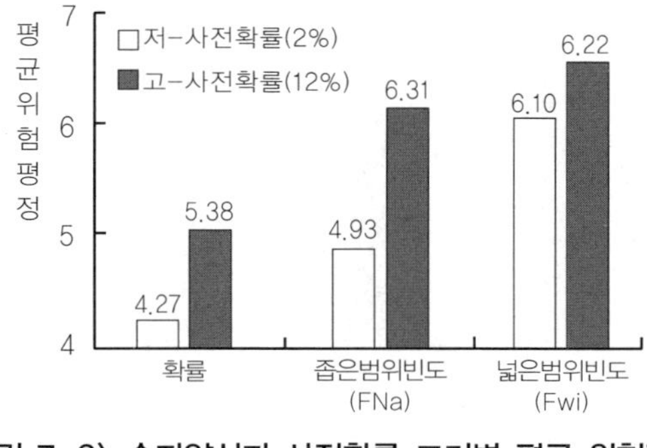

〈그림 7-2〉 숫자양식과 사전확률 크기별 평균 위험평정

한 차이가 관찰되었다. 즉, 저-사전확률에서는 좁은 빈도범위(100명 중 2명 사망)보다 넓은 빈도범위(1만 명 중 200명 사망)일 때 질병 A가 훨씬 더 위험하다고 판단되었다(FNa $M = 4.93$; FWi $M = 6.10$).

숫자양식과 사후확률 크기에 따른 위험판단 숫자양식과 사후확률 크기를 참여자 간 변인으로 하여 이원 변량분석을 실시하였다. 사후확률 크기의 주효과와 숫자양식의 주효과는 통계적으로 유의하였으나, 숫자양식과 사후확률 크기의 상호작용효과는 관찰되지 않았다. 참여자들은 저-사후확률일 때보다 고-사후확률일 때 위험을 크게 판단하였다(저-사후확률 $M = 5.76$; 고-사후확률 $M = 6.25$). 계획된 쌍별 사전비교에 의하면 확률조건($M = 5.70$, $SD = 1.80$)보다 빈도조건($M = 6.19$, $SD = 1.66$)에서 더 위험하다고 평정되었으며, 두 범위 조건에서는 위험판단의 차이가 없었다(〈그림 7-3〉).

연구 2의 결과를 요약하면 다음과 같다. 위험판단 과제에서 확률의 크기에 상관없이 사전확률과 사후확률 모두에서 숫자양식의 효과가 발

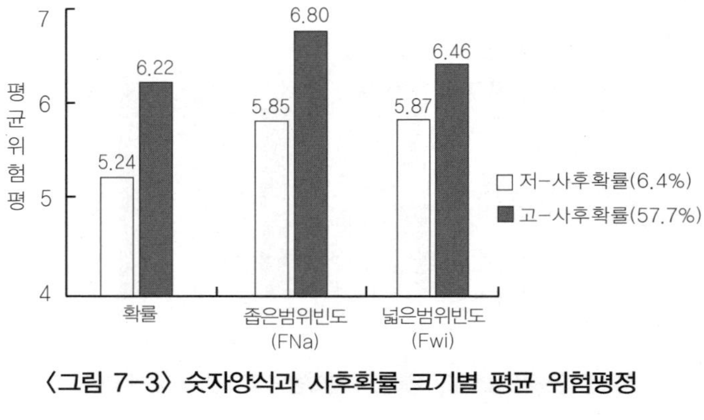

〈그림 7-3〉 숫자양식과 사후확률 크기별 평균 위험평정

견되었다. 그러나 숫자범위의 효과는 저-사전확률에서만 관찰되었다. 다시 말해, 질병으로 사망할 가능성이 낮은 경우에만 어떤 범위(넓은 범위 또는 좁은 범위)에서 제시되었는지에 따라 위험판단이 달라졌다. 이 결과는 종합 논의에서 다룰 것이다.

6. 종합 논의

이 연구는 베이즈 추론 과제에서 위험에 관한 정보를 제시할 때 확률 또는 빈도양식이 위험판단과 추론 정확성에 미치는 영향을 검토하였다. 위험판단의 측면에서 보면, 사전확률 정보를 확률이나 빈도로 제시할 때 판단이 달라졌다. 참여자들은 위험 정보가 확률보다는 빈도로 제시되었을 때 질병에 의한 사망 가능성을 더 위험하다고 판단하였다(연구 1, 연구 2). 빈도를 상이한 범위에서 제시했을 때 나타나는 숫자범위의 효과는 사전확률의 크기에 따라 달랐다(연구 2). 사전확률이 작을 때만 숫자범위의 효과가 관찰되었다. 사후확률 정보에 대한 위험판단의 경우 숫자양식에 따라 위험판단이 달라졌으나 숫자범위의 효과는 관찰되지 않았다(연구 1). 계산을 통한 분석적 사고체계의 활성화가 위험판단에 주는 영향을 검토하고자 계산조건과 비계산조건을 비교하였으나 차이가 발견되지 않았다. 한편 추론의 정확성 측면에서 보았을 때, 기거렌저와 호프리지(Gigerenzer & Hoffrage, 1995)가 발견한 숫자양식에 따른 차이가 한국 대학생을 대상으로 반복되었다. 위험 정보를 빈도로 제시하면 참여자들은 주어진 정보로부터 사후확률 즉 '양성판정을 받은 사람이 실제로 질병에 걸렸을 가능성'을 더 정확히 추정할 수 있었다(연구 1).

연구의 결과들은 이중처리체계 관점에서 경험체계의 작용으로 설명될 수 있다. 질병에 관한 내용의 자극은 감정을 동반한 심상을 유발한다. 숫자양식에 따라 그 정보가 불러일으키는 심상이 위험판단에 영향을 줄 가능성이 있다. 질병으로 인한 사망의 위험판단에서 '12%'라는 정보는 아무런 심상을 떠올리지 못하므로 전혀 위험하게 느껴지지 않는다. 그러나 '100명 중 12명' 또는 '1만 명 중 1,200명'이 사망한다는 빈도조건에서는 다수의 사망자들의 심상이 떠올라 위험하다고 판단될 것이다.

앞서 소개된 빨간 구슬이 담긴 쟁반을 선택하는 경우처럼 사람들은 분모를 무시하는 심적 방략(Finucane, Peters & Slovic, 2003)을 사용한다. 이 방략을 사용한다면 분모(기준이 되는 빈도범위)를 무시하고 분자인 사망자 수에 주목하여 위험판단을 내린다. 사전확률에 대한 위험판단에서 범위에 따라 사망자가 12명이나 1,200명으로 표현되므로 1,200명이 사망하는 조건에서 위험을 더 크게 판단할 것이다. 그러나 이 연구의 결과들은 이런 예측을 부정한다. 즉, 범위에 따른 위험판단은 확률 크기에 따라 다르게 나타났다. 비율 편향은 낮은 확률의 사건에 대해서만 관찰되는데, 이것은 확률 크기에 따라 숫자범위의 효과가 다르게 관찰되는 결과를 설명해준다. 이 연구 2에서 사망률 12%인 고-사전확률의 경우, 어떤 빈도범위로 제시하든 위험판단의 차이가 없었다. 사망자 12명 또는 사망자 1,200명은 '많은 수의 사망자' 심상을 불러일으키므로 둘 다 위험하다고 판단되었을 것이다. 반면, 사망률 2%인 저-사전확률의 경우, 두 빈도조건에서 위험판단의 차이가 나타났다. 분모를 무시하면 사망자 2명은 사망자가 거의 없다는 심상을 유발하여 위험하지 않다는 인상을 준다. 그러나 사망자 200명은 다수의 사망자 심상을 떠올리게 하므로 더 위험하다고 판단된다.

사후확률을 고려한 양성판정에 대한 위험판단에는 어떤 과정이 개입하였을까? 분모가 위험평정에 기여하는 정도가 사전확률과 사후확률에서 다를 가능성이 있다. 빈도조건에서 사전확률을 나타내는 데 사용된 분모(100명 또는 10,000명)는 쉽게 무시되는 일반적 단위이다. 반면, 사후확률에서 사용된 분모(예: 20.8명 또는 2,080명)는 일반적인 단위가 아니므로 참여자들이 중요하게 고려할 만한 또는 적어도 쉽게 무시할 수 없는 정보였을 것이다. 이번 연구에서 관찰된 사전확률과 사후확률에 대한 위험평정의 차이는 위와 같이 설명할 수 있다. 그러나 구체적으로 어떤 심리적 기제가 작동하였는지는 추후 연구에서 답을 찾아야 한다.

이 연구는 빈도정보를 제시할 때 숫자범위의 효과가 항상 관찰되지 않음을 처음으로 밝혔다. 이 연구의 결과는 야마가시의 연구(1997)와 부분적으로 일치된다. 야마가시 연구(1997)의 참여자들은 대다수의 사망원인에 대해 좁은 범위보다 넓은 범위에 제시된 빈도를 더 위험하다고 평정하였다. 반면, 이번 연구에서는 사망률이 낮을 때(2%)만 숫자범위의 효과가 나타났다. 위험 확률의 크기를 연속선상에서 다루지 않아 숫자범위의 효과가 어디서부터 나타나는지 알 수 없었다. 그러나 분명한 사실은 위험의 모든 확률에서 숫자범위의 효과가 관찰되는 것은 아니라는 사실이다. 낮은 사망률에 대해서만 숫자범위의 효과가 관찰되었다는 점은 비율 편향 효과와 관련시켜 해석해볼 수 있다. 다양한 확률 크기의 위험에 대한 판단을 다루면서, 특히 작은 위험가능성을 판단할 때 사람들이 사용하는 심적 방략과 사고체계의 영향을 밝혀야 한다.

연구의 결과들로 미루어 볼 때 건강위험에 대해 숫자정보를 어떤 양식으로 제시하는가는 사소한 문제가 아니다. 확률로 제시된 정보는 이해하기 어려워 정확하게 소통이 되지 않는다. 예를 들어, 기상예보에서 흔히 언급되는 '비 올 확률 30%'의 정확한 의미를 잘 모르는 사람들도 많다(Gigerenzer & Edwards, 2003). 건강위험에 관해 의학적인 결정을 내릴 때 사람들은 숫자정보에 근거해서 결정을 한다. 위험정보를 확률로 제시하면 이해하기 어려울 뿐 아니라 위험판단도 영향을 받는다. 의학적 결정에 관한 베이즈 추론과 위험판단에 대한 이 연구는 일반인들이 위험 정보를 이해하고 결정할 때 분석적으로 사고하도록 유도하는 것만으로는 부족함을 보여주었다. 사후확률을 정확하게 추정한 사람들조차 확률과 빈도 양식에서 위험판단의 차이를 보였다는 사실은 베이즈 추론 과제에서 정확한 추론 이외에 다른 기제가 위험판단에 작용하고 있음을 시사한다.

제8장

보험 구매 상황에서 생태학적 단서의 효과

화공약품 제조공장에서 부주의한 사고로 인한 독성 물질의 유출은 그 발생 확률은 낮지만 피해는 대단히 심각하다. 사람들은 그 사고로부터 자신을 어떻게 보호할까? 한 보호장치가 바로 보험이다. 보험은 홍수, 지진, 화재처럼 발생할 확률이 매우 낮은 위험한 사건을 대상으로 한다. 사람들은 매우 낮은 확률의 재해나 재난이 발생할 가능성이 있는 지역에 살면서도 보험에 들지 않는다(McClleland, Schultz & Coursey, 1993). 보험에 들더라도 사람들은 발생 확률은 낮지만 손실액이 큰 보험에 비해 발생 확률은 높지만 손실액이 작은 보험에 더 많이 든다(Schkade, Kunreuther과 Kaas, 2002; Slovic, 1987). 보험에 드는 사람은 위험한 사고의 발생 확률이나 심각성보다는 보험료를 얼마나 내어야 하는지, 사고가 발생했을 때 보험금을 얼마나 지급받는지 등에 관심이 있다. 보험료와 지급받는 보험금은 오랫동안 수집한 사고 발생과 관련된 정보에 근거한 통계 자료를 기초로 정해진다. 그러나 사람들은 보험료가 의미하는 바를 다르게 해석하며 보험 전문가의 의도와는 다른 선택을 자주 한다(Kunreuther, Hogarth & Meszaros, 1993). 예측할 수 없는 재해에 대비하는 사람들에게 정보를 어떤 식으로 제시해야 보험을 더 많이 들게 할 수 있을까?

1. 보험의 이중적 속성

사람들은 표적 대상인 위험한 사고의 발생 확률보다는 그 심각성에 따라 보험 구매 여부를 생각한다. 보험에 들려는 사람은 사고 확률을 제대로 해석하지 못하고(Camer & Kunreuther, 1989), 발생하지 않은 사고에 대해 보험료를 미리 지불해야 하는 부담을 가진다(Hammond, 1999; Kunreuther & Pauly, 2004). 또한 확률은 일상적으로 사용하는 정보가 아니기 때문에 사람들은 자료를 검토할 때 제시된 확률에 주의를 별로 기울이지 않는다(Hsee, Blount, Loewenstein & Bazerman, 1999). 확률과 관련된 문제 외에도 보험은 불확실하지만 치명적으로 위험한 미래의 사고에 대한 손실을 대비하지만 현재의 작지만 확실한 손실은 감수해야 한다는 이중적인 속성을 가지고 있어서 사람들은 선뜻 보험을 구매하려고 하지 않는다(Hsee & Kunreuther, 2000; Lowenstein, Weber, Hsee & Welch, 2001).

2. 틀 효과

보험 구매 결정은 제시되는 정보의 틀(*frame*)의 영향을 많이 받는다. 일정한 액수의 세금이 공제되는 경우와 같은 액수의 세금이 환급되는 경우, 절약되는 세금의 액수가 같아도 사람들의 보험 구매 의사는 다르다(Johnson, Hershey, Meszzaros & Kunreuther, 2005). 물건을 살 때 한 번에 완불하는 경우와 분할해서 지불하는 경우, 그 물건의 속성들을 평가하는 방식이 달라지고 그 구매 의사도 달라진다(Bertini & Wathieu, 2006). 위험 사건에 대비하는 보험 구매 결정은 그 사건이 얼마나 위험한지에 대한 사람들의 지각에 영향을 받는다. 이때 이 사건의 위험성을 어떤 틀로 제시하는가에 따라 보험 구매 의사는 달라질 것이다.

3. 확률 정보 대 보험료 정보

쿤로이더 등(Kunreuther, Novemsky & Kahneman, 2001)은 사건의 위험성을 직접적인 확률 정보와 간접적인 보험료 정보로 제시하고, 두 조건에서 사건에 대한 위험지각을 비교하였다. 연구 1에서는 가상의 화학물질 생산공장에서 발생할 위험한 사고에 대한 시나리오에서 1/10,000,000, 1/1,000,000, 1/100,000처럼 직접적인 확률 정보를 변화시키거나 또는 15센트, 1.5불, 또는 15불처럼 매달 지불해야 하는 보험료를 변화시킨 뒤에 지각된 위험을 평정하도록 하였다. 참여자들은 사고의 확률과 보험료의 변화 두 조건 모두 처치수준에 따라 위험지각의 차이가 없었다. 이 결과는 위험한 사고가 발생할 확률을 1/68,000, 1/6,300, 그리고 1/650으로 올려 제시한 연구 2에서도 반복되었다. 보험료를 수십 배에서 수백 배 올려도 참여자들은 액수에 따른 위험지각의 차이를 보이지 않았다.

4. 사고 맥락의 중요성

사람들이 낮은 확률의 변화에도 불구하고 위험지각의 차이를 보이지 않는 이유는 무엇일까? 쿤로이더 등(Kunreuther et al., 2001)은 히시 등(Hsee, Blount, Loewenstein & Bazerman, 1999)이 제안한 평가 가설(*evaluability hypothesis*)로 이를 설명한다. 구체적인 맥락 정보가 없는 상황에서 낮은 확률 하나만 가지고(예: 한 위험 확률이 포함된 시나리오 하나만 제시) 이 사건이 얼마나 위험한지 평가하기 어렵다. 따라서 낮은 확률들을 여러 개 제시하여 비교하거나(예: 확률이 다른 세 시나리오를 순차적으로 제시하기) 한 낮은 확률을 다른 구체적인 사고의 확률과 비교하도록 맥락 정보를 제시하면 낮은 확률을 가진 사건들의 상대적인 위험을 쉽게 평가할 수 있다. 쿤로이더 등(Kunreuther et al., 2001)의 연구 3에서 위험 확률만 다른 여러 공장들을 평가하도록 하였을 때 참여자들이 확률의 차이에 주목하여 위험을 다르게 지각한다는 결과를 얻었다. 요컨대, 확률이나 보험료 척도는 위험한 느낌을 직접 전달하지 못하며 비교될 맥락이 있어야 위험성에 관해 차이 있는 느낌이 유발된다. 따라서 화학공장의 위험을 평가할 때 비교할 사건으로 공장이 있는 마을에서 자동차 사고로 사람이 사망할 확률이나 자동차 사고 사망 보험료를 제시하였더니 사고 확률의 차이를 지각하게 되었다.

5. 생태학적 단서

낮은 확률의 위험한 사고를 평가할 때 비교할 만한 다른 사고의 확률을 제시해야만 문제의 사고와 관련된 위험이 해석되고 평가될 수 있는가? 다양한 위험에 노출된 일상적인 삶에서 위험의 차이를 지각하도록 하는 단서 정보는 없는가? 보험료와 보험금과 같은 간접적인 정보 외에 위험지각의 차이를 유발하는 단서는 없는가? 이러한 물음에 대한 답은 사람들이 일상적인 문제를 판단할 때 제한된 합리성 때문에 생태학적으로 타당한 단서와 처리 방략을 사용한다는 기거렌저와 동료들의 연구(Gigerenzer, 2000; Gigerenzer, 2002; Gigerenzer & Hoffage, 1995)에서 제시하였다.

기거렌저와 동료들은 19세기 이후부터 사용되기 시작한 비율이나 확률 정보보다 빈도 정보로 위험한 사고의 확률을 더 잘 판단할 수 있다고 제안하였다. 사고의 빈도는 이미 오래 전부터 동물이나 사람이 그가 살고 있는 생태계에서 반복적으로 경험하여 습득한 정보이기 때문이다. 참여자들은 유방암 양성 판정을 받은 사람이 실제로 유방암에 걸릴 확률을 계산할 때도 관련된 정보를 확률보다 빈도로 제시받았을 때 더 정확한 답을 내었다(예: Gigerenzer & Hoffrage, 1995; 이현주·이영애, 2009). 보험료, 보험금, 그리고 배율 형태의 보험금 중 어느 것이 참여자로 하여금 위험 확률에 예민하게 반응하게 하는 정보인가? 앞서 언급된 연구(Kunreuther, Hogarth & Meszaros, 1993; Lichtenstein

& Slovic, 2006)의 결과와 기거렌저의 생태학적 단서 가설로 미루어 보험료와 보험금은 위험 확률의 차이를 예민하게 드러내지 못하는 정보이다.

이 연구의 실험 1과 2는 쿤로이더 등(Kunreuther et al., 2001)의 주요 결과가 그들이 조작한 것보다 좀더 높은 위험 확률에서 반복되는지 검토하였다. 실험 3과 4는 보험금 총액과 배율 형태의 보험금 중 어느 것이 참여자들로 하여금 사고의 확률에 차이를 지각하게 하는지를 검토하였다. 생태학적 단서 가설(Gigerenzer, 2000; Gigerenzer, 2002; Gigerenzer & Hoffage, 1995)에 의하면 1:5,000과 같은 배율 형태의 보험금은 두 빈도의 비로 제시되는 정보이므로, 참여자들은 위험지각에서 차이를 나타낼 것이다.

6. 실험 1: 직접 확률 정보

실험 1은 쿤로이더 등(Kunreuther et al., 2001)의 연구 3을 내용을 달리하여 반복하였다. 이들의 연구 3은 위험한 사건의 발생 확률을 1/100,000, 1/1,000,000, 그리고 1/10,000,000로 조작하였다. 우리 연구의 실험 1에서는 이처럼 극단적으로 낮은 확률 대신에 0.01%, 0.1%, 1%로 변화하는 것에 따라 사람들이 지각하는 위험 수준과 보험 구매 의사가 어떻게 영향을 받는지 살펴보았다. 슬로빅 등(Slovic, Fischoff, Lichtenstain, Corrigan & Combs, 1977)은 위험 확률이 1/10,000에서 1/100로 변하더라도 실험 참여자들의 보험 구매 의사가 낮고 별 차이를 보이지 않는다는 결과를 얻었다. 쿤로이더 등

(Kunreuther et al., 2001)의 결과가 타당하다면 그들의 연구보다 덜 낮은 위험 확률을 조작한 실험 1도 같은 결과를 얻을 것이다.

1) 방법

(1) 참여자

서울시에 소재하는 대학교에서 심리학 과목을 수강하고 있는 대학생 79명이 실험에 참여하였다.

(2) 실험재료

실험재료는 쿤로이더(Kunreuther et al., 2001)의 연구에서 사용된 가상의 화학공장 시나리오를 수정하여 사용하였다. 다음은 1%의 사고 발생 확률 조건에 해당하는 시나리오의 예이다.

> 당신이 거주하는 지역 공동체의 외곽 지역에 화학공장이 설립되었다. 공장은 여러 산업에서 사용될 수 있는 화공약품들을 생산해내며 제조 과정에서 에틸렌 옥사이드(Ethylene oxide)라는 화학적 독성 가스가 만들어질 수 있다. 이에 대해 정부는 대기오염방지법을 적용하여 여러 정화 공정을 갖추도록 엄격히 규제하고 있다. 그러나 관리 소홀이나 우연한 사고 등으로 인해 에틸렌 옥사이드가 공기 중으로 방출되는 경우, 이 유독 가스는 바람이 부는 방향에 따라 어떤 곳으로도 퍼져 나갈 수 있다. 에틸렌 옥사이드 가스를 직접 흡입하거나 피부에 접촉하게 되는 경우 발열 및 복통과 구토를 일으킬 수 있으며 오랫동안 심각한 후유증을 남길 수 있다.

이에 대해 보험회사는 다른 지역에서 이 지역의 화학공장에서 생산해 내는 것과 동일한 물질을 생산하는 공장들의 30년간 기록들을 조사했고, 그 결과 에틸렌 옥사이드 누출 사고의 발생률은 1%임을 밝혀냈다. 보험회사는 당신이 거주하는 지역 주민들을 상대로 에틸렌 옥사이드 보험상품을 개발했으며 해당 보험에 가입하면 에틸렌 옥사이드가 누출될 경우 5천만 원을 보상해주기로 했다.

각 공장에서 생산되는 화학물질의 이름이 다르고 확률 정보가 다른 세 개의 시나리오는 설문지 안에서 참여자 간에 역균형화(*counterbalance*)가 되도록 소책자로 제시되었다. 화학물질에 대한 위험지각의 평정은 6점 척도로 구성되었으며(0 = 전혀 위험하지 않다, 5 = 매우 위험하다) 보험 구매 의사도 6점 척도(0 = 절대 가입하지 않는다, 5 = 반드시 가입한다)로 구성되었다.

(3) 절차

참여자들은 설문지에 있는 각 시나리오를 읽고 ① 사건이 얼마나 위험한지, 그리고 ② 위험 사건에 대비하기 위하여 보험에 가입할 의사가 있는지를 묻는 질문에 응답하도록 요구받았다. 참여자들은 각 시나리오를 읽은 후 필요하면 앞 장으로 돌아가 내용을 확인할 수 있게 하여 평가가 기억과 같은 인지적 제약의 영향을 받지 않게 하였다. 한 시나리오를 읽고 평정 반응을 끝낸 후 다음 시나리오를 읽고 같은 절차에 따라 평정 반응을 하였다. 시간적인 제약은 없었고 설문이 완료되는 대로 제출하고 퇴실하도록 했다.

2) 결과

반복측정 일원 변량분석 결과, 위험지각에 미치는 확률 정보의 효과는 유의미한 것으로 나타났다. 또한 확률 정보는 보험 구매 의사에도 유의미한 영향을 미쳤다. 〈표 8-1〉을 보면 알 수 있듯이 사건 발생 확률이 증가하면서 참여자들은 사건의 위험을 더 높게 지각하고 보험 구매 의사도 증가하였다. 각 조건 간의 차이를 검증하기 위해 쉐페(Scheffe) 사후 검증을 실시하였다. 위험지각의 경우 0.01%와 0.1% 확률 조건 간에는 유의미한 차이가 없었으나 0.01%와 1% 확률 조건 간뿐 아니라, 0.1%와 1% 확률 조건 간에도 역시 유의미한 차이가 있는 것으로 나타났다. 보험 구매 의사에 대한 결과에서도 0.01%와 0.1% 조건 간에는 차이가 없었지만, 0.01%와 1% 조건 간에서 유의미한 차이가 발견되었고, 0.1%와 1% 간의 차이도 유의미하였다. 요컨대, 실험 1은 쿤로이더 등(Kunreuther et al., 2001)이 조작한 위험 사고의 확률들보다 더 높은 확률에서도 이들의 주요 결과를 반복하였다. 따라서 쿤로이더 등이 보고한 결과는 일반화될 수 있다.

〈표 8-1〉 확률 정보 조건에서 위험지각과 보험 구매 의사의 평균 반응

	확률 정보		
	0.01%	0.1%	1%
위험지각	2.25(1.27)	2.62(1.21)	3.22(1.14)
보험 구매 의사	2.29(1.40)	2.65(1.41)	3.20(1.32)

7. 실험 2: 보험료 정보

실험 2에서는 직접적인 사고의 확률 대신에 매달 납부하는 보험료의 정보가 간접적 단서로서 사람들의 위험지각에 효과가 있는지를 알아보았다. 여러 시나리오를 제시하여 비교하도록 한 연구에서 쿤로이더 등(Kunreuther et al., 2001)은 참여자들이 보험료와 위험 확률을 모두 적절하게 평가한다는 사실을 발견하였다. 보험료는 사고가 발생하는 결과의 심각성뿐 아니라 사고의 발생 확률을 반영하는 것이므로 보험료가 증가할수록 위험도 높게 지각해야 한다. 그러나 매달 납부하는 보험료는 현재의 확실한 손실로 지각되므로 보험료가 증가할수록 보험 구매 의사는 감소할 것이다. 실험 2의 참여자들은 매달 보험료로 2만 5천원, 5만 원, 그리고 10만 원을 지불한다고 할 때 각 조건에서 사고에 대한 위험지각과 보험 구매 의사를 평가하였다.

1) 방법

(1) 참여자

서울시에 소재하는 대학교에서 심리학 과목을 수강하고 있는 대학생 73명이 실험에 참여하였다.

(2) 실험재료

확률 정보 대신에 매달 납부해야 하는 보험료에서 차이가 있는 세 개의 시나리오가 작성되었다. 시나리오의 첫 번째 단락은 실험 1의 첫 번째 단락과 동일하였고, 두 번째 단락에서 사건 확률에 대한 정보가 보험료 정보로 대체된 시나리오를 제시하였다. 다음은 10만 원 보험료 조건에 해당하는 시나리오의 예이다(실험 1의 시나리오와 동일한 첫 번째 단락은 생략되었다).

> 이에 대해 보험회사는 다른 지역의 공장에서 발생한 30년간의 에틸렌 옥사이드 누출 사고율에 대해 조사하고 있으며, 당신이 거주하는 지역 주민들을 상대로 에틸렌 옥사이드가 누출되는 경우를 대비한 보험상품을 개발하고 있다. 다른 지역의 누출 사고율을 조사하고 분석해본 결과, 보험회사는 해당 보험에 가입하기 위해서는 매달 10만 원을 납부하는 것이 적정하다고 판단했으며 이 보험에 가입한 후 에틸렌 옥사이드가 누출될 경우 5천만 원을 지급하기로 했다.

(3) 절차

모든 실험절차는 실험 1과 동일하였다.

2) 결과

〈표 8-2〉는 세 수준의 보험료 조건에서 참여자들이 보인 위험지각 수준과 보험 구매 의사의 평정 반응의 결과이다. 반복측정 일원 변량분석 결과, 보험료가 증가함에 따라 위험지각은 유의미하게 높아졌다. 그러나 보험료가 늘어남에 따라 보험 구매 의사는 유의미하게 낮아졌다. 쉐페(Scheffe) 사후 검증 결과에 따르면, 위험지각 반응에서는 2만 5천 원과 10만 원 조건 사이에서만 유의미한 차이가 발견되었다. 보험 구매 의사의 경우, 모든 조건 간 차이가 유의미한 것으로 나타났다. 보

〈표 8-2〉 보험료 조건에서 위험지각과 보험 구매 의사의 평균 반응

	보험료 정보		
	2만 5천 원	5만 원	10만 원
위험지각	2.77(1.11)	3.05(1.08)	3.37(1.2)
보험 구매 의사	3.56(1.18)	3.07(1.11)	2.64(1.22)

험료가 간접단서로 사용되는 경우 사람들의 위험지각 반응은 직접적인 확률 정보에 대한 반응과 다르지 않지만 보험 구매 의사 반응은 상반된다. 이 결과는 실험 1에서 관찰된 사고 확률에 따른 보험 구매 의사와는 다른 결과이다. 따라서 보험료 정보는 보험 구매에 있어서 사고의 확률 정보와는 다른 방향으로 작용한다.

8. 실험 3: 보험금 정보

쿤로이더 등(Kunreuther et al., 2001)은 다섯 연구에서 보험금의 크기가 사고 위험의 지각에 어떤 영향을 주는지 검토하지 않았다. 실험 3은 위험 사고가 발생했을 때 일시불로 지급받는 보험금이 사고 발생의 확률 차이를 지각하는 데 예민한 단서인지를 검토한다. 보험에서 매달 납부하는 보험료는 고정되어 있는데 나중에 받게 되는 보험금이 크다는 것은 사고의 발생 확률이 낮다는 것이고, 반대로 작은 보험금은 발생 확률이 높다는 것을 의미한다. 실제로 보험회사에서는 해당 사고의 발생 확률을 계산하여 보험료와 보험금을 정한다. 보험금이 크다는 것은 사고가 날 확률이 낮음을 의미한다. 실험 3에서는 위험 사건의 발생 확률과 관련된 정보로서 보험금을 5천만 원, 1억 원, 2억 원으로 변화시

키고 사고의 위험지각과 보험 구매 의사를 살펴보았다. 보험금이 위험을 판단하는 단서로 쓰인다면 참여자들은 큰 보험금에 대해 상대적으로 위험을 낮게, 작은 보험금에 대해서는 위험을 높게 평정할 것이다.

1) 방법

(1) 참여자

서울시에 소재하는 대학교에서 심리학 과목을 수강하고 있는 대학생 70명이 실험에 참여하였다.

(2) 실험재료

다음은 보험금 2억 원 조건에 해당하는 시나리오이며, 세 보험금 조건, 5천만 원, 1억 원, 2억 원에서 매달 납부하는 보험료는 5만 원으로 모두 동일하였다(실험 1의 시나리오와 동일한 첫 번째 단락은 생략되었다).

> 이에 대해 보험회사는 다른 지역의 공장에서 발생한 30년간의 에틸렌 옥사이드 누출 사고율에 대해 조사하고 있으며, 당신이 거주하는 지역 주민들을 상대로 에틸렌 옥사이드가 누출되는 경우를 대비한 보험상품을 개발하고 있다. 다른 지역의 누출 사고율을 조사하고 분석해본 결과, 보험회사는 사람들이 해당 보험에 가입하기 위해서는 매달 5만 원의 보험료를 납부해야 하며 보험에 가입한 후 에틸렌 옥사이드가 누출되는 경우 보험회사는 보험 가입자에게 2억 원을 지급하는 것이 적절하다고 결론을 내렸다.

(3) 절차

모든 실험절차는 선행 실험들과 동일하였다.

2) 결과

반복측정 일원 변량분석 결과에 따르면, 보험금은 위험지각에 유의미한 영향을 미치지 못하였다. 〈표 8-3〉을 보면, 세 보험금 조건에서 참여자들의 위험지각 반응의 차이가 없음을 알 수 있다. 즉, 보험금이 달라질 때 참여자들은 사건의 발생 확률을 고려하여 위험을 판단하지 못하였다. 그러나 보험 구매 의사에 미치는 보험금의 효과는 유의미하여, 보험금이 증가할수록 보험 구매 의사도 증가하였다. 쉐페 사후 검증에서 1억 원과 2억 원 조건 사이에는 유의미한 차이가 없었지만, 5천만 원과 1억 원 사이의 보험 구매 의사의 차이는 유의미한 것으로 나타났다. 실험 3의 결과는 보험료가 고정되어 있고 보험금의 크기가 변화할 때 참여자들이 사건의 확률을 잘 추론하지 못하며, 보험금의 크기에만 초점을 맞추어 보험 구매를 결정한다는 것을 보여준다.

〈표 8-3〉 보험금 조건에서 위험지각과 보험 구매 의사의 평균 반응

	보험금 정보		
	5천만 원	1억 원	2억 원
위험지각	2.81(1.07)	2.83(1.15)	2.94(1.21)
보험 구매 의사	2.30(1.29)	2.79(1.18)	3.11(1.25)

9. 실험 4: 배율 정보

실험 2와 3에서 보험료와 보험금 정보가 직접적인 확률 정보와는 다른 평가 반응을 만들어낸다는 것을 보았다. 보험료 정보를 사용한 실험 2에서는 보험료가 증가할수록 위험도 높게 지각하였지만 보험 구매 의사는 감소하였고, 실험 3에서 보험금 정보는 보험금이 커질수록 참여자들이 보험을 구매할 의사는 증가했지만 보험금의 차이가 위험지각의 차이를 나타내지 못하였다. 이 결과는 사람들이 보험금이 증가할수록 사고 확률은 감소한다는 보험금의 부자연스러운 관계를 이해하지 못함을 보여준다. 따라서 제시된 보험금이 커지면 사람들은 보험료를 더 내야할 것을 염두에 두고 사고 확률은 무시하게 된다.

기거렌저(Gigerenzer, 2000)의 생태학적 단서 가설에 의하면, 사람의 추론과정은 환경에 적응하기에 알맞은 정보를 사용한다. 사전확률과 사후확률을 고려하여 한 가설의 타당성을 검증하는 베이스 추론에서도 문제를 확률 정보로 제시할 때보다는 빈도 정보로 제시할 때 정답이 훨씬 더 많이 산출되었다(Gigerenzer & Hoffrage, 1995; Zhn & Gigerenzer, 2006; 이현주 · 이영애, 2009). 6학년 아동의 반이 빈도 형태의 베이스 추론 문제를 정확하게 풀 수 있었다(Zhn & Gigerenzer, 2006). 확률 정보보다 빈도 정보를 더 정확하게 처리한 까닭은 사건의 빈도에 관한 정보는 진화 과정에서 오랫동안 사용되었지만 확률 정보를 사용하게 된 것은 백 년 정도밖에 되지 않았기 때문으로 보인다.

일상에서 사람들은 사건의 확률을 예측할 때 두 배, 세 배 더 위험하다는 표현을 많이 사용한다. 이런 배율 형태의 정보는 생태학적으로 타당한 단서일 가능성이 높다. 실험 4에서 사건 발생 후 받게 되는 보험금 정보를 실험 3의 구체적인 금액이 아닌 배율 형태의 정보로 제시한다면 사고의 확률 차이를 더 쉽게 지각하게 만들기 때문에 직접적인 확률 평정과 같은 평정 패턴이 관찰되어야 한다.

1) 방법

(1) 참여자

서울시에 소재하는 대학교에서 심리학 과목을 수강하고 있는 대학생 65명이 실험에 참가하였다.

(2) 실험재료

매달 일정한 보험료를 지급했을 때 받는 보험금의 형태를 1:1,000, 1:2,000, 1:4,000의 배율 정보로 제시하였다. 이 배율은 실험 3에서 5만 원의 보험료를 납부할 때 받게 되는 보험금 5천만 원, 1억 원, 2억 원에 대응된다. 다음은 납부한 보험료의 4,000배를 보험금으로 받게 되는 조건의 시나리오이다(실험 1의 시나리오와 동일한 첫 번째 단락은 생략되었다).

> 이에 대해 보험회사는 다른 지역의 공장에서 발생한 30년간의 에틸렌 옥사이드 누출 사고율에 대해 조사하고 있으며, 당신이 거주하는 지역 주민들을 상대로 에틸렌 옥사이드가 누출되는 경우를 대비한 보험상품을 개발하고 있다. 다른 지역의 누출 사고율을 조사하고 분석해본 결과, 보험회사는 사람들이 해당 보험에 가입하기 위해서는 매달 5만 원의 보험료를 납부해야 하며 보험에 가입한 후 에틸렌 옥사이드가 누출

되는 경우 보험회사는 보험 가입자가 매달 납부한 보험료의 4,000배를 지급하는 것이 적절하다고 결론을 내렸다.

(3) 절차

모든 실험절차는 선행 실험들과 동일하였다.

2) 결과

반복측정 일원 변량분석 결과에 따르면, 배율 정보는 위험지각뿐만 아니라, 보험 구매 의사에도 유의미한 영향을 미쳤다. 보험금 배율이 감소할수록 위험을 더 높게 지각하고 보험 구매 의사도 더 높아졌다. 위험지각 반응에 관한 쉐페 사후 검증 결과, 1:4,000 배율과 1:1,000 배율 조건 간에 유의한 차이가 있었다. 1:4,000 배율과 1:2,000 배율 조건, 1:2,000 배율과 1:1,000 배율 조건들 간에는 위험지각에서 차이가 관찰되지 않았다. 보험 구매 의사에서도 참여자들은 1:4,000 배율과 1: 1,000 배율 조건 간에 유의한 차이를 보였다. 배율 정보에 따라 위험지각과 보험 구매 의사가 일관되게 달라진다는 결과는 생태학적 단서 가설의 예측과 일치한다.

〈표 8-4〉 배율 정보 조건에서 위험지각과 보험 구매 의사의 평균 반응

	배율 정보		
	1:1,000	1:2,000	1:4,000
위험지각	2.61(1.38)	2.26(1.35)	1.94(1.55)
보험 구매 의사	3.14(1.18)	2.74(1.15)	2.54(1.42)

10. 종합 논의

사람들은 자신들이 위험 사건에 어느 정도 노출되어 있는지 판단할 수 있는 자료를 가지고 있지 못하다. 대부분의 상황에서 전문가의 말을 믿고 위험을 판단한다. 그러나 전문가가 일반인과 소통할 때 전달하려는 내용이 분명하지 않아 사건의 위험성이 전문가가 의도한 바와는 다르게 평가될 수 있다. 지각된 위험을 기초로 내릴 판단이 감정과 같은 다른 요인들 때문에 잘못된 판단을 이끌어낼 수 있다.

앞서 개관된 연구들은 사람들이 발생 확률이 낮지만 치명적인 결과를 가지고 올 수 있는 위험한 사건에 대비하여 보험에 가입할 때 보험에 관련된 정보, 즉 위험한 사건의 확률, 보험료, 보험금 등의 정보가 어떻게 위험의 지각과 보험 구매 의사에 영향을 주는지 살펴보았다. 또한 어떤 단서 정보가 제시될 때 위험한 사건의 확률의 차이에 반응하여 구매 판단이 이루어지는지 검토하였다.

쿤로이더 등(Kunreuther et al., 2001)은 위험한 사건의 작은 확률 변화를 어떠한 방식으로 제시했을 때 사람들이 각기 다른 위험 확률에 반응하는지를 연구하였다. 이들의 실험에서 미세한 확률 차이에 대한 정보를 확률과 보험료로 제시하면서 위험한 사건이 발생하는 상황 맥락에 관한 생생한 시나리오를 제공할 때 사람들은 위험한 사건의 확률 차이를 효과적으로 지각할 수 있었다. 그러나 보험료 조건이 확률 조건에 비해 다소 비효율적이었다. 이 연구는 쿤로이더 등(Kunreuther et al., 2001)이 확률 정보와 보험료 정보에서 사람들의 위험지각에 차이가 있음을 밝힌 결과에서 더 나아가 보험금과 배율 형태의 보험금 정보가 지각된 위험의 평가와 의사 결정에 미치는 영향을 검토하였다.

위험 사건의 확률을 선행연구(Kunreuther, Novemsky & Kahneman, 2001)보다 좀더 높게 한 실험 1과 2는 위험 사건이 발생할 확률을 직접 제시하는 경우와 위험 사건에 대비하려고 보험에 들 때 지불해야 하는 보험료의 형태로써 제시하는 경우 사람들의 위험지각과 보험 구매 의사 반응을 분석하였다. 사람들은 두 조건 모두에서 위험 확률이 높을수록 더 위험하다고 판단했다. 보험료 조건은 위험 정보를 간접적으로 제공하므로 확률 조건에 비해 사람들은 확률의 작은 변화를 지각하는 능력에서는 다소 저조한 수행을 보였다. 그러나 보험료가 늘어날수록 위험지각이 증가하였다. 그런데 직접 확률 조건과 달리 보험료 조건에서 보험료가 커지면 위험지각은 높아지면서 보험 구매 의사는 감소하는 역전된 선호가 관찰되었다. 이 결과는 사람들이 보험에 들 때 위험한 사건의 발생 확률에 민감하게 반응하여 판단한다는 결과와 상반된다(Schkade, Kunreuther & Kaas, 2002). 사람들이 아끼는 물건의 경우 보험을 더 잘 구매한다는 결과(Hammond, 1999)와 함께 이 연구의 결과는 사람들이 미래의 위험한 사건에 대비하여 보험에 가입할 때 확률 정보 이외에 감정과 같은 다른 요인의 영향을 받을 가능성을 시사한다. 확률을 추론하는 단서로 제시된 보험료 정보가 현재의 확실한 손실에 대한 부정적 감정을 일으켜 보험 구매 의도를 감소시켰을 것이다.

실험 3은 위험한 사건이 발생하는 경우 받게 될 미래의 보험금 차이를 통해 위험 사건 확률을 지각하게 한 후 보험 구매 의사를 물었다. 이때 보험금은 이득을 의미하는 틀로써 작용할 것이므로 실험 1의 보험료 조건에서 사람들이 겪었을 현재의 확실한 손실에 대한 부정적 감정은 사라져, 미래의 불확실한 위험을 피하기 위해 낮은 보험금이지만 더 높은 확률의 위험한 사건에 대비한 보험에 가입하는 경향이 관찰되어야 한다. 그러나 예측과 달리 실험 3의 참여자들은 보험금 정보가 내포하는 위험 사건이 발생할 확률의 의미를 파악하지 못했다. 확률 정보를 받지 못했다고 생각한 참여자들은 보험 액수가 높은 보험에 드는 경향을 보였다. 이 결과는 보험금이 작을수록 위험 사건의 발생 확률이 높다는 반비례의 관계를 이해하지 못하여 생긴 것이다. 이 관계는 해먼드(Hammond, 1999)가 지적한 바와 같이 단서의 생태학적 타당성이 추론 대상의 실재적 타당성과 일치하지 않을 때 문제가 되기 때문이다. 실험 3의 결과는 증가하는 위험 확률과 감소하는 보험금의 부자연스러운 관계에서 나왔다. 또는 제시된 보험 액수가 커지면서 사람들이 그 금액에 점점 둔해지기 때문에 이와 같은 결과가 발생하였을 수도 있다. 카너먼과 트벌스키(Kahneman & Tversky, 1979)의 전망이론(*prospect theory*)에 의하면, 이익이 커질수록 사람들은 추가적 이익에 다소 둔하게 반응한다. 5천만 원, 1억 원, 2억 원과 같은 고액의 보험금이 사람들을 확률 정보에 충분히 민감해질 수 없게 만들 수 있다.

보험금 정보로 위험한 사건에 대해 확률적으로 차이 있게 반응하도록 하면서 보험금 정보가 가진 반비례적 관계는 제거할 수 없는가? 실험 4는 고액의 보험금에 대한 사람들의 무감각을 완화시키고 위험 사건 발생의 확률과 유사한 형태로 표현하기 위해 1:1,000, 1:2,000, 1:4,000과 같이 배율 정보를 제시하였다. 생태학적으로 타당한 배율 정보를 사용한 결과, 사람들은 보험금의 배율이 위험 사건의 발생 확률과 반비례 관계에 있음에도 불구하고 실험 1에서와 마찬가지로 더 높은 확률, 즉 더 낮은 배율 보험금이 주어지는 사건을 더 위험하다고 지각하였다. 이 결과는 생태학적 단서 가설의 예측과 일치한다. 확률이 더 높다고 지각될수록 보험 구매 의사도 더 높아졌다. 또한 직접 확률 조건을 제시했을 때에 비해 배율 형태의 보험금 정보를 제시한 조건은 지각된 위험 수준에 비해 보험에 가입하겠다는 반응 점수가 높았다. 위험 사건의 발생 확률을 추론하기 위해 사용된 배율 정보가 차이 있는 위험지각을 유발하여 확률 조건에 비해 높은 보험 구매 의사를 보인 것이다.

이 연구는 위험한 사건의 발생과 관련해서 간접적인 단서로 보험료, 보험금, 그리고 배율 형태의 보험금을 사용하였다. 그 결과, 보험료 조건과 배율 형태의 보험금 조건에서 위험 확률이 증가함에 따라 참여자들은 더 높은 위험지각을 보였다. 그중 지각된 위험과 보험 구매 의사에서 일치된 선호를 보인 것은 배율 형태의 보험금 조건이었다. 이 결과는 사람들이 위험을 제대로 지각하도록 하면서 보험 구매 동기를 높이려면 보험금의 배율 제시가 가장 효율적임을 시사한다. 실험 4의 결과는 빈도로 구성된 배율 정보가 생태학적으로 타당한 단서이며 이 정보 때문에 사람들이 보험이 다루는 위험한 사건에 관해 확률을 추리할 수 있음을 보여준다. 실험 2와 3의 결과와 비교해서 실험 4의 결과는 생태학적 단서 가설(Gigerenzer, 2000, 2002; Gigerenzer & Hoffage, 1995)의 예측과 일치한다. 앞으로의 연구에서 맥락 정보가 있어야 낮은 확률을 해석한다는 히시 등(Hsee et al., 1999)의 평가 가설과 확률보다 위험을 쉽게 평가하도록 하는 빈도 정보를 강조하는 기거렌저(예: Gigerenzer, 2000)의 생태학적 단서 가설을 비교하여 보험 상황에서 사건의 위험지각과 판단 배후의 메커니즘을 검토할 필요가 있다. 이런 이론적 함축뿐만 아니라 연구의 결과들은 화학물질로 인한 사고뿐만 아니라 교통사고나 화재와 같은 여러 재난이나 사고에 관해 전문가들과 일반인의 효율적인 소통 전략을 개발하는 데 활용될 수 있다.

제9장

위험 충격 편향에서 탈피

사람들은 이사, 투표, 시험, 부상, 차 구입과 같은 미래의 사건에 대한 자신의 정서 반응을 과도하게 예측한다. 새집으로 이사를 가거나 지지하는 후보에게 투표할 때 그 기대는 대단히 높다. 새집으로 이사하기 전, 새집으로 이사하면 그리고 그 새집에서 살면 얼마나 행복할 것인지를 물으면, 사람들은 지금보다 더 행복할 것이고 그 행복이 오래 갈 것이라고 말한다. 그러나 실제로 이사한 후에 그 집에서 살아보면 생각했던 것만큼 행복하지 않다. 이것을 충격 편향(*impact bias*)이라고 한다(예: Gilbert & Wilson, 2000; Wilson & Gilbert, 2005). 충격 편향은 사람들이 투표하기 전 자기가 지지하는 후보가 당선될 때의 행복을 예측하고 투표 결과가 발표된 후 자신의 행복을 보고하게 하였을 때(Gilbert, Blumberg, Pinel, Wilson & Wheatley, 1998), 그리고 자신들이 응원한 축구팀의 전적에 대한 만족감과 실망감을 회상하는 중에도 관찰되었다(Wilson, Wheatley, Meyers, Gilbertg & Axsom, 2000).

충격 편향 연구는 사람들이 삶에서 겪는 사건이나 대상을 사용하여 다양한 맥락에서 현저한 충격 편향을 관찰하였다. 긍정적 사건에 대한 충격 편향은 필요 이상의 기대를 주어 희망에 부풀게도 하지만 부정적 사건에 대한 충격 편향은 긴장을 일으키고 삶에 적응하는 데 지장을 준다. 이 장에서는 원자력 발전소, 유전자 조작식품 그리고 휴대폰과 같은 위험 대상에 대해 충격 편향이 관찰되는지, 그리고 관찰된다면 그 편향을 감소시키기 위해 어떠한 조작이 필요한지 검토하고자 한다. 여기서는 탈초점화와 적응 과제를 사용하여 충격 편향에서 탈피할 수 있음을 보여주고자 한다.

1. 초점화와 면역무시

충격 편향은 초점화(*focalism*)와 면역무시(*immune neglect*) 때문에 생긴다. 사람들은 앞으로 발생할 하나의 사건에 잠시 주의를 주면서 그 사건의 발생과 관련해서 긍정적 또는 부정적 정서를 기대하고 그 사건이 실제로 일어난 후 자신의 정서가 계속해서 같은 상태를 유지할 것이라고 생각한다. 이런 충격 편향은 현재의 주의 대상이 수많은 대상과 상황들 중 하나에 지나지 않고 주의는 곧 다른 대상들로 분산된다는 것을 의식하지 못하기 때문에 생긴다. 장래에 발생할 사건에 대한 정서적 기대는 사람들이 삶에서 하나의 사건이나 대상에 지속적으로 관심을 주거나 주의를 줄 수 없기 때문에 자동적으로 사라진다(Schkade & Kahneman, 1998; Wilson et al., 2000). 주의를 끄는 다른 사건들이 정서 상태에 새로운 영향을 준다는 점을 미처 생각하지 못한다. 초점화에 따른 충격 편향을 없애려면 주의 대상뿐만 아니라 다른 여러 대상들을 함께 고려하여 주의를 분산시켜야 한다(Wilson et al., 2000).

면역무시 메커니즘은 몸의 면역체계가 박테리아에 저항하듯이 사람들도 어떤 방식으로든 부정적 정서로부터 회복되거나 부정적 정서에 적응됨을 무시한다는 것이다(Gilbert et al., 1998). 과거에 경험했던 극적으로 부정적인 정서도 시간이 지나면 약해진다. 사람들은 긍정적 사건이 발생할 것을 예측할 때 이런 면역무시 메커니즘을 고려하지 않고 행복한 느낌이 지속될 것이라고 믿는다(예: Ubel, Loewenstein & Jepson, 2005). 면역무시는 사람들의 적응기제를 무시하는 것이다. 사람들은 긍정적 사건이나 부정적 사건을 경험한 후에 시간이 지나면서 사건의 내용을 망각할 뿐만 아니라 그와 관련된 정서도 서서히 약해진다. 따라서 위벨 등(Ubel et al., 2005)은 미래의 위험을 예측할 때 "사건이 발생하고 5년 후"라는 표현으로 시간의 흐름을 강조할 때 충격 편향이 완화되었음을 발견하였다. 이는 적응기제를 강조하는 것으로서 면역무시 메커니즘이 적응과정을 무시하는 것임을 보여준다.

2. 충격 편향 완화: 탈초점화와 적응

충격 편향을 완화하기 위하여 어떤 절차가 효과적일까? 중국인들은 대상과 맥락을 함께 주목하며 둘 간의 역동적 관계에 따라 고정된 대상보다 변화를 더 주목한다(예: Ji, Peng & Nisbett, 2000). 램 등(Lam et al., 2005)은 맥락 때문에 대상에 주의를 덜 주는 중국인들이 유럽인들에 비해 충격 편향을 적게 보일 것으로 예측했다. 실제로 날씨의 변화나 결혼과 같은 중요한 일에 관한 정서 예측에서 유럽인들은 충격 편향을 보였으나 중국인들은 그렇지 않았다. 그러나 정서를 예측하기 전에 여러 대상들에 주의하도록 탈초점화(*defocusing*)를 유도하였을 때 유럽인들은 충격 편향을 보이지 않았다. 초점화로 인한 충격 편향은 탈초점 과제를 사용할 경우 다소 완화될 것으로 보인다.

충격 편향을 가져오는 면역무시 메커니즘을 어떻게 피할 수 있을까? 면역무시의 반대 기제인 적응기제를 유도하는 과제를 사용하면 충격 편향을 효과적으로 완화시킬 수 있을 것으로 보인다. 예를 들어, '결혼하고 1년 후 혹은 10년 후'의 정서를 예측하게 하면 결혼 직후에 예상되는 충격 편향을 완화할 수 있을 것이다.

일상적 삶에서 충격 편향을 연구한 램 등(2005)의 결과가 부정적 정서를 동반하는 위험한 사건에 대하여도 반복적으로 관찰될까? 원자력 발전소나 유전자 조작식품처럼 잠재적인 위험 대상들에 대하여 한국인 참여자들은 어떻게 반응할까? 한국인들은 중국인과 같은 충격을 벗어나는 탈편향을 보일까 또는 여전히 유럽인과 같은 충격 편향을 보일까? 또한 한국인들이 충격 편향에서 탈피하는 데 탈초점 과제와 적응 과제 중 어느 것이 효과적일까?

3. 세 가지 위험과 두 가지 충격 완화 과제

이 연구에서는 세 가지 위험 대상을 사용하여 충격 편향이 관찰되는지 그리고 관찰된다면 탈초점 과제나 적응 과제 중 어떤 과제로 완화되는지를 살펴볼 것이다. 이미 밝혀진 선행연구들(예: Lam, et al, 2005; Ubel et al., 2005)처럼 정서 예측 반응의 정확성을 보고자 하는 것이 아니다. 현재 시점에서 미래의 정서 반응을 예측한 값과 미래 시점에서 반응한 값을 비교하지 않는다. 이 연구에서는 현재를 기점으로 하는 정서 반응과 두 가지 미래 시점(1주일, 1년)에서 예측된 정서 반응을 비교하여 충격 편향을 검토한다. 충격 편향은 현재의 정서 상태에 비해 미래의 정서 상태를 과대하게 평가하는 것이므로 현재와 미래 시점의 예측된 반응을 비교하여 편향의 성질을 검토할 수 있다.

일상적 사건이나 대상과 달리 방폐장과 같은 위험 대상에 대한 충격 편향은 사회적으로 그 파장이 크다. 2003년 전북 부안에서는 중저준위 방폐장 설치의 찬성 여부를 둘러싸고 격렬한 주민 갈등이 발생했다. 방폐장처럼 잘 모르는 과학기술에 대해 일반인이 극단적으로 부정적인 심상을 형성하면(이나경 · 이영애, 2005) 미래의 위험을 과도하게 예측할 가능성이 크다. 치명적 위험을 유발할 수도 있지만 경제적 효과가 좋은 유전자 식품에 대한 위험을 과도 예측할 수 있다. 반대로 실생활에서 없으면 금단 현상이 나올 만큼 꼭 필요한 휴대폰에 대해서도 그 전자파의 위험성을 과소 예측할 수 있을 것이다.

요컨대, 원자력 발전소, 유전자 조작식품 등의 위험 대상에 대한 일반인의 정서적 예측 반응이 충격 편향을 보이는지 그리고 탈초점 과제 또는 적응 과제를 사용하여 이를 완화할 수 있는지를 알아보고자 한다.

4. 방법

서울시에 소재하는 대학교 학생 294명을 대상으로 하였다. 원자력 발전과 관련된 질문을 받은 참여자는 96명, 유전자 조작식품과 관련된 질문을 받은 참여자는 96명, 휴대폰과 관련된 질문을 받은 참여자는 102명이었다. 참여자는 무작위로 세 가지 위험 대상 중 하나를 받고 설문지에 응답하였다.

1) 위험 대상의 선정

이 연구에 앞서 이나경 · 임혜숙 · 이영애(2008), 그리고 슬로빅 등(Slovic, Fischhoff & Lichtenstein, 1980)이 위험지각 연구에서 사용한 대상들 중 원자력 과학과 새로운 과학기술, 생태계, 일상활동 및 경제활동에 대해 현재 위험반응의 강도와 위험 지식을 알아보았다. 이나경 등이 사용한 총 30가지 위험 대상 중에서 이익과 피해가 모두 있는 대상들을 선택하였다.

사전연구에서 위험 대상을 뽑을 때 평상시 '위험반응'과 '위험지식'을 측정하였다. 현재 한 대상에 대한 위험반응이 극단적으로 높거나 낮은 경우 예측 반응에서 변화가 적으므로 연구 대상으로 부적합하다. 위험 대상에 대한 지식이 지나치게 많거나 적은 경우에도 조건에 따라 차이 있는 예측 반응을 얻기 어려우므로 연구 대상으로 부적합하다. 사전조사는 살바도리 등(Savadori, Savio, Nicotra, Rumiati, Finucane & Slovic, 2004)이 사용한 16가지 위험 측정 도구를 사용하였다. 이 도구는 위험반응에 영향을 미치는 16가지 요인들을 측정하여 분석한 것이다. 그 결과 위험 대상의 선정에 직접적인 영향을 미친 요인은 '두려움 정도'(1번)와 '위험 대상에 대한 지식수준'(10번)이었다. 두려움 정도가 클수록, 위험 대상에 대한 지식수준이 낮을수록 위험하다고 느낀다. 특히, 두려움은 위험반응을 가장 잘 드러내는 요인이다(예: Slovic et al., 1980).

위험 대상들은 이중성을 띠고 있다. 개인과 사회에 이익을 주지만 심각한 피해를 가져다주기도 한다. 따라서 일반인들이 평가하는 '유익한' 정도와 위험을 얼마나 감수하고 이익을 받아들일 수 있는지를 나타내는 '위험 수용' 정도를 측정하였다.

평가는 11점 척도로 하였고 34명(남자 13명, 여자 21명, 평균 연령 26.7세)이 참여하였다. 1점이 '전혀 두렵지 않다, 전혀 알지 못한다' 등에 해당되고, 11점이 '매우 두렵다, 매우 잘 알고 있다'에 해당된다. 34명이 가장 두렵다고 평정한 대상은 원자력 발전으로 8.53점이였고, 가장 낮은 점수는 휴대폰으로 2.26점이였다. 위험 대상에 대한 지식은 휴대폰이 6.76점으로 가장 높았고 원자력 발전은 4.85점으로 가장 낮았다. 유익한 정도를 평정하도록 했을 때 휴대폰이 8.59점이였고 원자력 발전은 5.38점으로 가장 낮았다. 실생활에서 수용 정도를 물었을 때 휴대폰은 9.24점으로 가장 높았고 원자력 발전은 4.38점으로 가장 낮았다.

위험 대상에 관한 16가지 질문에서 위험 대상들에 대한 두려움, 지식, 이익, 그리고 실생활에서의 수용 정도를 평가한 평균 점수와 표준편차는 〈표 9-1〉과 같다.

두려움(위험반응), 이익, 그리고 수용 정도를 고려하였을 때 세 가지 위험의 특징은 다소 달랐다. 원자력 발전소는 보통 정도의 이익이 있

〈표 9-1〉 원자력 발전소, 유전자 조작식품, 휴대폰 사용에서 두려움, 지식, 이익, 그리고 실생활에서의 수용 정도

대상	두려움		지식		이익		수용 정도	
	평균	표준편차	평균	표준편차	평균	표준편차	평균	표준편차
원자력 발전소	8.53	1.81	4.85	2.03	5.38	2.76	4.38	2.10
유전자 조작식품	7.06	2.06	5.12	1.57	5.50	1.93	4.85	1.74
휴대폰	2.26	1.69	6.76	2.75	8.59	1.67	9.24	1.33

지만 매우 위험하므로 수용 정도가 다소 낮았으며, 유전자 조작식품은 위험 수준이 원자력 발전소보다 다소 낮은 편이고 이익과 수용 수준에서도 원자력 발전소 수준으로 보통이었고, 그리고 휴대폰은 위험이 매우 낮지만 이익이 매우 높기 때문에 반드시 수용해야 하는 것으로 나타났다.

2) 재료 및 설계

참여자들은 세 가지 위험 대상 중 한 가지에 무작위로 배정되었다. 이들은 먼저 위험 대상들에 관해 중립적 입장을 나타내는 A4 용지 2쪽 분량의 신문이나 잡지 기사를 읽은 다음 그 대상에 대해 현재, 1주일 후, 그리고 1년 후 예상되는 두려움 정도를 9점 척도로 평정하였다. 그 다음 탈편향 과제로 적응 과제와 탈초점 과제를 수행한 후 위험평정을 요구하는 질문에 답하였다. 참여자의 반은 적응 과제를 먼저 하고 탈초점 과제를 나중에 하였고, 나머지는 그 반대 순서로 탈편향 과제를 수행했다. 각 참여자가 받은 적응 과제와 탈초점 과제에 사용된 자료의 내용이 달랐고 특히 과제별로 질문들이 달라서 한 과제의 평정이 다른

과제의 평정에 영향을 미칠 가능성이 없었다. 실제로 관찰된 평정 결과는 과제들 간에 현저한 차이를 보였다.

3) 탈초점 과제

탈초점 과제로 위벨 등(Ubel et al., 2005)이 고안한 '결과의 긍정성-부정성 변환 과제'를 사용하였다. 이 과제는 정서 반응의 대상과 관련해서 장점과 단점 그리고 변화되지 않는 측면을 주의하게 하는 조작으로 탈초점을 유도하여 충격 편향을 감소시킨다. 이 연구에서 각 참여자는 탈초점 과제를 각 위험 대상별로 하나씩 받았다. 예를 들어, 유전자 조작식품에 관한 탈초점 과제를 실시할 때 참여자들은 같은 위험 대상이지만 전혀 다른 2쪽 짜리 새 기사를 읽고 나서 유전자 조작식품의 이로운 점, 변하지 않는 면, 그리고 해로운 면을 자유롭게 쓰도록 요구를 받는다. 이 조작이 바로 위험 대상의 여러 측면들에 주의하도록 하면서 부정적인 면에 주의가 쏠리는 것을 막는다. 탈초점을 유도한 후 참여자들은 통제조건처럼 유전자 조작식품에 대한 현재, 1주일 후, 그리고 1년 후의 두려움 정도를 9점 척도에서 평정한다.

4) 적응 과제

위벨 등(Ubel et al., 2005)이 사용한 과제로 '1주일' 그리고 '1년'이라는 기간을 주고 자신을 위험 대상에 적응시킬 수 있는 내용으로 구성되었다. 두 기간은 현재를 기점으로 가까운 미래와 먼 미래를 나타낸다. 참여자들은 각기 한 위험 대상에 관한 적응 과제를 받았다. 예를 들어,

유전자 조작식품에 관한 적응 과제를 실시할 때 참여자들은 앞서 통제조건과 같은 위험 대상이지만 이전 조건에서 본 것과 상반되거나 서로 다른 관점의 내용의 2쪽 분량의 기사를 읽고 현재 두려운 정도를 평정한다. 그 다음 유전자 조작식품에 1주일 동안 노출되었다고 상상할 때 두려움을 9점 척도로 평정하게 한다. 이때 통제조건과 달리 "처음 지각한 것에 비해 덜 위험하고 덜 두려울 것이다"(-4)에서 "처음 판단한 것에 비해 더 위험하거나 더 두려울 것이다"(+4)의 척도에서 평가하도록 한다. 이 척도의 차원은 위험 대상에 대한 적응을 강조한다. 이 평정이 끝나면 유전자 조작식품에 1년 동안 노출되었다고 상상할 때 두려운 정도를 역시 같은 척도로 평가하게 한다. 참여자들은 적응 과제를 한 다음 통제조건처럼 유전자 조작식품에 대한 현재, 1주일 후, 그리고 1년 후의 두려움을 평정한다.

5) 절차

실험은 10~15명씩 소규모 집단으로 실험실 안에서 진행되었다. 세 위험 대상에 무선 배정된 참여자들은 인적 사항을 작성하고 절차와 주의사항이 적힌 지시문을 읽었다. 모든 참여자들은 실험 시작 전에 '하루 24시간 동안 일어나는 정서 중 최근 1개월간 가장 많은 부분을 차지했던 정서 수준'에 응답하였다. 이 절차는 앞으로 나올 질문에 답할 때 참여자들이 쉽게 답할 수 있게 도움을 주기 위해서였다. 이 반응은 분석되지 않았다.

참여자는 한 위험 대상과 관련된 재료를 읽었다. 연구자는 참여자들에게 그 대상과 관련된 자료에 관해 어떠한 질문도 하지 않는다고 말했다. 이는 위험 대상을 상기시키기 위한 목적으로 제시된 재료가 실험에 영향을 주지 않게 하기 위함이었다. 참여자들이 지시문의 내용에 주의하도록 하기 위하여 특정 위험 대상과 관련된 기사를 읽을 때 중심 내용에 밑줄을 긋도록 하였다. 참여자들은 해당 위험 대상과 관련된 신문 기사를 읽었고 그 대상에 대해 일반적으로 느끼고 있는 위험성 또는 두려움 정도를 평정하였다. 그 후 기간의 변화에 따른 위험 반응을 예측하였다. 그 다음 같은 위험 대상에 대한 다른 기사를 읽고 적응 과제를 수행한 후 다시 같은 대상에 대한 다른 기사를 읽고 탈초점 과제를 수행하였다. 각 과제를 마친 후 다시 한 번 기간의 변화에 따른 두려움을 평정하였다.

5. 결과

세 위험 대상에 대해 참여자들이 평정한 두려움을 정리한 결과는 〈표 9-2〉에 제시되어 있다. 사전 연구에서도 확인되었지만, 세 위험 대상 중 현재 가장 위험한 대상은 원자력 발전(평균 = 2.74, 표준편차 = 1.25)이었고, 가장 위험이 적은 대상은 휴대폰이었다(평균 = 0.51, 표준편차 = 1.89).

1) 통제조건에서 예측 시점에 따른 반응

〈그림 9-1〉은 예측 시점에 따라 탈편향 과제를 수행하지 않은 통제조건 참여자들이 위험 대상에 대한 두려움을 예측한 결과이다. 분석 결

과, 세 가지 위험 대상에 따라 두려움 평정 값에 차이가 있고, 현재 지각하는 두려움 정도와 1주일 후 그리고 1년 후 두려움 지각 정도를 예측한 값에 차이가 있었다. 즉, 전반적으로 원자력에 대한 두려움이 가

〈표 9-2〉 위험 대상별 과제와 예측 시점에 따른 두려움 평가

대상	예측시점	현재		1주일 후		1년 후	
	과제 조건	평균	표준편차	평균	표준편차	평균	표준편차
원자력 발전	일반적 반응(통제조건)	2.74	1.25	3.32	0.92	2.80	1.10
	적응 과제 후	2.17	1.51	2.64	1.60	1.52	2.18
	탈초점화 과제 후	2.77	1.13	2.90	1.10	2.78	1.26
유전자 조작식품	일반적 반응(통제조건)	1.18	1.75	2.50	1.33	2.07	1.46
	적응 과제 후	1.59	1.45	2.60	1.59	1.59	1.96
	탈초점화 과제 후	1.97	1.21	2.18	1.14	2.09	1.19
휴대폰 사용	일반적 반응(통제조건)	0.51	1.89	2.62	1.42	1.02	1.90
	적응 과제 후	0.92	1.76	1.96	1.79	1.29	3.58
	탈초점화 과제 후	1.31	1.67	1.26	1.76	1.20	1.76

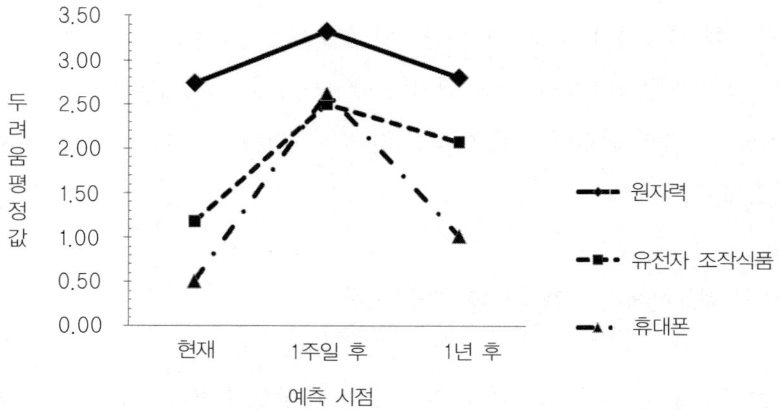

〈그림 9-1〉 예측 시점에 따른 위험 대상별 평균 두려움(통제조건)

장 컸고, 유전자 조작식품, 휴대폰 순으로 두려움을 지각했다. 또 세 가지 위험 대상 모두에서 현재 두려움이 가장 낮았으며, 1주일 후 오히려 두려움을 높게 지각했으며, 1년 후에는 그 두려움이 약간 낮아지는 패턴을 보였다. 그러나 현재의 두려움과 비교했을 때 1년 후 예측되는 두려움은 여전히 높았다. 시간이 지나도 충격의 강도가 감소하지 않는 이 결과는 충격 편향을 나타낸다. 요컨대, 현재를 기점으로 사람들은 미래 위험을 더 크게 예측한다.

2) 적응 과제 후 예측 시점에 따른 평정 반응

〈그림 9-2〉는 충격 편향을 감소시키는 것을 목적으로 적응 과제를 수행한 후 예측 기간에 따른 두려움 반응의 변화를 보여준다. 적응 과제를 수행한 후 참여자들의 예측 반응은 〈그림 9-1〉에서 보았던 것처럼 같은 패턴을 보이고 있다. 분석 결과, 세 가지 위험 대상에 따라 두려움 평정 값에 차이가 있고, 현재 두려움 정도와 1주일 후 그리고 1년 후 두려움 정도를 평정한 값에 차이가 있었다. 세 위험 대상에서 모두 현재 두려움보다 1주일 후 두려움이 더 컸고, 1년 후 약간 감소하는 패턴을 보인다. 그러나 여전히 현재 두려움을 1주일 후 그리고 1년 후의 두려움과 비교해본 결과는 차이가 있다. 만약 적응 과제가 충격 편향을 감소시켰다면 예측 시점이 변화되어도 위험 대상에 대한 위험지각 정도에 차이가 없었어야 한다. 한편, 〈그림 9-1〉과 〈그림 9-2〉를 비교하면 흥미로운 결과를 찾을 수 있다. 원자력 발전소의 경우 유전자 조작식품과 마찬가지로 두려움 평정에서 차이가 현격하게 줄어들었다. 이 경향은 1년 후 시점에서 더 그러했다. 원자력 발전소의 경우 시간이

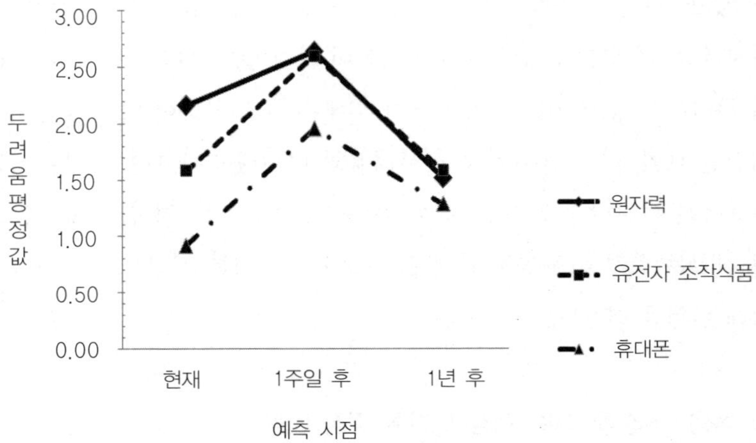

〈그림 9-2〉 예측 시점에 따른 위험 대상별 평균 두려움(적응 과제 후)

지날수록 충격 편향의 강도가 줄어들어 오히려 현재보다 낮은 두려움을 보여주었다. 그러나 다른 두 위험 대상들의 경우 그렇지 않았다. 적응 과제가 충격 편향을 줄여주는 데 한계가 있어 보인다.

3) 탈초점 과제 후 예측 시점에 따른 평정 반응

〈그림 9-3〉은 탈초점 과제를 수행한 후 예측 시점에 따른 위험지각 반응을 위험 대상별로 보여준다. 세 가지 위험 대상에 대한 두려움 정도는 원자력, 유전자 조작식품, 휴대폰 순으로 차이가 있었으나, 세 위험 대상에서 세 가지 예측 시점에 따른 차이는 없었다. 인상적인 결과는 위험 대상에 상관없이 탈초점 과제를 수행한 후 현재의 두려움과 1주일 후, 그리고 1년 후 예측되는 두려움에 차이가 없었다는 것이다. 참여자들은 현재, 1주일 후 그리고 1년 후의 두려움을 비슷하게 예측

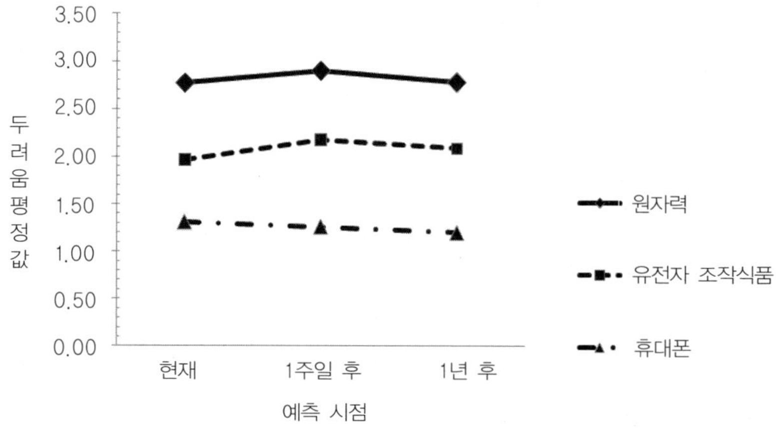

〈그림 9-3〉 예측 시점에 따른 위험 대상별 평균 두려움(탈초점 과제 후)

하였다. 이 결과는 탈초점 과제가 충격 편향을 제거했음을 보여준다. 참여자들은 현재의 두려운 반응 값을 기점으로 미래 특정 시점에 도달하더라도 편향되지 않은 예측, 즉 탈편향된 판단을 하고 있었다. 통제집단의 수행에 대한 〈그림 9-1〉과 〈그림 9-3〉의 결과들을 비교할 때 탈초점 과제가 충격 편향을 효과적으로 제거하였음을 드러낸다.

6. 논의

이 연구는 어떤 사건이나 대상에 대한 정서 반응을 예측할 때 사람들이 현재에서 먼 미래로 갈수록 정서 반응의 강도를 과대하게 추정하는 충격 편향을 다루었다. 이 편향의 기점은 현재의 정서 반응이다. 예를 들어, 알려지지 않은 바이러스에 대한 사람들의 현재 위험반응이 '두렵다'는 정도라면, 다가올 미래에 같은 문제가 발생했을 때 '매우 두렵다'라고 예측하는 것이다.

1) 탈초점을 통한 탈편향

연구에 참여한 사람들은 원자력 발전소, 유전자 조작식품 그리고 휴대폰과 같은 위험 대상에 대해 현재보다 가까운 미래 시점에서 더 큰 두려움을 보였고, 이 두려움을 적응 과제보다 탈초점 과제를 통해 현저하게 감소시켰다. 즉 위험 대상에 대한 충격 편향이 면역무시보다 초점주의와 같은 인지적 요인에 의해 발생하였음을 확인할 수 있었다.

2) 램 등의 연구와의 차이

이 연구의 주요 결과들은 램 등(Lam et al., 2005)의 결과와 다르다. 램 등은 날씨와 긍정적 사건들에 대한 충격 편향을 검토하면서 유럽인과는 달리 대상과 배경을 모두 주목하는 중국인들은 충격 편향을 보이지 않으며 탈초점 효과도 보이지 않았다고 보고하였다. 램 등의 표적 대상과 달리 이 연구는 원자력 발전소나 유전자 조작식품처럼 신체적 안녕과 직접 관련된 위험 대상에 대한 충격 편향을 다루었다. 위험 대상이 날씨와 같은 일상적인 대상이 아니고 보다 부정적 측면이 집중적으로 주의를 받는 적절한 대상이었다. 적응 과제보다 탈초점 과제에서 충격 편향이 사라진 결과도 수렴적으로 위험 대상에 대한 충격 편향이 초점주의와 같은 인지적 요인에 의해 발생함을 잘 보여준다.

합리적 판단자라면 과거와 현재 그리고 미래에 특정한 사건이 일어날 확률이 모두 같으므로 시점이 달라도 비슷한 정서 반응을 예측해야 한다. 그러나 사람들은 현재 느끼는 반응에만 초점을 두고 그 이외는 고려하지 않은 채 미래의 반응을 예측한다. 이러한 과대 예측은 표적 대상의 다른 측면들이나 다른 대상들을 고려하지 않는 초점주의 때문이다(예: Ubel et al., 2005; Wilson & Gilbert, 2005; Schkade & Kahneman, 1998).

3) 위벨 등의 연구와의 차이

이 연구는 개관된 선행연구들과 마찬가지로 충격 편향을 관찰하였고 적응 과제의 효과는 얻지 못했으나 탈초점 과제에서 편향이 사라졌음을 발견하였다. 적응 과제와 달리 탈초점 과제에서 제거된 충격 편향은 매우 인상적이다. 사지마비와 같은 부상과 관련해서 충격 효과를 없애기 위해 적응 과제와 탈초점 과제를 사용한 위벨 등(Ubel et al., 2005)이 얻은 결과와 이 연구의 결과는 대조적이다. 위벨 등은 탈초점 과제에서 충격 편향이 완화된 결과를 얻지 못했으나 시간이 지나면 정서적 반응도 적응됨을 강조한 적응 과제에서 뚜렷한 충격 완화 효과를 관찰했다.

이 연구와 위벨 등의 연구가 충격 편향의 완화에 있어 대조적인 차이를 보인 까닭은 무엇일까? 적응 과제에서 이 연구는 1주일 후와 1년 후를 미래의 시점으로 택했는데 위벨 등은 1달 후와 5년 후의 미래 시점을 택하였다. 현재와 비교되는 미래의 시점이 위벨 등의 연구에서는 그야말로 장기적이다. 시간의 흐름을 극단적으로 강조한 위벨 등의 연구와 달리 짧은 예측시점을 사용한 이 연구에서 시간에 따른 적응 기제가 큰 효과를 내지 않았던 것으로 보인다.

위벨 등은 미래의 정서 반응을 예측하는 대상으로 사지마비와 무릎 아래의 절단을 사용하였다. 이 연구는 원자력, 유전자 조작식품 그리고 휴대전화를 위험 대상으로 사용하였다. 위벨 등이 미래의 정서 반응을 예측하도록 한 대상들은 신체의 부자유와 직접 관련되어 있지만 이 연구는 과학기술의 위험을 다루었다. 따라서 위벨 등이 사용한 대상들에 비해 탈초점이 더 쉬울 수 있었다.

4) 시간적 구성론

트로프와 리버만(Trope & Liberman, 2003)의 시간적 구성론(*temporal construction theory*)에 따르면, 가까운 미래를 고려할 때는 낮은 단계의 추론(구체적)을 사용하고, 먼 미래를 고려할 때는 높은 단계의 추론(추상적)을 사용한다. "다음 주 교내 및 교외 활동에 소비할 시간이 얼마나 되는지 예상해보라"고 하였을 때, 사람들은 자신이 얼마나 바쁜지 설명할 수 있었고, 각 활동에 상대적으로 적은 시간을 사용할 것 같다고 예상한다. 먼 미래인 1년 후를 예상할 때는, 하고 싶은 활동들에 더 많은 초점을 두고 그 외의 다른 활동들에는 초점을 덜 준다. 사람들은 초점을 둔 활동에 많은 시간이 소비될 것이라고 생각한다.

가까운 미래는 사람들 마음속에 어느 정도 구체적인 틀이 정해져 있기 때문에 초점주의 기제가 덜 작용하게 되어 충격 편향이 덜 나타난다. 그러나 먼 미래는 어떻게 될지 전혀 정해진 것이 없어서 추상적인 틀을 갖게 되어 초점을 두는 대상만 고려하므로 초점주의 기제에 의해 충격 편향이 나타난다.

5) 연구 대상의 특이성

특이한 위험 대상을 사용한 이 연구의 결과는 선행연구 결과와 다르다. 선행연구들은 일반 대상을 사용하였으나 이 연구는 원자력 발전소와 같은 불확실한 위험 대상을 사용하였다. 따라서 가까운 미래 조건이라도 마음속에 구성된 틀이 없다. 일반 대상을 사용한 연구에 해당되는 먼 미래 조건의 특징이 이 연구에서는 가까운 미래에도 적용된다. 대다수의 위험 대상은 일반적인 사건이 아니기 때문에 가까운 미래에 노출된다고 하면 결과를 통제할 만한 준비가 되어 있지 않아 위험 반응이 강하다. 먼 미래 조건에서는 결과를 통제할 시간이 주어졌다고 생각되어 부정적 반응 결과를 완화시켜 예측하게 된다.

연구의 결과 설명에서 충격 편향을 초점주의 기제만으로 설명하는 것은 무리이다. 통제가능성, 결과의 심각성, 불확실성, 과거 경험 부족 등과 같이 평가하는 위험 대상에 대한 심리적 특징과 편향이 관련이 있기 때문이다. 길버트 등(Gilbert et al., 1998)의 연구처럼 시간이 지남에 따라 충격 편향이 강하게 나타난다는 결과는 부분적으로 일치하였다. 위험 대상을 평가할 때 먼 미래보다 가까운 미래를 예측할 경우 편향이 더 강하게 나타남을 확인할 수 있었다.

탈초점 과제를 실시한 후 예측 반응의 강도는 기간에 따라 차이를 보이지 않았다. 즉 현재 반응, 1주일 후, 1년 후의 반응이 모두 같았다. 이는 길버트 등(Gilbert et al., 2000)의 결과와 일치한다. 탈초점 과제는 초점주의에서 탈피를 유도하기 위해, 이 연구에서는 위험 대상을 긍정적, 부정적 그리고 변하지 않는 면에서 고려하도록 하였다. 일반 대상을 사용한 대부분의 선행연구들은 평가 대상 이외의 사건이나 상황을 고려하게 하였다. 어떤 방식으로 탈초점을 유도하는 것이 효과적인지는 앞으로의 연구 문제이다.

6) 후속 연구를 위한 제안

이 연구는 일반 대상에 대한 정서 반응을 다룬 연구에서 관찰된 충격 편향이 특이한 위험 대상에 대하여 관찰되는지 알아보았다. 이들이 사용한 두 개의 탈편향 과제를 사용하여 충격 편향의 효과를 평가하였다. 이 연구는 두려움, 사전지식, 이익, 수용 정도에서 서로 다른 세 대상을 사용하였다. 이를 위해 위험 대상의 특징들을 진단하는 문항들을 개발했다. 또한 평가 대상에 따라 탈편향을 유도하는 방법이 달라질 수 있으므로 탈편향 과제들을 분석했다. 방폐장과 같은 혐오시설에 대해 주민들이 보이는 충격 편향을 예측하고 탈편향을 유도하려면 보다 체계적인 연구가 필요하다. 이 연구는 미래 특정 시점에서 대상에 대한 반응을 과대하게 예측하는 충격 편향과 탈편향만 다루었다. 과학기술은 위험과 이익을 동반한다. 과학기술을 일상생활에서 활용하기 위해서 과학자들은 과학기술에 대한 위험과 이익을 분석할 뿐만 아니라 이에 대한 친숙도를 증가시켜야 한다. 또한 과학기술을 수용할 수 있는 수준까지 일반인들의 과학기술에 대한 지식을 증가시키는 것도 필요하다. 심리학자들은 서로 다른 특징을 가지고 있는 다양한 위험에 대하여 충격 편향을 감소하기 위한 과제를 개발할 뿐만 아니라 유익한 과학기술을 유익하게 활용할 수 있는 교육 프로그램도 마련해야 한다.

제10 장

목표지향적 정보처리에서 무의식적 사고의 효과

원자력과 관련된 과학기술 정보를 주의를 주지 않고 무의식적으로 처리할 때, 제시되었던 중요한 정보를 잘 처리할 수 있을까? 원자력과 관련된 위험과 이익 정보를 주의를 주어 의식적으로 비교하는 대신에 소음을 제시하여 의식적 처리를 저하시키고 다른 과제(예: n-back 과제)를 처리하는 것을 목표로 삼으면 원자력 관련 정보처리가 다소 어려워질 것으로 예상된다. 그러나 사람들이 원자력과 관련된 정보를 접하는 일상적 상황이 이와 비슷하다는 점을 유의해야 한다. 보통 미디어를 접할 때 주의를 집중하지 않은 가운데 정보처리를 한다는 점에서 이와 비슷한 상황을 재현하여 원자력 관련 정보가 어떻게 처리되는지 검토하는 것은 흥미로울 것이다. 이 장에서는 원자력 정보를 무의식적으로 처리할 때 나타나는 현상을 기술하고자 한다.

1. 판단 과제에서 무의식적 사고

사람들은 일반적으로 어떤 대상을 판단할 때 정보를 최대한 많이 수집하고 결정을 내리기까지 신중하게 생각하는 것이 가장 좋은 방법이라 믿는다. 그러나 디직스터휴이스와 노드그렌(Dijksterhuis & Nordgren, 2006)의 무의식적 사고 이론(UTT: unconscious-thought theory)에 따르면, 사람들은 모든 정보를 심사숙고하여 판단할 때보다 다른 과제에 집중하여 원래 주어진 정보를 의식적으로 처리하지 못할 때 더 나은 판단을 한다. 그들은 의식적인 사고가 다른 방해 과제로 간섭을 받을 때 무의식적 사고가 일어난다고 보았다. 여기서 무의식적 사고 과정은 의식적 사고 과정과 구분되는 것으로, 집중해야 할 대상이나 과제가 아닌 다른 것에 주의를 두고 있음을 의미한다.

디직스터휴이스(Dijksterhuis, 2004)가 사용한 대표적인 과제는 아파트를 선택하는 것이었다. 아파트와 관련된 정보는 긍정적이거나 부정적으로 기술되었다(예: 도시 중심에 위치한다, 주변이 다소 시끄럽다). 최상의 한 아파트는 긍정 정보 8개와 부정 정보 4개로, 최하의 한 아파트는 긍정 정보 4개와 부정 정보 8개로, 다른 두 아파트는 긍정 정보 6개와 부정 정보 6개로 기술되었다. 참여자들은 즉각 조건, 의식적 사고 조건, 무의식적 사고 조건 중 하나에 배정되어, 4개의 아파트에 관한 48개의 정보를 하나씩 4초간 무작위로 제시받았다. 즉각 조건의 참여자들은 모든 정보가 제공된 후 바로 각각의 아파트를 10점 척도로 평가하였다. 의식적 사고 조건의 참여자들은 3분 동안 각 아파트에 대해 신중하게 생각한 후 평가하였고, 무의식적 사고 조건의 참여자들은 3분 동안 방해 과제로 이전 숫자기억과제를 수행한 후 평가하였다. 연속적으로 하나씩 제시되는 숫자들 중에서 두 번째 전에 제시되었던 숫자와 일치하는 숫자를 찾는 과제이다. 그 결과, 무의식적 사고 조건의 참여자들이 즉각 조건의 참여자들보다 최상의 아파트와 최하의 아파트 간의 차이를 더 잘 파악하였다. 그리고 통계적으로 유의미하지는 않았지만, 무의식적 사고 조건과 의식적 사고 조건의 참여자들 간에도 비슷한 차이가 나타났다.

실험재료의 제시양식, 시간, 전체 특징 수, 그리고 판단 양식을 바꾸었을 때에도 같은 결과가 나타났다. 중성적인 아파트 정보를 추가하여 총 60개의 아파트 정보를 아파트별로 묶어서 12초씩 제공하고, 가장 좋은 아파트 하나를 선택하게 하였을 때 무의식적 사고 조건의 참여자들이 즉각 조건의 참여자들보다 최상의 아파트를 가장 잘 선택하였다. 아파트 대신 룸메이트를 선택하는 과제로 바꾸었을 때에도 무의식적 사고 조건의 참여자들이 다른 두 조건의 참여자들보다 최상의 룸메이트와 최하의 룸메이트 간 차이를 더 잘 파악하였다. 또한, 방해 과제를 이전 숫자기억과제가 아닌 애너그램(anagram, 철자의 순서를 맞추어 단어를 만드는 과제)으로 바꾸었을 때에도 결과가 같았다. 이 연구 이후로 재료와 절차가 조금씩 변형되면서 무의식적 사고 이론을 지지하는 결과들이 보고되었다(예: Dijksterhuis, Bos, Nordgren & van Baaren, 2006; Ham, van den Bos & van Doorn, 2009).

무의식적 사고를 부분적으로 지지하는 연구들도 있다(예: Lassiter, Lindberg, González-Vallejo, Bellezza & Phillips, 2009, Lerouge, 2009). 보통 참여자들에게 제공되는 정보에 전체적인 인상을 형성하도록 할 경우에는 무의식적 사고의 효과가 나타났지만, 세부 내용을 기억하거나 분석하도록 할 경우에는 효과가 없었다. 연구자들이 무의식적 사고의 효과를 항상 확인했던 것은 아니다(예: Newell, Wong & Cheung, 2009; Waroquier, Marchiori, Klein & Cleeremans, 2009, 2010; Thorsteinson & Withrow, 2009; Rey, Goldstein & Perruchet, 2009). 디직스터휴이스(Dijksterhuis, 2004)와 디직스터휴이스 등(Dijksterhuis et al., 2006)의 실험을 반복하여도 같은 결과를 얻지 못하였다. 사람들은 정보를 제공받을 당시 몇 가지 중요한 특징에 근거하여 이미 결정을 내렸을 수 있다. 따라서 참여자들에게 방해 과제로 무의식적 사고를 유도하여도 많은 정보를 통합하거나 구조화하기 어려웠던 것으로 보인다.

2. 원자력 정보처리에서 무의식적 사고의 효과

원자력과 관련된 정보를 처리할 때 무의식적 사고의 효과는 어떻게 나타날까? 선행연구에서 사용한 재료는 주로 아파트나 자동차 같이 소비자가 구입하여 소유하는 상품이다. 이런 상품은 직접 소유하게 되므로 사람들은 이 상품에 친숙하고, 가지고 있는 정보도 비교적 구체적이다. 따라서 제한된 시간 내에 많은 정보를 접하더라도 사람들은 무의식적 사고 과정을 통해 정보를 통합하기가 용이하다. 그러나 원자력과 관련된 정보는 관리 기관이나 국가의 새로운 과학기술 정책과 밀접한 관계가 있다. 이러한 과학기술 정보는 직접 소유하는 것이 아니라 간접적으로 수용하거나 거부한다. 사람들은 경험이 부족하여 관련된 정보를 친숙하지 않게 그리고 추상적으로 처리하는 경우가 많다.

사람들은 원자력 정보를 자주 접할 기회가 없기 때문에 관련 정보를 친숙하지 않게 여기고 다소 두려워한다. 원자력과 같은 과학기술은 개인보다는 국가적 차원에서 중요한 문제이고 관련된 결정도 국가에서 하므로, 개인이 직접 그 위험과 이익을 주의 깊게 비교하고 의식적으로 수용 여부를 판단하는 경우는 매우 드물다. 개인 각자는 스스로 원자력에 대한 정보를 찾아 원자력의 장단점을 평가하기보다는, 미디어를 통하여 전달되는 정보를 접하고 원자력에 대해 긍정적이거나 부정적인 입장을 형성하고 원자력의 수용 가능성을 결정한다. 이 과정은 선행연구에서 아파트와 같은 상품 선택을 다루는 문제에서 방해과제를 사용하여 무의식적 사고 과정을 검토한 조건과 유사하다. 내용에서 차이가 있지만 일상생활에서 사람들이 원자력에 대한 정보를 처리하는 상황은 무의식적 사고 과정과 매우 유사하다. 따라서 실험실 상황에 무의식적 사고 과정을 도입하여 원자력에 관한 정보처리에서 무의식적 사고의 효과가 나타나는지 알아보고자 한다.

원자력을 택한 이유는 우리나라가 세계에서 7번째로 많은 원자력 발전소를 운영하고 있으며 원자력 기술을 수출하고 있는 만큼, 원자력은 중요한 과학기술이기 때문이다. 앞으로 고준위 방폐장을 신축해야 하는 일도 현 시점에서 중요한 과제이다. 일본에서는 2011년 3월 11일 후쿠시마 원전 사고 이후 원자력 정책의 지속적인 수용 여부가 논의되는 시점에서 다양한 원자력 정보를 어떻게 처리하는 것이 효과적인지 그 방법을 살펴보는 것이 중요하다고 생각한다. 따라서 원자력에 관한 정보를 처리할 때 무의식적인 사고 과정이 의식적 사고 과정보다 더 나은 결과를 가져오는지 알아보는 것은 큰 의의가 있다.

이 연구의 실험 1에서는 무의식적 사고 과정의 효과를 알아보기 위하여 선행연구를 바탕으로 실험재료를 재구성하여 무의식적 사고의 효과를 극대화하였다. 그러나 참여자에게는 과제 반응방식을 원자력 정보 제시 전에 알려주어 기사를 읽는 데 부분적으로 의식적 주의를 주게 하였다. 따라서 실험 1에서는 무의식적 사고 과정에 미치는 실험재료의 영향이 관찰될 것으로 기대하였다. 실험 2에서는 같은 실험재료를 사용하고 과제 반응방식을 원자력 정보 제시 후에 알려줌으로써 암묵적으로 방해 과제를 처리하는 것을 주된 목표로 삼게 하여 제시된 원자력 정보에 대한 무의식적 사고의 효과를 극대화하였다. 실험 2의 결과에서는 실험재료뿐만 아니라 방해 과제에 의식적 주의를 기울임으로써 나타나는 무의식적 사고 효과를 관찰할 수 있을 것으로 기대된다.

3. 실험 1

실험 1에서는 무의식적 사고의 효과를 극대화하기 위하여 그 효과를 잘 보여준 선행연구에서 사용된 방법에 따라 실험재료와 제시방법을 조작하였다. 그리고 벨소리를 추가하여 의식적 사고를 방해하고자 시도하였다. 실험의 목적은 무의식적 사고 과정을 거친 참여자들이 다른 조건의 참여자들과 비교하여 원자력에 관한 기사를 얼마나 더 잘 판단하는지 보는 것이었다.

1) 방법

(1) 참여자

서울 시내에 소재하는 대학교에서 교양과목을 수강하고 있는 학생 120

명이 참여하였다.

(2) 재료

원자력에 관한 정보는 사전 조사를 통해 추출된 정보로 구성하였다. 대학생 참여자 36명은 원자력에 관한 긍정 정보 35개, 부정 정보 35개, 중성 정보 20개의 총 90문항을 1(전혀 중요하지 않다)에서 7(매우 중요하다)까지의 7점 척도로 평가하였다. 긍정 정보는 원자력의 이익이 높고 위험이 낮았으며(예: 원자력 발전의 연료인 우라늄은 적은 양으로 매우 많은 전력을 생산하는 효율적인 에너지 자원이다), 부정 정보는 위험이 높고 이익이 낮았으며(예: 원자력 발전에 사용되었던 방사성 물질의 독성이 천연우라늄 수준까지 떨어지려면 많은 시간이 걸린다), 중성 정보는 위험이나 이익과는 직접 관련되지 않은 내용이었다(예: 현재 우리나라 원자력 발전소는 고리에 4기, 영광에 4기, 월성에 6기, 그리고 울진에 6기가 있다). 긍정 정보와 부정 정보를 '경제적 대 비경제적', '안전함 대 위험함', '환경오염 방지 대 유발', '유용함 대 부작용'의 4가지 차원으로 분류하여 중요도를 평정하게 한 결과, 긍정, 부정, 중성 정보의 평균 중요도 평점은 각각 5.26, 5.48, 그리고 4.19였다. 이를 근거로 긍정 정보 23개, 부정 정보 23개, 중성 정보 14개, 총 60개를 추출하였다.

이 60개의 정보를 15개씩 묶어 긍정적인 기사 1개, 부정적인 기사 1개, 중성적인 기사 2개를 구성하였고, 각 기사마다 긍정·부정·중성 정보의 수가 달랐다. 긍정적인 기사는 각각의 수가 8개, 4개, 3개였으며, 부정적인 기사는 4개, 8개, 3개였고, 중성적인 기사 중 하나는 5개, 6개, 4개, 그리고 다른 하나는 6개, 5개, 4개로 구성하였다.

방해 과제는 1~9의 숫자를 3초(숫자 자극은 1초, 자극 간 간격은 2초)

마다 8분 동안(지시문 30초 포함) 컴퓨터 화면에 모두 150개 제시하고, 그중 45개는 현재 숫자와 두 번째 이전의 숫자가 일치하게 하였다. 참여자는 이처럼 숫자가 일치할 때마다 특정 키를 눌러야 했다.

정보와 함께 제시하는 소음으로 비상벨은 화재와 같은 비상사태를 알리기 위해 울리는 벨이므로, 교통이나 생활 소음처럼 주위 환경에서 발생하는 자연스러운 소음보다 정보처리 용량을 더 감소시킬 것으로 보았다. 비상벨 소리는 '뚜' 음이 1초 이내로 짧게 반복되는 것으로 각각의 기사에 대하여 4분 동안 제시되었다.

(3) 절차

먼저 참여자에게 과제를 설명하는 지문을 약 2분 동안 읽게 하였다. 지문에는 "원자력에 대해 긍정적이거나 부정적인 정보가 4개(번호 1~4로 지칭)의 기사로 나누어 제공되며, 마지막에 각 기사에서 원자력에 대한 전반적인 입장을 10점 척도에서 평가하고 가장 긍정적인 것부터 부정적인 것까지 순위를 매겨야 한다"는 내용이 기술되었다. 그 다음, 참여자들이 컴퓨터 화면에서 원자력에 관한 기사를 4분 동안 읽게 한 후, 그들을 방해 과제로 8분 동안 이전 숫자기억과제를 하는 무의식적 사고 조건, 기사에 대해 8분 동안 매우 신중하게 생각하는 의식적 사고 조건, 그리고 각 기사에 대한 태도를 바로 물어보는 즉각 조건 중 하나에 무작위로 배정하였다. 마지막으로 참여자는 약 1분 동안 각 기사의 원자력에 대한 입장을 1(매우 부정적이다)에서 10(매우 긍정적이다)까지의 10점 척도로 답하고, 원자력에 대해 가장 긍정적으로 기술된 기사부터 가장 부정적으로 기술된 기사까지 순위를 매겼다. 전체 과정에 대략 7~15분이 소요되었다.

2) 결과

통계 처리를 하기 전, 무의식적 사고 조건의 방해 과제인 이전 숫자기억과제에서 13% (150개 중 20개) 이상 틀린 참여자 9명을 제외하였다. 오류가 많은 참여자는 방해 과제에 충분히 주의를 집중하지 못했다고 판단되었기 때문이다. 또한, 4개 기사의 위험 순위를 정확하게 열거하지 못한 15명도 제외하였다. 무의식적 사고 조건 32명, 의식적 사고 조건 33명, 그리고 즉각 조건 31명, 총 96명을 통계 처리에 포함시켰다. 그 결과, 10점 척도에서 긍정 기사의 평균 평정 점수는 7.10, 중성1 기사는 5.97, 중성2 기사는 4.71, 그리고 부정 기사는 3.82였다. 참여자들의 평정 점수는 조건 간 차이 없이 각각의 기사를 구별하였다.

기사 순위를 매기는 문항에서 긍정 기사와 부정 기사의 정답률을 비교하였다. 긍정 기사인 경우 총 68.8%, 부정 기사인 경우 총 51.0%

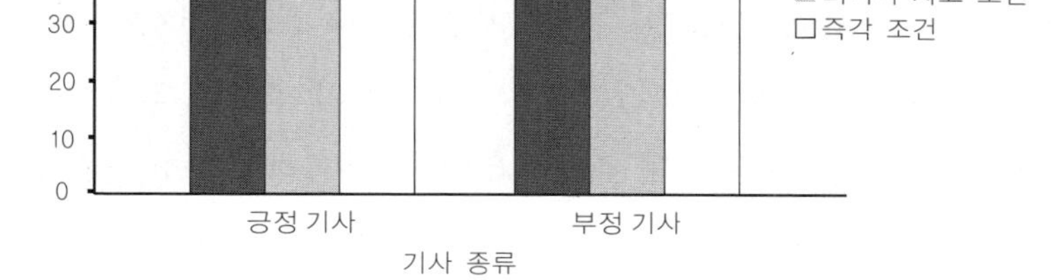

〈그림 10-1〉 정보 제시 전 과제반응양식을 알려주었을 때 긍정 기사와 부정 기사의 정답률

가 맞게 선택하였다. 〈그림 10-1〉을 보면, 긍정 기사인 경우 무의식적 사고 조건에서는 32명 중 19명(59.4%), 의식적 사고 조건에서는 33명 중 24명(72.7%), 그리고 즉각 조건에서는 31명 중 23명(74.2%)이 올바르게 선택하였다. 그러나 부정 기사인 경우 무의식적 사고 조건에서는 32명 중 14명(43.8%), 의식적 사고 조건에서는 33명 중 14명(42.4%), 그리고 즉각 조건에서는 31명 중 21명(67.7%)이 올바르게 선택하였다.

요약하면, 긍정 기사를 선택할 때에는 무의식적, 또는 의식적으로 사고한 후 답하건, 즉시 답하던 간에 참여자들의 수행에 차이가 없었지만, 부정 기사를 선택할 때에는 즉각 조건의 참여자들이 가장 나은 수행을 보였다.

3) 논의

실험 1에서 많은 양의 정보를 제시하여 무의식적 사고의 효과가 최대로 나타나게 하기 위하여 60개 정보를 묶어서 제공하고, 중성 정보가 포함되면서 긍정 정보와 부정 정보의 비율을 2:1로 구성하며, 방해 과제로 이전 숫자기억과제를 최대 8분 동안 수행하게 했음에도 불구하고, 무의식적 사고의 효과가 관찰되지 않았다. 또한, 정보를 제공할 때 참여자들이 기사별로 긍정적이거나 부정적인 판단을 함께 내리지 못하도록 소음을 들려주어도 효과가 없었다. 무의식적 사고 이론을 반박하는 사람들의 주장처럼, 정보를 모두 제공한 후 방해 과제를 하거나 신중하게 생각하는 것이 참여자들의 판단에 아무런 영향을 주지 못했다. 가장 부정적으로 보도한 기사를 선택하는 비율을 비교했을 때에는 오히려 즉각 조건의 참여자들이 다른 두 조건의 참여자들보다 더 나은 수행을 보였다.

무의식적 사고 조건과 의식적 사고 조건 간에 차이가 없는 것은 참여자들이 정보를 처리하기 전에 지시를 통해 그들이 해야 할 과제의 반응 양식을 미리 알았기 때문이다. 참여자들은 그들이 읽은 정보 중 어느 기사가 긍정적이고, 부정적이고, 또 중성적인지 평가를 해야 한다는 것을 미리 알고 있었으므로, 정보 제시 후 조건에 따른 조작이 별로 효과가 없었던 것으로 보인다. 오히려 부정 기사를 처리한 후 즉각 조건에서 더 나은 수행을 보였다. 일상생활에서 또는 미디어를 접할 때 사람들은 사전 준비를 하고 어떤 대상을 판단하기보다는 자연스럽게 아무런 준비 없이 다양한 정보를 접한다. 이런 자연스러운 상황을 조성하기 위하여 무의식적 사고의 목표지향적 특성을 이용하여 정보처리를 하도록 실험 2를 수행하였다.

4. 실험 2

실험 2에서는 무의식적 사고의 특성 중 하나인 목표지향성을 이용하여 원자력에 관한 정보를 처리할 때 무의식적 사고의 효과가 관찰되는지 알아보았다. 무의식적 사고의 목표지향적 특성을 부각시키기 위해 참여자들이 정보를 읽기 전이 아니라 정보를 읽고 난 후 그들이 수행해야 할 과제를 알려주었다. 이와 같은 방법이 정보를 제시하는 동안 참여자들이 기사의 긍정성 여부를 판단하는 것을 사전에 막을 수 있다고 본다. 또한 비상벨 소리도 의식적 정보처리를 부분적으로 막을 수 있다고 보았다.

1) 방법

(1) 참여자

서울에 소재하는 대학교에서 교양과목을 수강하고 있는 학생 146명이 참여하였다.

(2) 재료

실험 1과 동일한 재료를 사용하였다.

(3) 절차

실험 1과 동일한 지시사항을 약간 수정하였다. 하나는 실험 1에서 정보를 제공하기 전에 지시문에 포함된 내용 중 "각 기사에서 원자력에 대한 전반적인 입장을 평가하고, 가장 긍정적 기사부터 가장 부정적 기사까지 순위를 매겨야 한다"는 말을 실험 2에서는 삭제하였다. 그 대신 "기사별로 제공되는 원자력에 관한 정보를 집중해서 읽어야 한다"고 하였다. 다른 하나는, 정보를 모두 제공한 후 참여자들을 무의식적 사고 조건, 의식적 사고 조건, 그리고 즉각 조건의 세 조건 중 하나에 무작위로 배정하기 전에 "이후에 실험자가 제공하는 설문지에서 각 기사의 원자력에 대한 전반적인 입장이 얼마나 부정적인지 또는 긍정적인지를 평가하고, 가장 긍정적인 기사와 가장 부정적인 기사를 각각 하나씩 선택해야 한다"고 과제에 대한 반응방식을 말해주었다.

2) 결과

통계 처리를 하기 전에 실험 1과 같이, 무의식적 사고 조건의 방해 과제인 이전 숫자기억과제에서 13% (150개 중 20개) 이상 틀린 참여자 19명을 제외하였다. 또한, 4개 기사의 위험 순위를 정확하게 평정하지 못한 4명도 제외하였다. 무의식적 사고 조건 41명, 의식적 사고 조건 41명, 그리고 즉각 조건 41명의 총 123명을 통계 처리에 포함시켰다. 그 결과, 10점 척도에서 긍정 기사의 평균 평정 점수는 5.92, 중성1 기사는 5.55, 중성2 기사는 4.94, 부정 기사는 4.62였다. 참여자들은 조건 간 차이 없이 각 기사를 구별하였다.

기사를 선택하는 문항에서 긍정 기사와 부정 기사의 정답률을 비교하였다. 긍정 기사인 경우 총 38.2%, 부정 기사인 경우 총 34.1%가 맞게 선택하였다. 〈그림 10-2〉를 보면 실험 1과 달리, 긍정 기사인 경

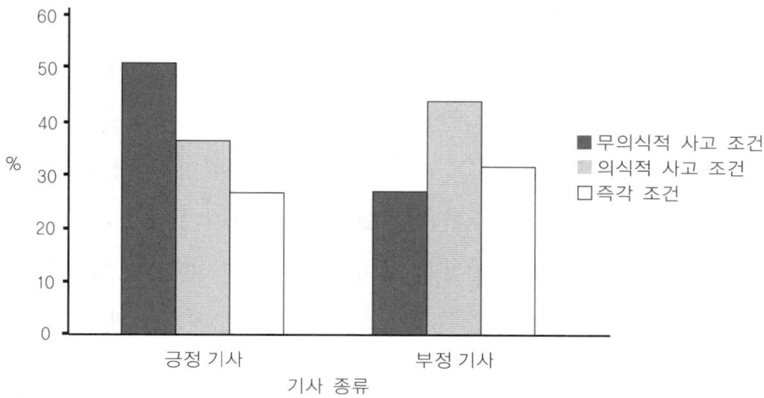

〈그림 10-2〉 정보 제시 후 과제 반응방식을 알려주었을 때 긍정 기사와 부정 기사 정답률

우 무의식적 사고 조건에서는 41명 중 21명(51.2%), 의식적 사고 조건에서는 41명 중 15명(36.6%), 그리고 즉각 조건에서는 41명 중 11명(26.8%)이 올바르게 선택하였다. 그러나 부정 기사인 경우 무의식적 사고 조건에서는 41명 중 11명(26.8%), 의식적 사고 조건에서는 41명 중 18명(43.9%), 즉각 조건에서는 41명 중 13명(31.7%)이 올바르게 선택하였다.

요약하면, 긍정 기사를 선택할 때에는 무의식적 사고 조건의 참여자들이 가장 나은 수행을 보였으나, 부정 기사를 선택할 때에는 무의식적, 또는 의식적으로 사고한 후 답하건, 즉시 답하던 간에 참여자들의 수행에 차이가 없었다.

3) 논의

실험 2에서 정보를 제공한 후 과제의 목적을 알려주자, 긍정 기사를 선택할 때 무의식적 사고의 효과가 관찰되었다. 특히 무의식적 사고 조건 참여자들의 수행이 즉각 조건 참여자들의 수행보다 유의미하게 높았음은 주목할 만하다. 참여자들은 모든 정보를 제공받고 즉시 판단을 하기가 더 어려웠던 것으로 보인다. 즉각 조건의 참여자들은 의식적으로든, 무의식적으로든 정보를 정리할 시간을 갖지 못하였다. 과제가 있음을 모른 채 기사별로 정보를 주의 깊게 읽었을 뿐이고, 과제가 무엇인지 알게 된 후에도 어느 기사가 더 긍정적이고 부정적인지 즉시 결정을 내려야 했기 때문에 앞서 읽은 기사를 충분히 처리하지 못한 것으로 보인다. 한편, 의식적 사고 조건에서 참여자들이 왜 가장 나은 수행을 보이지 못했을까? 그들은 신중하게 생각하는 8분 동안 정보를 기사별로 비교하기보다는 하나씩 개별적으로 떠올려서 결국 정보가 기사별로 정리되지 못했을 것이다.

부정 기사를 선택할 때에는 무의식적 사고의 효과가 관찰되지 않았는데, 이는 선행연구에서도 뚜렷이 밝혀진 결과가 없다. 선행연구에서 주로 좋은 아파트나 자동차 등을 얼마나 잘 선택하였는지에 의해 무의식적 사고의 효과를 증명한 반면에, 가장 좋지 않은 상품을 택하는 과제로 무의식적 사고의 효과를 밝히지는 않았다. 이 결과는 사람들이 선택을 할 때는 주로 긍정적 측면을 고려하고 부정적 측면은 간과한다는 것을 시사한다. 무의식적 사고가 대상을 선택할 때 작용한다면, 대상을 거부할 때 역시 무의식적 사고가 작용하는지, 또는 다른 종류의 사고(예: 의식적 사고)가 작용하는지 알아보는 것도 중요한 과제라고 생각하고, 앞으로 이 문제는 더 검토해야 한다고 본다.

5. 종합 논의

이 연구에서는 원자력과 같은 과학기술에 관한 정보를 처리할 때 무의식적 사고 과정이 효과적인지 밝히기 위해 세 가지 측면으로 무의식적 사고의 효과를 극대화하도록 실험재료와 절차를 구성하였다. 지시를 통해 미리 기사의 전반적인 입장을 평가하여 긍정적인 것부터 부정적인 것까지 순위를 매기는 과제라고 알려준 실험 1의 경우, 무의식적 또는 의식적 사고의 효과가 관찰되지 않았다. 참여자는 각각의 기사를 읽으면서 이미 평가를 내렸기 때문에 기사를 읽은 후 제시한 조건별 조작은 그 효과를 크게 보이지 못했다. 실험 2에서는 각각의 기사를 자세히 읽게 한 후, 조건별로 다른 지시를 주었을 때 긍정 기사를 선택하는 데 무의식적 사고가 도움을 주었다. 이러한 결과는 원자력에 관한 긍정 정보를 선택할 때 무의식적 사고 과정을 통해서 정확한 판단이 가능함을 시사한다. 이 연구 결과는 최근 원자력 정책의 지속적인 수용 여부가 논의되는 현 시점에서 다양한 원자력 정보를 어떻게 제시하고 처리하게 하는 것이 효과적인지를 보여준다.

무의식적 사고의 효과가 나타난 이유는 무엇일까? 무의식적 사고 이론의 지지자들은 무의식적 사고는 정보처리 용량이 커서 많은 양의 정보를 기억하고 통합하는 데 효과적일 뿐만 아니라, 체계적으로 정리되지 않은 정보들이 무의식적 사고 과정을 거치면서 자동적으로 재배열되고 명확하게 구조화된다고 주장한다. 이 연구 결과는 이를 부분적으로 지지한다. 일반 대중이 원자력에 관한 구체적 정보를 얻기 위하여 관련되는 정보를 의식적으로 처리하는 경우도 있겠지만, 보통 원자력에 관한 정보를 다른 정보에 주의를 기울인 채 무의식적으로 처리한다면, 원자력에 관한 정보처리에 있어 이 연구가 시사하는 바가 크다.

이 결과는 판단 과정에서 방해 과제가 그 목적을 충분히 발휘할 때 무의식적 사고가 적극적으로 활용됨을 시사한다. 다시 말해, 해결 과제의 목적이 분명하면 그 과제로 인해 의식적 사고가 간섭을 받더라도 무의식적 사고가 충분히 가능하다. 보스 등(Bos et al., 2008)은 이러한 특성을 창의적 사고에서 관찰되는 부화 효과(*incubation effect*)와 구별하였다. 부화 효과는 실제 해결해야 할 문제를 전혀 생각하지 않는 수동적인 과정에서 나타난다. 해결해야 하는 과제를 잠시 미루어 놓고 다른 일을 하면 틀에 박힌 사고에서 벗어나서(*set-shifting*) 새로운 시각으로 문제를 약호화하는 것이 부화 효과이다(예: Schooler & Melcher,

1995). 무의식적 사고는 부화 효과와 구별되지만 자동적 체제화라는 점에서 여러 가지 정보를 동시에 처리해야 하는 상황에서 사용되는 정보처리의 한 방식으로 볼 수 있다.

무의식적 사고 이론에서 주장하듯이, 의식적인 사고는 복잡한 정보를 처리하는 데 전혀 유용하지 않은 것일까? 의식적 사고에 대한 검증은 의식적 사고의 효과가 최대로 나타나도록 재료와 절차를 다시 구성한 후 이루어져야 한다. 한 예로, 소스타인과 위드로(Thorstein & Withrow, 2009)는 디직스터휴이스 등(Dijksterhuis et al., 2006)의 실험 2의 재료를 사용하여 의식적 사고 조건 외에 정보를 제공하는 동안 자동차에 대해 메모할 수 있게 한 '메모와 의식적 사고' 조건을 추가하였다. 그 결과, '메모와 의식적 사고' 조건의 참여자들이 의식적 사고 조건, 무의식적 사고 조건, 즉각 조건의 참여자들보다 최상의 자동차를 가장 잘 선택하였다. 참여자들의 의식적 사고가 용량의 제한을 받고 있을 때 메모를 하여 많은 정보를 숙지할 수 있었던 것으로 보인다. 또한, 페인 등(Payne, Samper, Bettman & Luce, 2008)의 실험에서는 자기가 생각하고 싶은 만큼 시간을 갖는 '자기조절(*self-paced*) 의식적 사고' 조건의 참여자들이 4분의 시간이 정해진 의식적 사고 조건의 참여자들보다 더 나은 판단을 내렸고, 무의식적 사고 조건의 참여자들과 비교했을 때 수행이 비슷하거나 더 높았다. 이는 같은 의식적 사고라도 충분한 시간이 주어졌을 때 그 효과는 무의적 사고의 효과와 같은 것일 수 있음을 시사한다. 그러나 일상적 상황에서의 정보처리라는 점을 감안할 때 앞으로 무의적 사고의 효과와 관련된 중요한 변수들을 더 찾아야 할 것이다.

04

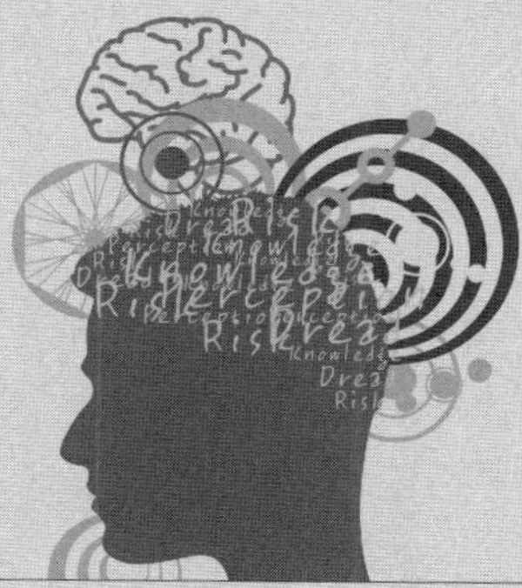

문화, 사회, 그리고 위험

제11 장

유전공학에 대한 위험지각의 성차

신기술이라고 할 수 있는 유전공학에 대한 위험지각 연구는 이제 초기 단계이며 더욱이 성차를 다룬 연구는 지금까지 없었다. 선행연구들에 따르면 위험지각의 성차는 과학기술 및 환경 위험에서 가장 두드러진 것으로 알려져 있다. 대표적인 예가 원자력 관련 위험들로서, 여러 연구들에서 남성보다 여성의 위험지각이 더 높다는 결과들이 보고되었다. 성역할 이론과 제도신뢰 가설은 이와 같은 위험들에서 서로 다른 성차의 원인을 제공하고 있다. 원자력과 마찬가지로 유전공학 응용 위험은 과학기술 위험이면서 환경 위험이므로 성차의 발생 및 성차의 원인을 설명하는 두 가설의 검증에 적합하다고 할 수 있다. 이 장에서는 유전공학 위험지각에서 여성과 남성의 차이가 있는지, 만일 차이가 있다면 그 원인이 무엇인지를 성역할 이론과 제도신뢰 가설을 통하여 알아보려고 한다.

1. 위험지각에서 성차

위험지각 분야에서 성(*sex*)과 위험에 대한 태도는 매우 밀접한 관련이 있는 것으로 알려져 있다(Slovic, 1997). 수많은 연구들이 남성은 여성보다 위험을 더 낮게 지각한다는 결과를 보고하였다(예: Gutteling & Wiegman, 1993; Sjoeberg & Drotz-Sjoeberg, 1993; Steger & Witte, 1989; Stern, Dietz & Kalof, 1993; Spiegner, Hawkins & Loren, 1993). 이런 위험지각의 성차를 설명하기 위해 여러 가설들이 제안되었으며 주요 이론으로 생물학적 성에 따른 사회적인 요인을 강조하는 성역할 이론(Steger & Witte, 1989)이 있다. 이 가설에 따르면 여성은 양육자로서의 역할 때문에 안녕(*well-being*)과 관련된 건강, 안전, 환경 위험들에 대한 관심이 남성보다 높으며, 이런 위험들에 대한 걱정과 두려움 또한 더 크다. 자녀를 가진 여성들은 자녀가 없는 여성들보다 환경위험을 더 심각하게 지각한다는 결과를 근거로 한 스턴 등(Stern, Dietz & Kalof, 1993)의 부모 역할 가설(*parental role hypothesis*)도 성역할 이론과 유사하다. 성역할 이론을 강력하게 지지하는 증거 중의 하나가 과학기술 분야에 종사하는 전문 여성들도 남성들보다 위험을 더 높게 지각한다는 사실이다. 바크 등(Barke, Jenkins-Smith & Slovic, 1997)은 여성 물리학자들이 남성 물리학자들보다 원자력 관련 기술을 더 위험하다고 판단한다는 것을 발견했다. 영국 독물학회 남녀 회원들을 대상으로 수행된 슬로빅(1997)의 연구에서도 여성 과학자들의 위험지각이 더 높은 것으로 나타났다. 이런 결과들은 여성에게서 나타나는 높은 위험지각이 위험에 대한 지식 또는 전문성과는 무관하다는 것을 보여준다. 성역할 이론은 생물학적 성과 사회적 역할이 결합되어 있기 때문에 여성은 위험에 대하여 걱정과 두려움을 더 많이 느끼고, 이것이 전반적으로 높은 위험지각으로 나타난다고 주장한다.

최근에 위험지각을 결정하는 중요한 변수로서 신뢰에 대한 관심이 증가하고 있는 추세이다(Siegrist, 2000 참조). 신뢰의 중요성이 강조되면서 위험지각에서의 성차를 신뢰의 차이로 설명하는 제도신뢰 가설(*institutional trust hypothesis*)이 데이비슨과 프루덴버그(Davidson & Freudenburg, 1996)에 의해 제안되었다. 이 가설은 위험을 관리하는 제도 또는 기관에 대한 신뢰의 차이가 위험지각에서 성차의 근본 원인이라고 본다. 대표적인 예로, 백인에서 성차가 두드러진 결과를 얻었던 플린 등(Flynn, Slovic & Mertz, 1994)의 연구 결과가 이 가설을 지지한다. 위험지각이 가장 낮았던 일부 백인 남성들에 대한 분석 결과, 이들은 전체 집단에 비하여 교육 수준, 경제 수준이 더 높았고 제도나 권위에 대한 신뢰가 더 높았다. 여성이 위험을 더 크게 지각하는 이유는 성차 그 자체 때문이 아니라 남성보다 여성이 위험을 관리하는 제도를 신뢰하는 정도가 낮기 때문이다.

2. 유전공학 위험지각

유전공학(*gene technology*)은 생물의 유전자를 인공적으로 가공하여 인간에게 필요한 물질을 대량으로 얻는 기술을 말하며, 미래 사회의 식품 생산과 분배 및 인류의 건강과 삶의 질을 변화시키는 잠재력을 가진 혁명으로 비유되고 있다. 유전자 변형식품(*genetically modified food*)에서 유전자 변형 의약품(*genetically modified medicine*)에 이르기까지 유전공학의 응용 범위는 매우 다양하다. 이 분야의 과학자들은 유전공학의 미래가 이 기술에 대한 일반인의 판단과 결정에 달려 있다고 말한다. 예를 들어, 유전공학에 대한 부정적인 태도를 가지고 있는 소비자는 이 기술을 응용한 식품이나 의약품을 구매하지 않을 것이기 때문이다.

지그리스트(Siegrist, 2000)는 유전공학에 대한 위험지각 연구들을 종합하면서 다음과 같은 결론을 내렸다. 첫째, 유전공학의 응용 분야(예: 식품, 농산물, 의약품)에 따라 지각된 위험이 다르다. 사람들은 유전자 변형 의약품보다 유전자 변형식품을 더 부정적으로 지각한다. 둘째, 관련 생물체의 종류(예: 동물, 식물, 미생물)에 따라 위험지각에 차이가 있다. 일반적으로 사람들은 동물보다는 식물과 관련된 유전공학을 더 잘 수용한다. 심리측정 연구들(*psychometric studies*)에서 밝혀진 유전공학에 대한 위험지각의 심리적 차원은 다른 위험지각에서와 유사하게 두려움(*dread*)과 지식(*knowledge*) 차원으로 구분되는 경향을 보인다(Kamaldeen & Powell, 2000; Gaskell et al., 2004). 그러나 두 차원에서 유전자 변형식품과 의약품이 지각되는 방식은 연구들마다 약간의 차이를 보인다. 영국민을 대상으로 다양한 위험들과 함께 유전공학 관련 위험을 평가하도록 한 타운센드 등(Townsend, Clarke & Travis, 2004)의 조사 대상자들은 유전자 변형식품을 잘 알지 못하지만 전혀 두렵지 않은 위험으로 지각하고 있다. 그러나 페누캔 등(Finucane et al., 2002)의 연구에서는 유전자 변형 의약품은 잘 알지 못하지만 두렵지 않은 위험으로, 유전자 변형식품은 잘 알지 못하면서 두려운 위험으로 분류되었다.

3. 유전공학 위험지각과 성차

이 연구에서는 현대 과학기술의 새로운 위험이라고 할 수 있는 유전공학 관련 위험지각에서 성차를 알아보기 위하여 남녀 대학생의 태도를 조사하였다. 먼저 유전공학 관련 의약품 및 식품을 지각할 때 남성과 여성의 차이가 양적인지, 질적인지 또는 이 둘 모두에서 차이를 보이는지 살펴보았다. 양적 차이는 유전공학 관련 기술들에 대한 위험 강도를 판단하게 하여 검증하였다. 질적 차이를 규명하기 위해서는 선행 심리측정 연구들에서 사용한 심리적 특성들에 대한 응답을 가지고 요인분석 방법으로 유전공학 위험지각의 심리적 차원을 분석하였다. 심리적 차원에서 성별의 차이가 나타난다면 유전공학 위험을 지각할 때 여성과 남성은 상이한 심리적 차원에서 위험을 지각하고 있다고 말할 수 있을 것이다.

유전공학 위험지각에서 두 성차 이론 — 성역할 이론과 제도신뢰 가설 — 을 검증하기 위해 요인분석에서 얻어진 두려움과 지식 요인을 비롯하여 신뢰, 윤리, 이득에서 남녀 집단의 평균을 비교하고 회귀분석 결과를 비교하였다. 유전공학 위험지각을 예측하는 주요 변수들을 밝히고, 이런 예측 변수들에서 남녀 간 차이가 있는지, 그리고 두려움 또는 신뢰 변수가 위험지각을 예측하는 정도에서 성차를 나타내는지를 검증하였다. 성역할 이론은 여성이 양육자로서 위험을 걱정하고 두려움의 정서를 경험하므로, 이것이 높은 위험지각으로 나타날 것이라고 본다. 만일 성역할 이론이 맞는다면 위험지각이 두려움 요인으로 예측될 수 있을 뿐 아니라, 남성과 여성 사이의 두려움 요인의 예측력에서 차이가 나타날 것으로 기대할 수 있다. 그러나 제도신뢰 가설이 옳다면 다른 무엇보다 신뢰가 위험지각을 예측하는 주요 변수가 될 것이며, 이 신뢰 변수에서 남성과 여성의 차이가 발견될 것이다.

4. 방법

1) 참여자

서울시에 거주하는 남녀 대학생 519명이 조사에 참여하였다. 이중 남학생은 253명(48.7%), 여학생은 266명(51.3%)으로 이들의 평균 연령은 20.41 ($SD=2.18$) 세였다. 참여자들은 심리학을 수강하는 학생들로, 설문조사는 수업시간을 이용하여 실시하였다. 총 530부 중 응답이 불충분한 11부를 제외하고 519부가 분석에 사용되었다.

2) 도구 및 절차

위험 강도 측정 프로어 등(Frewer, Howard & Shepherd, 1997), 게스켈 등(Gaskell, Allum & Wagner, 2004), 그리고 사바도리 등(Savadori, Savio & Nicotra, 2004)의 연구를 토대로 우리나라 문화와 관계가 있을 것으로 예상되는 유전공학 위험항목으로 식품과 의약학에 응용되는 8가지를 선정하였다(〈표 11-1〉). 유전공학기술과 일반위험을 비교하기 위해 통제조건에 4가지 일반식품 위험항목을 포함시켜서 전체 12개의 항목들에 대한 위험 강도를 측정하였다. 참여자들에게 각 항목이 얼마나 위험한지를 0점(전혀 위험하지 않다)에서 100점(매우 위험하

〈표 11-1〉 조사에 사용된 위험항목들

응용의 특성	항목
식품 응용	인공 성장호르몬을 주입한 젖소에서 생산한 우유 병충해에 강하도록 유전자를 변형시킨 농작물(콩과 감자) 맛을 좋게 하기 위해 유전자 변형 발아효소를 사용한 맥주 유전자 변형 농작물로 사육한 축산물
의약학 응용	유전병 치료를 위한 유전자 검사 유전자 재조합을 통해 만든 당뇨병치료제 합성인슐린 질병 치료를 위한 동물 세포 복제 암 치료를 위한 동물 대상의 임상실험
일반식품	부패세균 식품 식품방부제 조류독감에 걸린 닭/오리고기 농약잔류 식품

다) 척도에서 평가하도록 하였다.

위험 특성 평가 심리측정 절차를 이용한 선행연구들을 기반으로 8개의 유전공학 응용 위험을 7개의 위험 특성들로 평가하게 되어 있었다. 따라서 참여자들은 유전공학 응용 위험항목들을 친숙성(매우 친숙하다 - 아주 새롭다), 두려움(전혀 두렵지 않다 - 매우 두렵다), 과학적 지식(매우 많다 - 전혀 없다), 차세대에 미치는 부정적 영향(매우 많다 - 전혀 없다), 수용 정도(절대 수용할 수 없다 - 전적으로 수용할 수 있다), 인류에 끼치는 위해(매우 해롭다 - 전혀 해롭지 않다), 그리고 잠정적 노출(전혀 노출되지 않았다 - 매우 노출되어 있다)의 7가지 위험 특성들에서 7점 척도로 평가하였다.

사회적 신뢰 사회적 신뢰를 측정하기 위해 각 위험을 규제하고 관리하는 정부나 해당기관을 얼마나 신뢰하는지 정도를 1점(전혀 신뢰하지 않는다)에서 7점(매우 신뢰한다) 척도로 평가하였다. 사용된 질문의 예는 "유전자 변형 농작물로 사육한 축산물의 위험을 관리하고 규제하는 정부(해당기관)를 얼마나 신뢰하십니까?"이다.

이득 유전공학 응용 식품 및 의약품이 인류에게 얼마나 이득이 된다고 생각하는지를 1점(매우 많다)에서 7점(전혀 없다) 척도에서 평가하였다.

윤리 위험의 윤리적 문제에 대한 참여자의 생각은 1점(매우 비윤리적이다)에서 7점(전혀 비윤리적이지 않다) 척도상에 표시하도록 하였다.

5. 결과

1) 유전공학 영역과 항목에 따른 위험지각 강도의 성차

위험 영역과 성별이 지각된 위험 강도에 영향을 미치는지를 알아보기 위하여 3(위험 영역: 유전공학 응용 식품, 유전공학 응용 의약품, 일반식품) × 2(성별)의 혼합 변량분석을 실시하였다. 위험 영역에 따라 지각된 위험 강도는 유의미한 차이를 보였다. 〈표 11-2〉에서 보듯이, 일반식품 위험을 가장 위험하다고 평가하였고, 유전공학의 경우 의약품보다 식품에 대한 위험지각이 더 높았다. 일반식품에서 위험 강도가 가장 높은 이유는 이 위험들이 질병과 직접적이고 확실하게 연관되어 있기 때문일 가능성이 높다. 유전공학 응용 의약품에 대한 위험지각이 유전공학 응용 식품보다 유의미하게 더 낮은 결과는 과학기술의 응용 분야에 따라 위험지각에 차이가 있다는 선행연구 결과와 일치한다.

위험 영역에 따라 남성과 여성의 지각된 위험 강도에서도 차이가 나타났다. 일반식품 위험에서는 성차가 발견되지 않았지만, 유전공학 관련 위험들에서는 남성들보다 여성들이 지각한 위험 강도가 더 높았다. 이 결과는 모든 위험 영역에서 성차가 나타나는 것이 아니며 과학기술 및 환경 위험과 같은 특정 영역에서 성차가 두드러진다는 개관된 선행

〈표 11-2〉 유전공학 영역별 지각된 위험 강도의 성차(평균과 표준편차)

	여성	남성	전체
유전공학 응용 의약품	44.89(8.97)	39.76(8.62)	42.39(8.75)
유전공학 응용 식품	63.46(5.75)	56.48(6.62)	60.06(6.14)
일반식품	78.12(6.50)	76.24(5.97)	77.21(6.20)

〈표 11-3〉 유전공학 응용 항목별 지각된 위험 강도의 성차

유전공학 응용 항목	여성	남성
우유**	70.19(20.93)	64.07(23.26)
콩, 감자***	60.49(21.93)	51.34(26.44)
맥주**	57.22(22.35)	50.55(26.90)
축산물**	65.94(20.92)	59.96(25.30)
유전자 검사	33.98(22.38)	30.04(24.77)
합성인슐린	44.19(21.07)	40.71(23.59)
세포복제*	55.92(24.28)	50.83(29.04)
동물임상실험***	45.45(23.38)	37.47(27.20)
세균식품	71.29(21.55))	70.59(25.97)
식품방부제	73.89(20.62)	72.17(21.83)
조류독감 육류*	82.97(20.55)	78.70(27.14)
농약잔류식품	84.40(15.39)	83.38(18.05)

*$p<.05$, **$p<.01$, ***$p<.001$

연구 결과들과 일치한다.

〈표 11-3〉은 조사한 전체 12개의 위험항목들에 대하여 남녀 집단의 지각된 위험 강도의 차이를 상세하게 보여주고 있다. 각 위험항목에 대하여 일원 변량분석을 실시한 결과, 유전자 검사와 인슐린 주사를 제외한 나머지 6가지 유전공학 응용 항목들에서 남성보다 여성들이 위험을 더 높게 지각하고 있었다.

2) 유전공학 위험지각의 심리적 특징에서 성차

8개의 유전공학 응용 위험항목들은 위해, 수용, 두려움, 부정적 영향, 잠정적 노출, 친숙도, 과학적 지식 등 7개의 위험 특성들로 평가되었다. 심리적 특성들을 남녀 집단별로 요인분석을 실시한 결과, 선행연구의 결과처럼 두려움, 부정적 영향, 수용, 위해, 잠정적 노출은 요인 I(두려움)로, 친숙도, 과학적 지식은 요인 II(지식)로 묶여졌다. 그러나 〈표 11-4〉에서 보면, 요인분석 결과에서 남녀 간의 차이가 관찰되지 않았다. 즉, 사람들은 성별에 관계없이 유전공학 위험을 두려움과 지식 차원에서 평가하고 있음을 알 수 있다.

요인분석 결과에서 나온 두 하위 요인별로 성차를 분석하였더니 지식 요인에서는 남녀 차이가 없었으나, 두려움 요인에서 성차가 뚜렷하였다. 〈표 11-5〉는 각 심리적 특성들에서 남성과 여성의 평균 점수를 일원 변량분석한 결과를 보여준다. 남성들에 비하여 여성들은 두려움 차원에서 유전공학이 더 두렵다고 생각하고 있다. 그러나 유전공학 위험의 지식 차원의 평가에서는 남녀 간 차이가 발견되지 않았다.

〈표 11-4〉 유전공학 위험지각의 심리적 특성에서 남녀 집단별 요인분석 결과

심리적 특성	여성		남성		전체	
	요인		요인		요인	
	I	II	I	II	I	II
두려움	.773	.190	.757	.204	.773	.184
부정적 영향	.772	−.044	.824	−.088	.806	−.082
수용	.512	.156	.515	.148	.520	.139
위해	.892	.016	.950	−.038	.927	−.030
잠정적 노출	.602	−.088	.507	−.192	.556	−.151
친숙도	.063	.684	.077	.692	.069	.695
과학적 지식	.005	.626	−.115	.677	−.047	.642
설명 변량	37.404	13.285	38.486	14.984	38.457	14.002

〈표 11-5〉 남녀 응답자들이 위험지각의 심리적 특성에서 보인 평균 평정 값

심리적 특성	남자	여자
위해**	4.00(.84)	4.21(.71)
수용도*	3.89(.92)	3.73(.79)
부정적 영향**	4.23(.92)	4.48(.79)
두려움***	3.87(1.02)	4.17(.80)
잠정적 노출**	4.17(.95)	4.42(.85)
친숙도	3.94(.90)	3.83(.82)
과학적 지식	2.91(1.04)	2.91(.99)

$^{*}p<.05$, $^{**}p<.01$, $^{***}p<.001$, 이 표에서 최대 평정 값은 7점임.

3) 신뢰와 성차

유전공학 응용 분야에 따라 위험을 관리하는 기관에 대한 남녀 간 신뢰의 차이를 알아보았다. 일반적으로 신뢰수준은 낮았으며, 남녀 간 차이는 발견되지 않았다. 그러나 응용 분야에 따라 신뢰의 차이가 나타나서, 참여자들은 유전공학 의약품($M=3.329$, $SD=1.105$) 보다 유전

공학 식품($M = 3.049$, $SD = 1.035$)을 관리하는 기관에 대하여 더 낮은 신뢰를 보였다. 응용 분야에 관계없이 위험을 관리하는 기관에 대한 신뢰에서 남녀 간 차이는 없었다.

4) 유전공학 위험지각의 예측변수들에서 성차

요인분석에서 얻어진 두 요인(두려움과 지식) 점수와 신뢰, 이득, 윤리를 독립변수로, 지각된 위험 강도를 종속변수로 하는 다중회귀분석을 실시하였다. 〈표 11-6〉에서 보듯이 두려움 요인은 지각된 위험 강도를 예측하는 가장 효과적인 변수로 작용하고 있다. 그리고 두려움 요인은 의학보다는 식품 분야에서 더 강력한 예측변수가 되고 있다. 지식 요인은 식품 분야에서는 전혀 영향을 미치지 않는 반면에 의학에서는 중요한 변수로 작용하고 있다. 의학 응용 위험이 새롭고 과학적인 지식이 부족하다고 생각할수록 더 위험하다고 판단하고 있음을 알 수 있다. 이득 변수는 식품 분야의 위험 강도를 예측하지 못하였지만, 의학 응용 분야에서는 유의미한 예측 변수로 작용하고 있다. 즉, 의학 응용 분야에서는 위험으로 얻을 수 있는 이득을 고려하여 위험을 판단하고 있음을 알 수 있는데, 이득이 없다고 생각할수록 지각된 위험 강도는 증가하였다.

전체적으로 의학 분야의 유전공학 위험들에 대한 판단은 두려움 요인뿐 아니라 다른 변수들에 의해서도 설명되는 반면에, 식품 응용의 경우 전체 위험지각이 두려움 요인만으로 설명이 되고 있다. 모든 위험유형에서 신뢰는 위험 강도를 예측하는 유의미한 독립변수가 되지 못하였다.

〈표 11-6〉 유전공학 식품과 의학 응용 위험지각에서 각 변수의 표준화계수

	식품 응용			의학 응용		
	여성	남성	전체	여성	남성	전체
두려움 요인	.624***	.535***	.576***	.344***	.336***	.334***
지식 요인	−.034	−.057	−.045	.235***	.008	.107**
이득	.058	−.060	−.008	−.114	−.197**	−.166***
윤리	−.095	−.126	−.104	−.059	−.134	−.110*
신뢰	−.024	−.019	−.017	−.014	.012	.001
R2	.426	.458	.464	.283	.297	.295

*p<.05, **p<.01, ***p<.001

성차를 살펴보면 식품 응용의 경우 예측변수들에서 성차는 발견되지 않아서, 두 집단 모두 두려움 요인만이 유의미한 변수임이 밝혀졌다. 그러나 의약품에서는 여성의 경우에는 두려움 요인과 지식 요인이 영향을 미치는 반면에, 남성에게는 두려움과 이득 변수가 작용하고 있다. 유전공학 의약품이 얼마나 위험한지를 판단할 때 여성들은 지식 차원을 고려하지만, 남성은 위험에 대한 지식보다는 이득을 고려하여 위험을 판단하고 있다는 것을 알 수 있다. 두려움 요인의 설명력을 살펴보면, 의학 분야에서는 성차가 크지 않지만(여성: .344; 남성: .336), 식품 응용의 경우에는 큰 차이를 보이고 있다(여성: .624; 남성: .535). 식품 위험을 지각할 때 여성들이 남성들보다 두려움의 영향을 더 받고 있는 결과는 성역할 이론을 지지하는 결과라고 볼 수 있다. 의학보다 식품 분야 위험이 건강, 안전 등과 관련이 더 깊기 때문에 위험지각의 성차가 더욱 두드러진 것으로 보인다.

6. 논의

이 연구의 목적은 유전공학 응용 식품과 의약품에 대한 우리나라 남녀 대학생의 위험지각과 성차를 알아보고, 이를 설명하는 데 있어서 제도 신뢰 가설과 성역할 이론의 타당성을 검토하는 데 있었다. 연구 결과들은 제도신뢰 가설보다는 남성과 여성의 사회적 역할 때문에 위험지각에서 차이가 일어난다는 성역할 이론을 지지한다. 유전공학의 위험을 관리하는 기관이나 제도에 대한 신뢰에 있어서 남성과 여성의 차이는 발견되지 않은 대신에, 두려움과 관련된 위험 특성들에서 성차가 확실하게 나타났기 때문이다. 위험지각의 성역할 이론은 여성들이 양육자로서의 역할 때문에 건강과 안전을 위협하는 과학기술 또는 환경 위험에 대해 불안과 두려움을 더 많이 느끼고 이것이 남성보다 위험을 더 높게 지각하게 만드는 요인이라고 말한다.

요인분석에서 얻어진 두 심리적 차원을 가지고 성차를 분석한 결과, 여성과 남성이 지식 차원에서는 차이가 없었지만 두려움 차원에서는 유의미한 차이를 보였다. 이 결과는 여성들이 위험지각에서 남성보다 정서의 영향을 더 크게 받고 있다는 의미이다. 위험 강도를 예측하는 변수들을 알아본 회귀분석에서도 두려움 요인은 남성보다 여성에게서 더 강력한 예측변수로 작용하고 있었다. 특히 식품 응용 분야 위험들에서 지각된 위험 강도가 두려움 요인에 의해 설명되는 정도는 남성보다 여성 집단에서 매우 높게 나타났다. 의약학보다 식품 분야 위험이 건강, 안전 등과 관련이 더 깊기 때문에 두려움을 더 크게 느낀 것으로 보인다. 결론적으로 여성은 남성보다 유전공학 응용 식품과 의약품에 대한 위험을 더 크게 지각하고 있으며, 이런 성차의 원인은 사회적 역할로 인하여 생겨난 두려움과 같은 정서요인이 위험지각에 작용하고 있기 때문인 것으로 보인다.

위험을 판단할 때 감정이 중요하게 작용한다는 생각은 최근의 위험 연구에서 강조되고 있다(Finucane et al., 2000; Slovic, 2000). 슬로빅(Slovic)은 인간의 사고체계를 논리적인 분석체계와 직관적인 경험체계로 구분하면서, 사람들은 위험을 지각할 때 정서(*emotion*) 또는 감정이 작용하는 경험체계에 의존하는 경우가 많다고 주장한다. 연구자들은 판단과 결정에서 사용하는 이런 전략을 감정 추단(*affect heuristic*)이라고 말한다. 이 연구를 비롯하여 위험지각에 대한 수많은 심리측정 연구들에서 밝혀진 두려움 요인은 위험지각에서 감정 추단이 작용하고 있음을 시사한다. 사람들은 위험을 지각할 때 분석적이고 논리적으로 사고하여 판단하기보다는 과거 경험에 의존하여 "좋다-나쁘다" 차원에서 감정적으로 빠르게 판단한다. 감정 추단은 판단과 결정에서 긍정적 또는 부정적인 결과를 초래할 수 있다. 어떤 상황은 빠르고 직관적인 판단이 요구되기 때문에 감정 추단을 이용하면 이득이 되지만, 또 다른 상황에서는 시간과 인지 자원을 할애하여 분석적인 판단이 요구될 수 있기 때문이다. 이 연구의 결과는 여성이 남성보다 감정 추단을 더 많이 사용하고 있음을 분명히 보여주고 있다. 특히 식품 분야 위험에 대한 판단에서 여성에게 나타나는 강력한 감정 효과는 이 위험이 개인 또는 가족의 안녕과 직접적인 관련이 있기 때문에 직관적인 경험체계가 작용한 것으로 볼 수 있다. 앞으로 위험 종류 및 상황에 따른 두 사고체계의 관련 정도를 밝히는 연구를 비롯하여 사고체계와 성차의 상호작용 효과에 대한 연구를 수행한다면 위험지각의 성차 효과를 이해하는 데 도움이 될 것이다.

두려움 요인이 유전공학 위험판단에서 중요한 변수임이 분명하지만, 성역할 이론의 주장대로 감정을 이용한 판단이 전적으로 사회적 역할 때문이라고 단정하기는 어렵다. 개인의 경험과 사회적 사건 등에 의하여도 특정 위험 대상에 대한 감정이 다를 수 있기 때문이다. 모든 위험판단에서 성별에 따라 감정 요인의 차이가 발견되지 않는다는 사실도 부정적 정서의 원인이 사회적 역할 때문이라고 보는 성역할 이론으로 설명하기 어렵다. 무엇보다 스테거와 위트(Steger & Witte, 1989)의 성역할 이론은 생물학적 성에 따른 고정된 사회적 성역할을 가정하고 있다는 사실 때문에 비판을 받을 수 있다. 따라서 후속 연구에서는 개인의 사회적 역할을 통제한 후에 위험지각에서 감정 요인의 영향력이 변화하는지를 살펴봄으로써 성역할 이론을 다시 한 번 정확히 검증할 필요가 있다. 위험관리 기관에 대한 신뢰 측정 결과를 보면, 전체 조사 대상자들이 의약품보다 식품 규제기관에 대하여 더 낮은 신뢰를 보이고 있지만, 여성과 남성에게서 신뢰의 차이는 발견되지 않았다. 제도신뢰 가설의 주장대로 여성과 남성의 신뢰 차이가 위험지각의 차이를 일으키는 것이라면, 지각된 위험 강도에서 성차가 나타난 유전공학 관련 위험들에서 여성의 신뢰 정도가 남성보다 유의미하게 낮았어야 할 것이다. 신뢰가 유의미한 독립변수가 되지 못한 한 가지 가능성은 정부 또는 규제기관에 대한 참여자들의 신뢰 자체가 매우 낮았기 때문일 수 있다(바닥효과).

이 연구의 결과는 우리 사회에서 위험 소통(*risk communication*)에 시사하는 바가 크다. 예를 들어, 유전공학 응용 항목들에 대한 위험지각 강도가 일반식품 위험보다 유의미하게 낮고, 유전자 변형 의약품인가 아니면 식품인가에 따라 위험지각 강도에 차이가 있다는 결과로 볼 때,

우리나라 사람들이 유전자 응용 기술에 대하여 부정적인 생각만을 가진 것은 아니라고 할 수 있다. 유전공학 자체가 문제라기보다는 기술이 어떻게 이용되는지를 중요시하는 듯하다. 두려움과 같은 감정이 유전자 공학 위험지각의 주요 요인이라는 이 연구의 결과는 일반 대중을 설득할 때 어떤 차원에 더 주의해야 하는지를 시사한다.

제12 장

위험지각에 대한 전문가와 일반인의 차이: 문화이론 다시보기

문화이론에 따르면 사회집단들 간의 세계관 차이가 위험지각의 차이를 초래할 수 있지만, 세계관과 위험지각 사이의 관계가 사회집단에 따라 달라지지 않는다. 특정 위험에 대한 위험지각과 특정 세계관 사이의 상관관계는 사회집단에 따라 다르지 않다는 것이다. 위험지각과 세계관이 연합되어 있기 때문에 세계관으로 위험지각을 설명할 수 있다고 주장한다. 과연 전문성과 관련이 깊은 위험유형에 대한 일반인과 전문가의 지식 또는 인지의 차이에도 불구하고 문화이론이 주장하는 주요 예측들이 두 집단에서 동일하게 발견될까? 이 장에서는 일반인과 과학기술 전문가 집단에서 문화이론이 주장하는 세계관과 위험지각의 관계를 조사 비교하여 위험지각 연구에서 문화이론의 위치를 재조명한다.

1. 문화이론

위험연구에서 더글라스와 윌다브스키(Douglas & Wildavsky, 1982) 그리고 데이크와 윌다브스키(Dake & Wildavsky, 1990)가 개발한 문화이론(*culture theory*)은 심리측정 접근이론(Fischhoff, Slovic, Lichtenstein, Read & Combs, 1978; Slovic, 1987)과 함께 위험지각을 설명하는 중요한 이론으로 간주되고 있다. 문화이론의 목표는 사람들이 세계를 어떻게 지각하고 행동하는지를 설명하려는 데 있으며, 개인이 세계를 지각하는 방식이 삶의 방식에 의해 결정된다고 본다. 문화이론에 따르면 세계관(*worldviews*) 또는 문화편향(*cultural biases*)이 특정한 삶의 방식을 결정하며, 이런 삶의 방식은 또한 세계관에 의해 유지되고 강화된다. 삶의 방식은 집단(*group*)과 망(*grid*)이라는 두 가지 차원의 사회 질서에 따라 정의되고 기술된다. 집단은 개인의 삶이 특정 집단에 한정되는 정도를 의미하며, 망은 특정 사회적 맥락 내에 존재하는 규제의 정도를 의미한다. 집단과 망이라는 사회 질서의 조합에 따라 위계주의, 평등주의, 운명주의 그리고 개인주의의 네 가지 유형의 문화 편향 또는 세계관이 나타난다(Thompson, Ellis & Wildavsky, 1990; Dake & Wildavosky, 1990). 문화이론은 이렇게 집단화와 규제의 정도에 따라 각 세계관의 기본적인 문화 속성을 규정하고, 문화 속성에 의해 세계관에 따른 위험지각의 차이가 발생한다고 주장한다.

문화이론은 특정 위험에 대한 지각이 한 사회집단에서는 평등주의와 정적인 상관을 보이면서 다른 사회집단에서는 부적인 상관을 보이지 않는다고 주장한다. 세계관의 문화적 속성이 특정 위험을 높게 지각하도록 결정되어 있다고 보기 때문이다. 예를 들어, 평등주의 문화적 속성은 원자력과 같은 신기술의 위험을 높게 지각하게 만든다고 주장하고 있고, 실제로 일반인을 대상으로 한 모든 위험연구들에서 원자력 관련 위험들과 평등주의 세계관 사이에는 정적 상관이 발견되었다(예: Brenot et al., 1998; Marris et al., 1998; Jenkins-Smith, 1994; Peters & Slovic, 1996).

문화이론의 주장이 전문가와 일반인의 위험지각을 동일하게 설명할까? 전문가와 일반인 사이의 위험 소통의 어려움을 파악하기 위하여 두 집단의 위험지각을 비교하는 수많은 연구들이 수행되었다(이영애 · 이나경, 2005; Slovic, Malmfors, Krewski, Mertz, Neil & Bartlett, 1995; Kraus, Malmfors & Slovic, 1992; Savadori, Savio, Nicotra, Rumiati, Finucane & Slovic, 2004). 연구 결과들은 두 집단의 위험지각이 질적 그리고 양적으로 차이가 있음을 보여준다. 이런 위험지각의 차이가 발생하는 것은 단순히 전문성이나 지식 때문이 아니다(Sjoeberg, 1999 참조). 이 두 사회집단의 문화 차이가 위험지각의 차이를 초래할 수도 있다. 그러나 지금까지 두 사회집단을 비교하여 문화이론을 검증한 위험지각 연구는 없었다. 따라서 문화이론의 주요 가설과 변수들이 서로 다른 집단의 위험지각을 어떻게 설명하는지를 알아보는 일은 매우 유익하다.

2. 세계관과 위험지각의 관계

문화이론은 세계관과 위험지각 사이의 관계에 대하여 다음과 같이 주장한다(Douglas & Wildavsky, 1982; Dake & Wildavosky, 1990). 위계주의 세계관은 개인이 집단에 소속되는 정도가 강하며 개인의 삶에 가해지는 규제도 강하기 때문에 제도와 규제에 대한 신뢰, 사회 계층에서 불평등 구조와 중앙집권적 의사결정체제의 인정, 질서 유지를 위한 권위, 권력, 통제의 인정, 사회적 목표와 질서의 강조 등을 기본적인 문화 속성으로 한다. 위계주의자들은 사회 폭동, 데모, 범죄와 같은 사회질서를 파괴하는 위험들을 가장 두려워한다. 그러나 그들은 전문가의 지식을 신뢰하기 때문에 정부 또는 전문가들이 정당하다고 인정한 위험들은 수용하므로 원자력, 유전공학과 같은 신기술을 위험하다고 생각하지 않는다. 위계주의자들은 자연은 어느 정도의 자기 보존능력을 가지고 있지만, 인간이 이 한계를 넘으면 더 이상 회복할 수 없게 되기 때문에 극적인 결과를 가져올 수 있다고 생각한다. 이런 자연관 때문에 이들은 오존층 파괴와 같이 환경에 피해를 주는 행위를 위험하다고 지각한다.

평등주의는 집단화의 정도는 강하지만 집단 구성원 사이에 권위 관계가 아닌 평등 관계를 중시하고 개인의 삶에 대한 외부의 규제는 약하다. 불평등을 조장하는 제도, 기술, 권위 등을 거부하고, 평등, 공정, 연대, 공동체 책임, 참여적 의사결정체제를 지지하는 문화적 속성을 가진다. 평등주의자들은 자연이 손상되기 쉽다고 생각하기 때문에 자연의 상태를 변화시키거나 미래 세대에 회복할 수 없는 위험을 가져올 수 있는 신기술이나 환경오염에 민감하다. 전문가나 기관들이 권력을

〈표 12-1〉 세계관과 위험지각 간의 관계에 대한 문화이론 가설

위험유형	개인주의	위계주의	평등주의
원자력	−	−	+
범죄		+	
오존층 파괴	−	+	+
운전	−		
에이즈	−	+	+
테러		+	
유전공학	−	−	+

'+' 부호와 '—' 부호는 각각 정적 상관과 부적 상관을 나타낸다.

남용한다고 생각하기 때문에 이들의 지식에 대하여도 회의적이고 신뢰하지 않는다.

개인주의는 사회적 규제도 약하고, 집단에 대한 구속력도 없기 때문에 모든 관계가 개인의 자율적인 협상에 의해 결정된다. 개인주의의 기본 속성은 개인의 자유와 책임, 자유시장, 경제 성장, 규제의 최소화 등이다. 개인주의자들은 자신의 삶의 방식을 위태롭게 하는 것은 위험하다고 지각하지만, 자유를 침해당하지 않는다면 위험은 기회라고 생각한다. 자연은 자기 보존능력이 있다고 보기 때문에 자연 환경 위험에 대한 관심이 적다.

운명주의는 강한 사회적 규제와 집단에 대한 약한 정체성을 가지고 있기 때문에, 예측 불가능성, 무기력, 운, 불신 등을 기본 속성으로 한다. 운명주의자들의 선택은 각 상황에 따라 누가 규제자가 되느냐, 어떤 이득이 주어지느냐에 따라 변화하기 때문에 일관성이 없는 경향성을 보인다. 운명주의자들은 위험에 대하여 무관심하며, 이러한 위험에 대한 결정이 다른 사람들에게 달려 있다고 생각한다. 문화이론은 운명주의와 특정 위험 간의 특별한 관계를 가정하지 않는다.

요컨대, 문화이론은 각 세계관이 특정 유형의 위험에 대한 걱정 또는 관심과 연합되어 세계관과 위험지각 사이의 관계에서 독특한 양상을 보인다고 주장한다. 〈표 12-1〉은 주요 위험유형들에서 문화이론이 가정하고 있는 세계관과 위험지각 사이의 상관관계를 보여준다. 예를 들어, 원자력에 대한 위험지각은 평등주의와는 정적 상관을 가지며, 개인주의 및 위계주의와는 부적 상관을 보인다. 즉 평등주의자일수록 원자력을 위험하다고 생각하고, 위계주의자 또는 개인주의자는 오히려 원자력의 위험을 낮게 지각한다.

3. 위험지각의 주요 예측변인들

1) 세계관

더글라스와 윌다브스키(Douglas & Wildavsky, 1982)는 세계관이 위험지각의 훌륭한 예측자라고 주장하였지만, 후속 연구들에 의하면 세계관이 위험지각을 설명할 수 있는 정도는 문화이론이 가정하는 것보다 매우 작은 것으로 나타났다. 예를 들어 쇠베르그(Sjoeberg, 1997), 사이페르트와 톤거슨(Seifert & Tongerson, 1995), 매리스 등(Marris et al., 1998) 그리고 브레노 등(Brenot et al., 1998)은 데이크(Dake, 1991)가 개발한 동일한 세계관 척도를 사용하여 문화이론의 예측력을 검증하였다. 이 연구들에서 위험지각을 예측하는 세계관의 설명력은 매우 낮게 나타났다. 브레노 등(Brenot et al., 1998)의 연구에서는 비교적 큰 표집($N = 1,022$)을 사용했지만, 세계관으로 원자력 발전소 위험을 설명할 수 있는 정도는 2.8%에 불과하였으며, 방사성 폐기물에 대하여는 3.0%의 설명력을 보였을 뿐이었다. 세계관의 설명력이 가장 높았던 테러 위험의 경우에도 세계관은 전체 위험지각 변량의 6.3%밖에 설명하지 못하였다. 매리스 등(Marris et al., 1998)은 위험 특성들로 위험지각을 예측하는 심리측정이론과 문화이론을 직접 비교하였다. 위험 특성들로 원자력 위험지각을 설명할 수 있는 변량이 34%인 데 비해 세계관의 설명력은 겨우 2%에 불과하였다. 이와 같은 결과들은 문화이론의 심각한 약점이며 비판의 대상이 되고 있다(Boholm, 1996; Sjoeberg, 1997 참조).

2) 전문성

문화이론으로 위험지각을 예측하였던 모든 선행연구들은 특정 위험에 대한 지식이 없는 일반인을 대상으로 하여 설문조사방법으로 수행되었다. 문화이론은 세계관이 필터처럼 작용하여 위험을 해석하기 때문에 세계관으로 위험을 예측할 수 있다고 주장한다. 그러나 설문조사방법에서 참여자들은 많은 수의 위험유형들에 대하여 얼마나 위험한지를 평가하도록 요구받으며, 일반적으로 위험을 깊이 생각하지 않고 직관적으로 빠르게 응답한다. 이런 즉각적인 설문응답 방식을 사용한 위험지각 연구에서 응답자가 세계관을 이용하여 위험을 판단하기란 적어도 위험에 대하여 이미 잘 알고 있는 경우에만 가능하다. 즉, 판단자가 위험에 대한 지식을 가지고 있는 경우라면 이 위험이 세계관에 따라 어떻게 해석될지가 분명해지기 때문에 위험지각에 대한 예측력도 높아질 것이다.

이 연구에서는 특정 위험에 대한 사전지식이 풍부한 과학기술 전문가와 그렇지 않은 일반인의 위험지각에서 세계관의 영향력은 차이가 있을 것이라고 가정한다. 전문분야와 관련된 위험에 대한 풍부한 지식 때문에 전문가는 세계관으로 위험을 해석할 수 있는 준비가 되어 있다고 본다. 따라서 설문조사처럼 즉각적인 답변이 이루어지는 상황이라도 과학기술 전문가들은 세계관에 따른 위험지각의 설명력이 일반인보다 높을 것이다.

3) 신뢰

신뢰는 위험지각을 설명하는 또 하나의 중요한 변수로 알려져 있다. 특히 일반인의 경우 과학기술 위험에 대한 판단에서 지식이 부족하다고 느낄수록 신뢰의 영향력은 증가한다(Siegrist & Cvetovich, 2000). 따라서 신뢰는 전문가와 일반인의 위험지각 차이를 비교해볼 수 있는 중요한 변수로 보인다.

이 연구에서는 과학기술 위험유형들의 위험지각을 예측하는 두 주요 변수 — 세계관과 신뢰 — 의 설명력에 있어서 전문가와 일반인이 대조적인 차이를 보일 것이라고 가정하였다. 위험에 대한 지식의 차이 때문에 과학기술 위험지각에서 세계관은 일반인보다 전문가의 태도나 판단을 더 잘 설명할 것이고, 신뢰는 일반인의 태도나 판단을 더 잘 설명할 것으로 예측할 수 있다.

4. 전문가와 일반인의 차이

지금까지 세계관과 위험지각 사이의 관계를 검증한 위험연구들을 살펴보면, 조사 대상자는 일반인에 한정되어 있고 제한된 위험만을 다루었다(예: 김서용, 2005; Brenot, Bonnefous & Marris, 1998; Jenkins-Smith, 1994; Peters & Slovic, 1996). 매리스 등(Marris, Langford & O'Riordan, 1998)은 비교적 여러 가지 위험 종류를 사용하여 문화이론의 가설을 체계적으로 검증했지만 역시 일반인만을 대상으로 하였다. 연구자들은 세계관이 위험지각을 설명할 수 있는 예측력은 상당히 미약하지만, 세계관과 위험지각의 관계에 대한 문화이론의 가설은 지지되었다고 결론을 내렸다.

문화이론에 따르면 사회집단에 따라 위험지각과 세계관의 관계에서 차이가 있을 수는 없다. 사회집단 간에 상이한 세계관으로 인하여 위험지각의 차이가 발생할 수는 있지만, 세계관과 위험지각 간의 관계 양상은 다를 수 없다는 것이다. 예를 들어, 한 집단에서 원자력에 대한 위험지각이 평등주의와 정적인 상관을 보이면서 다른 사회집단에서 원자력에 대한 위험지각이 평등주의와 부적인 상관을 보일 수는 없다. 문화이론은 세계관의 문화적 속성이 특정 위험에 대한 지각을 결정한다고 보기 때문이다. 앞의 원자력 예에서 평등주의의 문화적 속성은 원자력과 같은 신기술에 대하여 높은 위험지각을 낳는다고 주장하고 있고, 실제로 일반인을 대상으로 한 모든 위험연구들에서 원자력 관련 위험들과 평등주의 세계관 사이에는 정적 상관이 발견되었다(예: Brenot et al., 1998; Marris et al., 1998; Jenkins-Smith, 1994; Peters & Slovic, 1996).

이 연구에서는 과학기술 전문가와 관련이 깊은 특정 위험의 경우 세계관과 위험지각의 관계가 일반인과는 질적으로 완전히 다른 양상을 보일 수 있다고 가정하였다. 과학기술 전문가의 경우 자신의 전문분야와 관련된 위험에 대한 생각이나 정의가 일반인과 다르다면 이 두 집단의 세계관과 위험지각의 관계에서는 차이가 나타날 수 있다. 예를 들어, 원자력과 같은 신기술 위험은 자연을 영구히 손상시키고 기술로 인한 불평등을 조장한다고 생각하기 때문에, 평등주의 세계관을 가질수록 신기술에 대한 위험을 높게 지각한다고 문화이론은 주장한다. 그러나 이런 신기술로 인한 혜택이 인류의 평등에 기여한다고 생각하는 전문가라면, 평등주의 세계관을 가지고 있을수록 신기술에 대한 위험을 낮게 지각할 것이다. 신기술뿐 아니라 문화이론이 주장하는 다양한 위험유형들에 대한 위험지각과 세계관의 관계에서 이와 같은 집단 간 차이가 있는지를 알아보기로 한다.

5. 방법

1) 참여자

과학 분야 전문가와 비전문가를 조사 대상으로 선정하였다. 전문가 집단(190명)은 자연과학과 공학 분야에서 석사 이상의 학력을 갖추고 원자력 및 무기 연구소에서 5년 이상 종사하고 있는 연구원을 대상으로 하였다. 비전문가 집단은 서울 시내 및 지방대학의 대학생(350명)을 조사 대상으로 삼았다. 비전문가의 전공은 자연과학과 공학(33%), 사

<표 12-2> 응답자의 특성

		전체 540	대학생 350(65.3%)	과학기술전문가 190(34.7%)
성별	남	329(60.8%)	169(48.3%)	160(84.3%)
	여	211(39.2%)	181(51.7%)	30(15.7%)
교육	대학 재학	350(64.8%)	350(100%)	
	석사	79(14.6%)		79(41.6%)
	박사	111(20.6%)		111(58.4%)
연령	20 이하	70(12.9%)	70(13.0%)	
	20~29	297(55.0%)	280(87.0%)	17(8.9%)
	30~39	73(13.5%)		73(38.4%)
	40~49	72(13.4%)		72(37.9%)
	50 이상	28(5.2%)		28(14.7%)

회과학(22%), 경영학(17%), 인문학(14%), 교육학(6%) 등으로 나타났다.

대학생 집단은 수업시간을 이용하여 설문조사를 실시하였으며 전문가 집단에게는 우편으로 설문지를 발송하였다. 전문가 집단의 설문지는 총 270부를 배포하여 226부를 회수하였으나 응답이 불충분하거나 전문가 집단 준거에 적합하지 않은 참여자를 제외한 190부가 분석에사용되었다. 대학생 집단의 평균 연령은 21.30($SD = 2.15$)이며, 전문가 집단의 평균 연령은 40.09($SD = 8.18$)이다. 설문에 참여한 응답자의 특성은 <표 12-2>와 같다.

2) 조사내용

설문지의 첫 부분은 다양한 유형의 위험들에서 위험 강도를 묻는 질문으로 구성되었다. 원자력 공학 관련 위험항목(원자력, 원자력 발전소,

핵폐기물, 방폐장), 생태계 관련 위험항목(지구 온난화, 오존층 파괴, 공해, 농약 살충제), 자연재해 관련 위험항목(태풍, 홍수), 의료 관련 위험항목(엑스레이, 외과수술), 경제 관련 위험항목(주식투자, 도박), 사회질서 관련 위험항목(테러, 범죄), 그 외 에이즈, 운전, 유전자 변형 식품을 포함하여 총 19개 항목이었다. 참여자는 위험 강도를 항목별로 전혀 위험하지 않다(1), 별로 위험하지 않다(2), 보통이다(3), 어느 정도 위험하다(4), 매우 위험하다(5)의 5점 척도상에서 평가하였다.

설문지의 두 번째 부분은 위험관리와 관련하여 정부, 과학기술, 전문가, 언론매체, 시민단체에 대한 일반적 신뢰를 측정하는 문항들로 구성되었으며, 신뢰 측정 문항은 다음과 같다. 정부에 대한 신뢰 문항(5문항)의 예는 "정부는 국민 건강과 안전에 위험을 주는 문제를 충분히 잘 해결하고 있다"이며, 공학기술에 대한 신뢰 문항(2문항)의 예는 "과학과 기술은 인류에게 희망적인 미래를 제공하여줄 것이다"이다. 전문가에 대한 신뢰 문항(3문항)의 예는 "건강위험에 대한 결정은 전문가에게 맡겨야 한다"이며, 언론매체에 대한 신뢰 문항(2문항)의 예는 "미디어는 건강과 환경 위험에 대한 정보를 정확하고 공정하게 다루고 있다"이다. 그리고 시민단체에 대한 신뢰 문항(2문항)의 예는 "국민의 건강과 환경문제에 대한 시민단체의 주장을 신뢰할 수 있다"이다. 응답자는 신뢰의 정도를 전혀 신뢰하지 않는다(1), 별로 신뢰하지 않는다(2), 보통이다(3), 어느 정도 신뢰한다(4), 매우 신뢰한다(5)의 5점 척도상에서 평가하게 하였다.

3) 세계관 측정 및 요인 추출

이 연구의 주요 목적 중의 하나는 문화이론을 검증하는 데 있다. 따라서 문화이론을 검증하였던 선행 주요 논문들(예: Brenot et al., 1998; Marris et al., 1998; Jenkins-Smith, 1994; Peters & Slovic, 1996)에서 공통적으로 사용하고 있는 데이크(Dake, 1991)의 버전으로 세계관을 측정하기로 하였다. 각 세계관을 반영하는 문항들의 수는 7개씩으로 전체 28개의 진술문들이 세계관 측정에 사용되었다. 참여자들은 진술문에 동의하는 정도를 전혀 아니다(1), 아니다(2), 그저 그렇다(3), 그렇다(4), 아주 그렇다(5)의 5점 척도로 표시하게 하였다. 주축요인법과 VARIMAX 회전방식을 이용한 요인분석 결과 4개의 요인 — 평등주의, 운명주의, 위계주의, 개인주의 — 이 추출되었다. 결과를 보면, 평등주의와 운명주의 세계관을 측정하는 7개의 문항들은 데이크의 가설대로 하나의 요인으로 묶여졌다. 이런 결과는 이 문항들이 한국 사람들의 평등주의와 운명주의 세계관을 측정하는 데도 적합한 척도임을 보여준다. 그러나 위계주의와 개인주의 척도의 경우, 문항들이 서로 혼합되어 있다. 몇몇 문항들은 두 요인들에서 비슷한 부하를 보이거나 또는 역전되는 양상을 보였다(고딕체로 표시). 예를 들어 "나는 재정적 위험이 발생하지 않도록 세심하게 계획을 세우는 것을 좋아한다", "사람들에게 필요한 것을 제공하기 위해서는 경쟁적 시장이 가장 최선의 방법이다"는 요인 부하에서 두 요인 간 큰 차이가 없다. 위계주의와 개인주의가 역전된 사례는 네 개의 문항들에서 일어났다. "나는 시간 약속을 지키는 것은 중요하다고 생각한다"와 "무엇을 할 것인지 상사로부터 분명한 지시를 받는 것을 좋아한다"는 위계주의가 아닌 개인주의와 관련이 있는 것으로 나타났고, 개인주의 문항들 중 2개는 반대로 위계주의와 관련이 있었다. 이런 문항들을 분석해보면 한국인의 개인주의에 대한 정의가 데이크의 개인주의 개념과 차이가 있음을 암시한다. 한국인은 경제 성장, 자유경제의 속성보다는 개인-집단 차원에서 개인주의를 정의하고 있는 듯하다. 측정의 신뢰도는 문항들 간의 내적 일관성을 측정하는 신뢰도 α값(Cronbach, 1951)을 통해 검증하였다. 평등주의 신뢰도 계수는 .723, 운명주의는 .692, 위계주의는 .642, 개인주의는 .519로 나타나서 신뢰도는 만족할 만한 수준이었다.

문화이론은 세계관이 개인 고유의 속성이라고 생각하기 때문에 각 세계관에 따라 개인을 범주화할 수 있다고 본다. 그러나 선행연구들(예: Marris et al., 1998; Sjoeberg, 1997)은 하나의 세계관에서 높은 점수를 보이면서 다른 세 개의 세계관에서 낮은 점수를 보여서 특정 세계관으로 분류될 수 있는 참여자의 수는 극소수에 불과하다고 지적한다. 이런 문제점 때문에 최근에 세계관과 위험지각의 관계에 대한 연구들에서 개인수준이 아닌 집단수준의 분석이 선호되는 추세이다(예: Lima & Castro, 2005). 이 연구에서도 세계관에 따라 개인을 범주화하지 않고, 각 개인의 네 개의 세계관 요인 점수를 추후 분석에 이용하였다.

6. 결과

1) 세계관과 위험지각 강도에서 전문가와 일반인의 차이

〈표 12-3〉은 전문가와 일반인의 세계관 요인점수와 위험유형들에 대한 지각된 위험 강도를 보여준다. 세계관의 경우, 개인주의를 제외한 다른 세 개의 세계관들에서 두 집단은 유의미한 차이를 보였다. 전문가는 일반인보다 더 평등주의적이었을 뿐 아니라, 위계주의 세계관도 더 강했다. 반대로 운명주의 세계관은 전문가보다 일반인이 더 강했다.

위험지각 강도의 경우 원자력, 원자력 발전소, 핵폐기물, 방폐장과 같은 모든 원자력 공학기술 관련 위험들에서 전문가보다 일반인의 위험지각이 더 높았으며 두 집단 간 차이는 매우 유의미하였다. 생태계 관련 위험항목들 중에서 지구 온난화와 오존층 파괴는 전문가보다 일반인이 위험을 더 높게 지각하였다. 공해에 대한 위험지각은 두 집단 간 차이가 없었으며, 농약 살충제는 일반인보다 전문가가 위험을 더 강하게 지각하였다. 자연재해 관련 위험들(태풍과 홍수)과 의료 관련 위험들(엑스레이와 외과수술)에는 두 집단 간 유의미한 차이가 발견되지 않았다. 경제와 관련된 주식투자는 일반인보다 전문가의 위험 강도가 더 높았다. 도박의 경우는 두 집단 간 차이가 유의미하지 않았다. 질서와 관련된 테러와 범죄 위험에 대한 판단에서는 두 집단 간 차이가 없었다. 마지막으로 에이즈, 운전, 유전자 변형식품에 대한 위험 강도에서도 전문가와 일반인의 차이는 발견되지 않았다. 지각된 위험 강도에서 집단 간 차이는 원자력 공학 위험들과 생태계 관련 위험들에서 두드러졌다.

〈표 12-3〉 세계관과 위험지각 강도에서 전문가와 일반인의 평균반응

	전문가	일반인
평등주의*	.143(1.01)	-.078(.99)
운명주의**	-.170(1.00)	.093(.99)
위계주의***	.393(.98)	-.214(.94)
개인주의	-.006(1.04)	.003(.98)
원자력***	2.57(1.03)	3.68(1.02)
원자력 발전소***	2.52(.954)	3.40(1.05)
핵폐기물***	3.19(1.15)	4.34(.890)
방폐장***	2.64(1.06)	3.79(1.06)
지구 온난화**	3.90(.782)	4.11(.822)
오존층 파괴***	4.14(.769)	4.41(.744)
공해	4.33(.593)	4.26(.729)
농약살충제**	4.10(.713)	3.89(.815)
태풍	4.05(.770)	3.95(.864)
홍수	3.94(.809)	4.05(.869)
엑스레이	2.49(.867)	2.47(.838)
외과수술	3.14(.900)	3.15(.855)
주식투자*	3.53(.712)	3.39(.808)
도박	4.06(.824)	3.90(.958)
테러	4.34(.895)	4.39(.948)
범죄	4.31(.774)	4.31(.836)
에이즈	4.63(.786)	4.63(.786)
운전	3.37(.801)	3.26(.825)
유전자 변형식품	3.54(.949)	3.39(.945)

4개의 세계관 점수는 요인점수의 평균값을 의미한다.

*$p < .05$, **$p < .01$, ***$p < .001$

2) 세계관과 위험지각의 관계에서 전문가와 일반인의 차이

〈표 12-4〉는 네 개의 세계관과 위험지각 사이의 상관관계 및 두 집단의 상관계수의 차이를 검증한 *Fisher-Z* 검증 결과를 정리한 것이다. 세계관과 위험지각 사이의 유의미한 상관은 숫자 옆에 *로 표시하였다. 상관계수의 유의도를 보면 한국인의 위험지각과 관련이 깊은 세계관이 평등주의와 운명주의임을 알 수 있다. 특히 운명주의는 전문가와 일반인 집단에서 모두 여러 위험유형들과 가장 많은 유의미한 상관관계를 보이고 있다.

세계관과 위험지각 사이의 상관관계에서 두 집단 간에 차이가 있는지를 알아보기 위해 두 독립표본의 상관계수를 비교하는 *Fisher-Z* 검증을 실시하였다. 〈표 12-4〉를 보면, *Fisher-Z* 검증 결과 유의미한 차이가 있는 위험유형들의 상관계수가 적혀 있고 숫자의 하단에 괄호 표시를 넣어 유의도를 표시하였다. 예를 들어, 원자력에 대한 위험지각과 위계주의 세계관의 상관관계에서 두 집단은 양적인 측면에서 유의미한 차이를 보였다. 그러나 평등주의 세계관과 원자력 위험지각 사이의 관계는 상관의 양상이 완전히 다르면서 유의미한 차이를 보이고 있다. 전문가 집단은 평등주의 세계관을 가질수록 원자력 위험을 낮게 지각하는 부적 상관을 보인 반면에, 일반인은 평등주의 세계관을 가질수록 원자력 위험을 높게 지각하는 정적 상관이 나타났다. 이와 같은 결과는 위험에 대한 판단자의 생각이나 정의에 따라 세계관과 위험지각의 관계가 다를 수 있다는 우리의 가설을 지지한다. 특히 전문성과 관련된 과학기술 분야에서만 두 집단의 질적 차이가 두드러졌다.

원자력과 마찬가지로 평등주의 세계관과 관련이 깊다고 알려진 생태

〈표 12-4〉 세계관과 위험지각의 상관관계에서 전문가와 일반인의 차이

	평등주의		운명주의		위계주의		개인주의	
위험유형	전문가	일반인	전문가	일반인	전문가	일반인	전문가	일반인
원자력	−.149* (***)	.144** (***)	.238** (***)	−.033 (***)	−.193** (*)	−.004 (*)	−.064	−.022
원자력 발전소	−.010	.085	.220** (*)	.015 (*)	−.177*	−.037	−.078	−.061
핵폐기물	−.105 (*)	.073 (*)	.181* (**)	−.028 (**)	−.123	−.059	−.133	−.032
방폐장	−.082 (**)	.147** (**)	.200** (**)	.034 (**)	−.075	−.032	−.130	−.110*
지구 온난화	.022	.116*	−.033	−.139*	.030	−.017	.003	.049
오존층파괴	.054	.038	.091 (*)	−.145** (*)	.003	−.027	.093	−.049
공해	.141	.125*	.064 (*)	−.129* (*)	.004	.044	.112	.080
농약 살충제	.145*	.081	−.102	−.107*	−.093	.052	.103	−.008
태풍	.004	.110*	−.032	−.171**	.091	−.004	.007	.073
홍수	−.037	.036	−.128	−.177**	.015	−.027	.005	.030
엑스레이	−.037	.029	.153* (***)	−.150** (***)	.089	−.052	−.106	.038
외과수술	.015	.045	.150*	.032	−.009	.081	−.005	−.077
주식투자	.003	.042	−.052	−.063	.136	.045	−.041	.043
도박	.059	.065	.040 (*)	−.166** (*)	.111	.079	.171*	.039
테러	.021	.031	.054 (*)	−.134* (*)	.134	.034	.066	−.012
범죄	.073	.008	−.203** (*)	−.049 (*)	.144	.058	.151* (*)	−.018 (*)
에이즈	−.072	−.010	−.083	−.007	.236** (**)	.025 (**)	−.065 (*)	.119* (*)
운전	.062	.111*	.020	−.053	.081	.006	−.063	−.011
유전자 변형식품	.112	.104	−.071	−.063	.087	−.008	−.084	.029

세계관과 위험유형 사이의 상관계수 유의도는 숫자 옆의 *로 표시하였다.
Fisher-Z 검증 결과 유의미한 차이를 보인 상관계수들은 고딕체로 쓰고 유의도를 하단의 괄호 안에 *로 표시하였다. *p<.05, **p<.01, ***p<.001

계 관련 위험항목들에서는 두 집단이 질적인 차이를 보이지 않는 결과는 전문성과 관련된 위험항목들에 대한 전문가의 생각이 집단 간 차이의 원인이라고 할 수 있다. 이런 질적인 차이는 운명주의 세계관에서도 나타나고 있다. 표에서 보듯이 두 변수 간의 관계에서 전문가와 일반인이 정반대의 양상을 보이는데, 운명주의 세계관을 가질수록 전문가는 위험을 높게 지각하는 반면에 일반인은 낮게 지각한다. 위험을 예측할 수 없고, 통제할 수 없다고 생각해서 무기력하고, 과학적 권위와 규제를 수동적으로 수용할수록 전문가는 높은 위험지각을 보이는 반면에 일반인은 오히려 위험을 낮게 지각하였다.

그 밖에 원자력 과학기술 위험들이 위계주의 및 개인주의와 부적인 상관을 보이는 결과와 에이즈 위험지각은 전문가의 경우 위계주의와 정적 상관을 보이면서 개인주의와 부적 상관을 보이는 결과는 문화이론을 지지한다. 유전공학 위험은 통계적 유의도와 관계없이 상관의 양상만을 본다면 문화이론의 예측대로 평등주의와는 정적 상관을, 위계주의와 개인주의와는 부적 상관을 보이고 있다.

3) 세계관과 신뢰의 설명력에서 전문가와 일반인의 차이

위험지각을 설명하는 세계관 및 신뢰의 영향력을 검증하기 위해 각 위험유형별로 중다회귀분석을 실시하였다. 이 연구의 과학기술 전문가 집단과 일반인 집단은 연령과 성별에서 큰 차이를 보이고 있기 때문에 인구사회학적 변수(연령, 성별)를 통제하는 위계적인 방식(*hierarchial method*)을 이용하였다. 〈표 12-5〉는 위험지각에 대한 세계관 및 신뢰의 예측변량을 위험유형별로 정리한 것이다.

〈표 12-5〉 세계관과 신뢰의 위험지각 설명력(조정된 R^2값)

	세계관		신뢰	
위험유형	전문가	일반인	전문가	일반인
원자력	.124***	.010	-.007	.089***
원자력 발전소	.069**	.001	-.001	.096***
핵폐기물	.062**	.002	.061**	.061***
방폐장	.053**	.024*	.028	.075***
지구 온난화	-.019	.023*	-.010	.014
오존파괴	-.003	.013	.001	.003
공해	.010	.029**	.015	.013
농약 살충제	.028	.008	.000	.019*
태풍	-.012	.034**	-.005	.003
홍수	-.005	.022*	-.002	.002
엑스레이	.022	.015	-.007	.008
외과수술	.001	.003	.004	-.005
주식투자	.003	-.002	-.008	.009
도박	.023	.029**	.021	.011
테러	.003	.008	.000	.055***
범죄	.074***	-.006	.034*	.032**
에이즈	.049*	.003	.002	-.006
운전	-.005	.014	-.012	.001
유전자 변형식품	.024	.003	-.007	.068***

*$p<.05$, **$p<.01$, ***$p<.001$

결과를 보면, 이 연구의 가설대로 전문가와 일반인의 차이는 과학기술 위험들에서 가장 크게 나타나고 있으며, 위험지각에 미치는 세계관과 신뢰의 영향력에서 두 집단은 매우 대조적이다. 세계관은 전문가의, 신뢰는 일반인의 위험지각을 설명하는 유의미한 변수였다. 이 결과는 세계관의 영향력이 전문가의 특수한 분야의 위험유형들에서 더 크게 나타날 것이라는 가설을 지지한다. 또한 위험에 대한 지식이 부족할수록 신뢰가 위험지각에 영향을 미친다는 선행연구 결과가 재검증되었다.

전문가 집단에서 세계관으로 설명할 수 있는 위험유형은 원자력 과학기술 위험들, 범죄, 그리고 에이즈뿐이었다. 세계관의 설명력이 가장 컸던 위험은 원자력으로 전체 변량의 12.4%를 설명하였다. 이와 반대로 일반인의 경우 세계관은 대다수 원자력 과학기술 위험지각을 설명하지 못하였고, 방폐장의 경우에 그 설명력은 2.4%에 불과했다. 일반인은 위험을 지각할 때 세계관보다는 신뢰의 영향을 더 많이 받고 있으며, 특히 전문지식을 요구하는 과학기술 관련 위험들(원자력공학기술과 유전공학기술)에서는 신뢰의 영향이 더 크게 나타났다. 반대로 전문인은 일반인에 비하여 위험을 지각할 때 신뢰에 덜 의존하였다.

7. 논의

과학기술 전문가와 일반인 집단의 위험지각을 조사하여 문화이론의 여러 가설들을 검증한 결과 주요 발견사항들은 다음과 같다. 먼저 두 집단은 개인주의를 제외한 모든 세계관에서 차이를 보였다. 전문가 집단은 권위와 제도에 의한 통제를 중시하는 권위주의 성향뿐 아니라 집단 간 평등 또는 부의 공정한 분배를 강조하는 평등주의 성향도 일반인 보다 더 강한 것으로 나타났다. 그러나 무기력과 통제 불가능성의 특성을 가지고 있는 운명주의 세계관은 전문가보다 일반인에게서 더 강했다. 문화이론이 가정하고 있는 특정 세계관과 특정 위험유형에 대한 지각 사이의 관계는 과학기술 위험들에서 집단 간 차이가 두드러졌으며, 문화이론의 예측은 일반인에게서만 지지되었다. 위험지각을 예측하는 세계관과 신뢰의 설명력에 있어서 두 집단의 차이는 분명하였다. 과학기술 위험에 대한 세계관의 설명력은 전문가 집단에서만 유의하였고, 신뢰의 설명력은 일반인에게서 유의한 것으로 나타났다. 종합하면 세계관과 위험지각의 관계, 그리고 세계관과 신뢰의 위험지각에 대한 설명력은 사회집단에 따라 큰 차이를 보였다.

이 연구는 위험지각에 미치는 세계관의 영향력을 상이한 사회집단을 대상으로 검증한 최초의 연구로서 문화이론에 대한 많은 논점들을 제기한다. 먼저 특정 세계관과 특정 위험유형에 대한 지각 사이의 관계가 사회집단에 따라 다르다는 결과는 문화이론으로 설명하기 어렵다. 문화이론에 대한 선행연구들이 모두 일반인만을 대상으로 하였으며, 대다수 연구들에서 특정 위험유형에 대한 지각과 세계관의 관계에 대한 문화이론의 가설은 지지되었다. 이 연구에서는 위험에 대한 판단자의 생각 또는 지식에 따라 이 둘의 관계가 달라질 것으로 보고 과학기술 분야의 전문가 집단과 일반인을 비교하였다. 특히 전문가들의 대다수가 원자력 연구소에 재직하고 있었기 때문에 원자력에 대한 부정적인 생각보다는 긍정적인 생각(예: 이득)이 더 많을 것으로 가정했다. 동일한 세계관으로 위험을 판단하는데, 그 위험에 대한 판단자의 생각에 따라서 이 둘의 관계는 달라졌다.

문화이론의 예측과 다르게, 위험지각과 운명주의 세계관 사이의 관계는 많은 위험유형들에서 유의미한 것으로 나타났다. 이것은 선행연구 결과들과 많은 차이가 있다. 문화이론은 운명주의와 위험지각 사이에 어떤 관계도 가정하지 않으며, 요인분석에서 운명주의가 하나의 독립된 요인으로 분류되지 못한 연구들도 있다(예: Peters & Slovic, 1996). 그런데 이 연구에서는 다른 어떤 세계관보다 운명주의가 한국인의 위험지각과 가장 관련이 깊은 것으로 드러났다. 이런 결과는 위험을 통제할 수 없으며 위험에의 노출이 운에 달린 것이라고 생각하고, 위험에 대하여 무기력한 한국인의 문화적 속성이 강하게 작용하고 있음을 의미한다. 아마도 대구 지하철 화재 참사, 삼풍백화점 붕괴와 같은 위험 사건들에 노출된 경험이 한국인의 위험지각에서 운명주의 세계관의 영향력을 높아지게 만든 원인일 수 있다. 또한 전문가는 운명주의자일수록 위험을 높게 지각하는 반면에 일반인은 반대로 낮게 지각한 두 집단의 차이도 흥미롭다. 전문가가 보이는 정적 상관에 대한 한 가지 해석은 이들이 전문기술을 소유한 사람으로서 위험에 대한 통제를 중요하게 생각하기 때문에, 무기력하고 수동적일수록 위험을 높게 지각할 수 있다. 이런 가능성에 대한 한 가지 증거는 특히 과학기술 관련 위험들(예: 원자력 기술과 의료기술 관련 위험)에서 전문가의 위험지각은 운명주의와 유의미한 정적 상관을 보인다는 사실이다. 이는 전문가들이 소유하고 있는 전문기술에 대한 신뢰 및 관련된 위험에 대한 통제가 위험지각과 연합되어 있음을 시사한다. 전문성을 이용하여 위험을 통제할 수 없는 범죄의 경우에는 일반인과 마찬가지로 전문가도 부적인 상관을 보였다. 일반인의 경우에는 거의 대다수의 위험유형들이 운명주의와 부적인 상관을 보이고 있다. 무기력하고 통제할 수 없다고 생각할수록 오히려 위험을 낮게 지각하는 현상의 원인은 무엇일까? 이것이 한국인의 위험지각 특성을 반영하는 결과일 수 있기 때문에 후속연구를 필요로 한다.

문화이론은 위험지각에 대한 낮은 예측력 때문에 도전을 받고 있다. 한 예로, 세계관을 시간과 상황에 걸쳐서 안정되게 나타나는 개인 고유의 속성이라고 보는 문화이론과는 반대로 보호름(Boholm, 1996)은 문화가 사회적 장면에 따라 변화한다는 유동 이론(*mobility theory*)을 제안하기도 하였다. 개인은 망과 집단에서 차이가 나는 여러 사회집단에 동시에 소속될 수 있고, 하나의 집단에서 다른 집단으로 이동하면 다른 세계관을 선택하게 된다. 세계관으로 위험지각을 예측하기 어려운 이유는 소속된 사회집단 또는 상황이 변화하면 세계관도 변화하기 때문이다. 이 연구는 세계관의 안정성 이론을 바탕으로 위험지각에 대한 세계관의 예측력에 영향을 미치는 주요 요인을 알아냈다. 동일한 세계관으로 위험을 지각할 때 위험에 대한 지식이 세계관의 예측력에 영향을 미친다는 결과는 특정 조건이 충족된다면 문화이론의 가치가 높아질 수 있음을 보여주었다. 전문가 집단에서 보듯이 판단자의 지식이 풍부한 위험유형에서 세계관으로 위험을 해석하기가 용이해지면 세계관의 설명력이 증가하였다. 일반인을 대상으로 한 문화이론의 선행연구들과 비교해도, 전문가 집단이 보여준 원자력 관련 위험들에서 세계관의 설명력은 매우 높다고 할 수 있다. 이렇게 세계관의 예측력이 전문가와 관련된 분야에서만 증가한 것은 전문가의 위험에 대한 지식이 중요하게 작용했다고 할 수 있다. 전문지식이 없는 일반인은 세계관으로 위험을 해석하기가 어려웠기 때문에 세계관의 예측력은 유의미하지 못하였고, 대신에 이들은 전문지식을 요구하는 위험판단에 신뢰를 이용하였다.

이 연구는 몇 가지 제한점을 가지고 있다. 먼저 측정도구의 타당성 문제를 들 수 있다. 서론에서도 밝혔듯이 이 연구의 주요 목적은 문화이론의 타당성을 검증하려는 데 있었기 때문에, 지금까지 주요 문화이론 연구들에서 사용하였던 측정도구를 사용하여 한국인의 세계관을 측정하였다. 이 연구에서 얻어진 요인분석 결과는 문화이론이 가지는 또 하나의 제한점을 보여준다. 문화이론을 적용하여 위험지각을 설명하려면, 각 문화권에 적합한 측정도구의 개발이 전제되어야 함을 시사한다. 두 번째 제한점은 위험에 대한 전문가의 생각 또는 지식 정도를 직접 조사하지 않았다는 것이다. 따라서 후속연구에서 세계관과 위험지각의 관계 및 세계관의 영향력이 판단자의 위험에 대한 생각 또는 지식에 따라 달라지는 것이 확실한지를 보다 체계적인 방법으로 검증할 필요가 있을 것이다. 예를 들어, 분야가 다른 여러 전문가 집단을 표집하여 위험유형들과 위험지각의 관계 및 세계관의 영향력이 전문 집단과 상호작용하는지를 살펴보도록 한다. 또한 일반인이라도 위험에 대한 지식을 가지고 있을 때 세계관의 영향력이 증가하는지를 검증할 필요가 있다.

05

위험관리에서 신뢰

제13 장

원자력 발전소와 방폐장 낙인의 심리적 모형: 신뢰, 감정, 지식을 중심으로

과학기술은 인류에게 여러 혜택을 주지만 그 이면에는 위험이 늘 도사리고 있다. 현대사회는 원자력 없이 산다는 것을 상상하기 어려울 정도로 원자력 에너지를 많이 소비하고 있다. 원자력 에너지의 사용은 필연적으로 원자력 발전소와 방사성 폐기물 처리장(방폐장) 문제와 연관된다. 그러나 한국에서 방사능 관련 대형사고가 발생하지 않았음에도 불구하고, 일반인들은 원자력 발전소와 방폐장을 혐오적으로 생각하고 그에 관한 부정적 심상을 떠올린다. 사람들은 '원자력 발전소'라는 단어에 대해 '폐기물, 사고, 방사능, 위험'과 같은 혐오적 감정을 유발하는 단어를 떠올렸다(이현주 · 이영애, 2007). 특히 '방폐장'은 '환경오염, 지역갈등과 시위, 위험과 불안, 질병과 기형아, 누출 및 폭발사고' 등의 부정적 내용을 강하게 연상시켰다(이영애 · 이나경, 2005). 우리나라에서 원자력은 하나의 중요한 에너지원으로 인식되어 긍정적 연상도 유발하였으나, 폐기물을 처리하는 시설인 방폐장에 대한 심상은 대부분 부정적이었다. 이 장에서는 어떤 심리적 요인들이 원자력 발전소와 방폐장을 부정적으로 생각하게 만드는지를 구조모형을 통해 알아보고자 한다.

1. 원자력 발전소와 방폐장 낙인에 대한 선행연구

낙인은 바람직하지 않은 사회집단이나 개인과 연합된 부정적 심상이다(R. E. Kasperson, Renn, Slovic, Brown, Emel, Gobel, J. X. Kasperson & Ratick, 1988). 오늘날 낙인의 개념은 위험지각과 관련되어, 위험하다고 지각되는 장소나 제품 또는 과학기술을 포함하는 것으로 그 의미가 확대되었다(Gregory, Flynn & Slovic, 2001). 1987년 브라질 고이아니아 지방에서 방사성 물질인 세슘 유출사고로 환경이 오염되고 사망자가 발생하자, 사람들이 해당 지역을 기피할 뿐 아니라 지역 생산품조차 판매되지 않는 낙인효과가 발생하였다(Slovic, 2000, 2008). 슬로빅 등(Slovic, Flynn & Layman, 1991)은 미국 네바다 주에 위치한 고준위 방폐장에 대한 심상을 이용하여 장소에 대한 감정과 휴가지 선택의 관계를 조사하였는데, 고준위 방폐장이 부정적 감정을 유발함으로써 네바다 주는 휴가지로 선택되지 않았다. 네바다 주에 대한 낙인은 사회·심리적 측면뿐만 아니라 관광, 투자, 사업 등 경제적 측면으로 영향을 주었다. 이처럼 낙인은 지역 사람들에게 불명예스러울 뿐 아니라 사회경제적으로 심한 타격을 줄 수 있다.

과학기술 낙인의 대표적 예는 원자력 발전소나 방폐장과 같은 방사능 관련 과학기술(*radioactive source technology*)이다. 원자력은 제 2차

세계대전 당시 히로시마에 투하된 원자폭탄과 연관되어 무기의 이미지를 가지고 있으므로 두려울 뿐 아니라 도덕적으로도 바람직하지 못하다는 느낌을 준다. 부정적으로 낙인이 찍힌 과학기술은 수용되지 않고 강한 반대에 부딪힌다. 우리나라에서도 방폐장 부지 선정이 정부와 지역주민과의 갈등으로 심한 난항을 겪어오다 거의 20년 만에 결정이 이루어졌다(예: 〈한국경제〉, 2005, 11, 3). 사회에 커다란 편익을 제공하는 주요 과학기술이나 시설이라 할지라도 사람들의 사전 신념 속에 위험하고 부정적인 것으로 낙인찍히면 그 신념을 바꾸기란 좀처럼 쉽지 않다. 그렇다면 방사능 과학기술 낙인에 영향을 미치는 다양한 심리적 요인들을 확인하고 요인들의 상호 관련성을 구조모형으로 알아보는 것은 매우 의미 있는 일이다.

2. 원자력 발전소와 방폐장 낙인에 영향을 주는 심리적 요인들

위험지각과 낙인에서 고려되어야 할 중요한 심리적 요인들은 무엇인가? 피터스 등(Peters, Burraston & Mertz, 2004)은 부정적 정서의 역할을 강조하였다. 인지평가이론(*cognitive appraisal theory*)은 사건이나 상황에 대한 인지평가가 정서의 성질을 결정한다고 본다(Frijda, Kuipers & ter Schure, 1989; Karasawa, 1995; Lazarus, 2001; Scherer, 1984; Smith & Ellsworth, 1985). 피터스 등(Peters et al., 2004)은 방사능 과학기술에 대한 연구에서 세계관이나 부정적 감정반응성이 인지평가(예: 중요성, 대처, 인과성, 감정)에 영향을 주며, 인지평가가 부정적 정서(예: 분노, 공포)를 일으키고 이 정서가 위험지각 및 낙인에 영향을 준다고 주장하였다. 위험지각과 낙인에 미치는 인지와 정서의 관계를 검토한 그들의 연구에서 세계관과 부정적 정서의 중요성이 밝혀졌으나, 인지평가 요소 가운데 감정만이 위험지각과 낙인에 직접 영향을 준다는 제한된 결과를 얻었다. 사건의 중요성이나, 어떻게 대처할 것인지, 그 사건이 왜 발생했으며 어떤 결과를 초래할 것인지는 별로 중요한 요소가 아니었다. 먼저 위험지각에서 낙인에 영향을 주는 심리적 특징들을 하나씩 보기로 한다.

1) 신뢰

방사능 과학기술의 위험지각과 낙인에 영향을 주는 중요한 심리적 요인은 바로 신뢰(*trust*)이다(Flynn, Burns, Mertz & Slovic, 1992). 플린 등(Flynn et al., 1992)은 방폐장의 낙인과 반대를 결정짓는 요인이 관리기관에 대한 신뢰라고 파악하였다. 책임을 맡은 관리기관이 위험을 통제하고 최소화할 능력이 있어야 신뢰를 얻는다. 방폐장 관리기관에 대한 낮은 신뢰는 방사능 위험성을 확대시켜 낙인효과를 일으킬 뿐만 아니라 방폐장 설치를 반대하게 만든다. 국내에서 중·저준위 방폐장 유치가 논의되고 있던 시점에도 이와 비슷한 결과가 보고되었다(이나경·이영애, 2005). 해당 지역 주민들은 정부와 원자력/방폐장 관련 전문가를 신뢰할수록 방폐장 유치를 찬성하였고, 방폐장에 대한 심리적 낙인효과가 클수록 방폐장을 위험하다고 지각하고 방폐장 유치에 반대하였다. 이 결과는 방사능 과학기술에 대한 낙인에서 신뢰가 중요함을 시사한다. 비슷하게 방사능 과학기술에 대한 위험지각에서도 전문가와 달리 일반인의 위험지각은 신뢰에 의해 더 잘 설명되었다(이나경 · 임혜숙 · 이영애, 2008; Earle, 2010; Siegrist, 1999, 2000; Slovic, 1993).

2) 지식

지식은 대상에 대한 태도가 긍정적 또는 부정적으로 형성되는 데 영향을 준다. 방사능이 인체에 해가 된다는 것을 알면 원자력 발전소나 방폐장을 부정적으로 생각한다. 그러나 지식이 부족하면 위험관리 결정에서의 복잡함을 덜기 위해 신뢰에 의존한다(Earle & Cvetkovich, 2000; Siegrist, 2000; Siegrist & Cvetkovich, 2000). 따라서 잘 모르는 과학기술의 위험을 판단할 때 관리기관을 신뢰하는 사람은 해당 과학기술의 위험을 낮게, 이익을 높게 지각하며 그 과학기술을 수용하게 된다. 카츠야(Katsuya, 2002)는 대상에 관한 지식이 신뢰와 상호작용하여 위험지각에 영향을 준다는 사실을 밝혔다. 특히 지식이 부족한 사람들은 유일하게 신뢰에 의존하기 때문에 과학기술 지식이 신뢰에 영향을 준다고 본다.

얼 등(Earle, Siegrist & Gutscher, 2010)은 간략화된 TCC(신뢰-확신 협동) 모형에서 신뢰와 지식, 그리고 위험지각의 관계를 다루었다. 이 모형에서 지식은 과거 수행에 대한 정보, 즉 책임기관이 위험을 잘 관리해왔는지에 대한 정보를 지칭한다. 기관에 대한 신뢰는 위험지각에 직접 영향을 주거나 지식을 통해 위험지각에 간접적인 영향을 준다고 가정되었다. 다시 말해, 신뢰가 지식에 영향을 준다는 것이다. 관리기관을 신뢰하면 그 기관이 과거로부터 위험을 잘 관리해왔다고 지각하게 되고 앞으로 위험한 사건이 발생하지 않을 것이라고 여긴다. 얼 등

(Earle et al., 2010)의 모형이 아직 실증적으로 검증되지 않았으나, 신뢰와 지식의 관계를 알아보는 것은 매우 중요하다.

3) 감정

감정은 대상에 대한 좋거나 나쁜 느낌이다. 감정 요인은 피터스 등(Peters et al., 2004)의 모형에서 위험지각과 낙인에 영향을 주는 인지평가 요소들 중 하나이다. 사람들은 신기술에 접했을 때 관련된 지식도 없고 특정한 감정도 가지고 있지 않다. 그러나 해당 과학기술을 관리하는 기관에 대한 신뢰는 과학기술에 대한 감정에 영향을 줌으로써 위험지각 및 수용에 영향을 줄 수 있음을 보여주는 연구들이 있다(Midden & Huijts, 2009; Siegrist, Cousin, Kastenholz & Wiek, 2007). 한 예로 나노공학 식품과 식품포장에 대한 위험지각과 신뢰의 관계를 다룬 연구(Siegrist et al., 2007)에서는 관리기관을 신뢰할수록 나노공학 식품과 식품포장에 대한 좋은 감정을 가지게 되고 위험을 낮게, 이익을 높게 지각하여 구매 의도가 높아진다는 결과를 얻었다. 또 다른 예로, 이산화탄소 저장고의 수용 여부를 주변 거주자들에게 조사하였을 때, 관리기관 신뢰 여부는 이산화탄소 저장고에 대해 긍정적이거나 부정적인 감정을 유발시켰다. 신뢰는 감정에 영향을 주며, 감정은 이산화탄소 저장고 수용태도에 직접 영향을 주었다(Midden & Huijts, 2009). 이 결과들은 신뢰가 감정과 상호작용함을 보여준다.

4) 지각된 위험과 지각된 이익

지각된 위험이 지각된 이익과 부적 상관관계에 있다는 점은 흥미로운 발견이다(예; Fischhoff, Slovic, Lichtenstein, Read & Comb, 1978). 실생활에서 위험과 이익은 정적 상관이 있어 어떤 과학기술이 제공하는 이익이 클수록 큰 위험을 동반하는 경우가 많음에도 불구하고, 사람들의 마음속에서 지각된 이익과 지각된 위험은 부적으로 상관되어 있다. 같은 방사능이라도 병원에서 사용하는 X선은 이익이 크고 위험이 낮다고 지각되지만, 원자력 발전소와 관련된 방사능은 이익이 낮고 위험은 높다고 지각된다. 지각된 위험과 지각된 이익의 부적 상관관계를 신뢰로 설명하려는 시도가 있다(Eiser, Miles & Frewer, 2002; Siegrist, Cvetkovich & Roth, 2000). 사람들이 관리기관을 신뢰하면 과학기술의 이익을 높게 그리고 위험을 낮게 지각하지만, 신뢰하지 않는다면 이익을 낮고 그리고 위험을 높게 지각함을 보여준다(Poortinga & Pidgeon, 2005; Siegrist, 2000).

지각된 위험과 지각된 이익의 부적 상관관계에서는 감정변인이 중요하다는 주장도 있다(Alhakami & Slovic, 1994; Finucane, Alhakami, Slovic & Johnson, 2000). 같은 원자력이라도 이익이 높다는 정보를 주어 원자력에 대한 감정을 긍정적으로 조작하면 원자력에 대한 위험지각은 매우 낮아진다. 반대로 원자력이 대단히 위험하다는 정보를 주어 원자력에 대한 감정을 부정적으로 조작하면 원자력에 대한 위험지각은 높아진다. 감정적 인상에 의해 위험 여부를 판단하는 감정 추단은 사람들에게 위험자극에 빠르게 대처하도록 해주는 방략이다(Slovic, Finucane, Peters & MacGregor, 2004).

요컨대, 신뢰와 감정은 각각 지각된 위험과 지각된 이익에 영향을 주기도 하지만, 둘이 상호작용하여 지각된 위험 및 지각된 이익에 영향을 주기도 한다.

5) 감정반응성

피터스 등(Peters et al., 2004)에 따르면, 개인의 감정반응성(*affective reactivity*)은 감정을 통해 위험지각에 영향을 준다. 감정반응성은 처벌이나 위험을 신호하는 단서에 반응하며 유기체의 행동을 억제하는 행동억제체계(BIS: *Behavioral Inhibition System*, Gray, 1981)와 밀접하게 관련되어 있다(김교헌·김원식, 2001; Larsen & Ketelaar, 1991). 피터스 등(Peters et al., 2004)은 위험지각과 낙인모형에서 행동억제체계 활동의 결과 나타난 부정적 감정반응성이 위험자극에 대한 인지평가를 거쳐 부정적 정서에 영향을 주고, 이 부정적 정서가 다시 위험지각에 영향을 주어 낙인을 유발한다는 결과를 얻었다. 그러나 그들은 부정적 감정반응성이 인지평가를 거쳐 간접적으로 영향을 주는 경로만 고려하였을 뿐 위험지각에 직접 미치는 영향을 고려하지 않았다. 행동억제체계가 위험단서에 반응하면, 부정적 감정반응성이 높은 사람은 그렇지 않은 사람에 비해 위험자극에 즉시 반응하여 위험을 높게 지각할 것이다. 따라서 부정적 감정반응성이 위험지각에 미치는 직·간접적 경로를 모두 포괄하는 것이 필요하다.

6) 세계관

데이크(Dake, 1991)에 따르면, 세계관은 개인이 세계를 지각하는 방식으로서 사람들의 반응을 안내하는 '정향적 성향'(*orienting disposition*)이라고 부른다. 세계관은 위계주의, 평등주의, 개인주의 그리고 운명주의로 구분된다(Dake & Wildavsky, 1990; Douglas & Wildavsky, 1982). 세계관은 신뢰, 위험지각과 수용에 영향을 주는데(Dake, 1991, 1992), 위계주의 세계관은 제도와 규제를 신뢰하고 질서 유지를 위해 권위나 권력을 인정하며, 전문가의 지식을 신뢰하고 정부나 전문가가 정당하다고 인정한 위험들을 수용하므로 원자력과 같은 신기술을 위험하다고 생각하지 않는다. 한편, 불평등을 조장하는 제도나 기술, 권위 등을 거부하는 평등주의 세계관을 가진 사람들은 자연이 파괴되기 쉽다고 생각하므로 자연 환경을 변화시키거나 미래 세대에 회복되지 않을 위험을 초래할 신기술에 민감할 뿐 아니라 전문가나 기관이 권력을 남용한다고 여겨 그들의 지식을 신뢰하지 않는다. 개인주의 세계관은 개인의 자유, 책임, 자유시장 등을 강조하며, 자신의 삶의 방식을 위태롭게 하는 것은 위험하다고 지각하지만 자유를 침해당하지 않는다면 위험은 오히려 기회라고 생각한다. 운명주의 세계관은 예측불가능성이나 운을 기본속성으로 하며, 위험에 대해 무관심하고 위험에 대한 결정이 타인에게 있다고 생각한다.

피터스와 슬로빅(Peters & Slovic, 1996)은 데이크(Dake)의 세계관 이론이 위험지각을 잘 설명하고 있음을 보여주는 결과를 얻었다. 운명주의, 위계주의, 개인주의는 원자력을 지지하는 태도와 정적으로 상관이 있었으나, 평등주의는 원자력 지지와 부적 상관이 있었다. 세계관이 위험지각을 설명하는 정도는 해당 분야의 지식 정도와 평가하는 위험 대상에 따라 다르다. 방사능 과학기술에 대한 전문가와 일반인의 위험지각을 비교해보면, 세계관과 신뢰가 위험지각을 설명하는 정도에서 차이가 나타났다(이나경 · 임혜숙 · 이영애, 2008). 전문가의 위험지각은 세계관에 의해, 일반인의 위험지각은 신뢰에 의해 더 잘 설명되었다. 또한 일반인의 경우 세계관이 위험지각을 설명하는 정도는 대상에 따라 달랐다. 세계관은 원자력 발전소 위험지각을 설명하지 못하였으나, 방폐장 위험지각의 경우에는 평등주의와 개인주의가 관련되어 있었다. 선행연구에서는 세계관만으로는 일반인의 위험지각을 일관되게 설명할 수 없으므로, 기관에 대한 신뢰를 측정함으로써 이들의 위험지각을 더 잘 설명할 수 있다고 제안하였다. 위험을 판단할 때 지식 정도가 관리기관에 대한 신뢰와 관련되므로 일반인을 대상으로 하는 이 연구에서는 세계관과 신뢰가 위험지각에 주는 영향뿐 아니라 세계관과 신뢰의 관계도 포함시킬 것이다.

지금까지 선행연구들에서 방사능 과학기술에 대한 일반인의 낙인반응에 영향을 주는 중요한 심리적 요인들을 단편적으로 밝혔으나, 심리적 요인들의 상호관계가 통합된 모형 내에서 검증되지 않았다. 피터스 등(Peters et al., 2004)의 연구에서는 인지평가뿐 아니라 정서나 개인 변인들이 포함되었으나, 정작 중요하게 고려되어야 할 신뢰가 생략되었다. 이 연구에서는 낙인의 핵심 요인인 신뢰(이나경 · 이영애, 2005; Flynn et al., 1992)를 포함하되, 선행연구들을 토대로 지식이나 감정, 지각된 위험과 지각된 이익 변인들과, 감정반응성이나 세계관 같은 개인변인들을 포함한 심리적 요인들의 관계를 다루는 통합적 모형의 필요성을 제기한다.

7) 연구모형

이 연구의 목적은 일반인의 위험지각에서 '신뢰'가 낙인에 미치는 영향이 중요하다는 것을 가정하고, 사람들의 반응을 안내하는 성향으로서의 세계관이 방사능 과학기술 관리기관에 대한 신뢰를 결정하며, 신뢰가 방사능 과학기술에 대한 지식 및 감정에 영향을 줌으로써 지각된 위험과 지각된 이익에 영향을 주고, 이 심리적 요인들이 낙인반응에 영향을 주는 경로를 구조모형(〈그림 13-1〉)으로 검증하는 것이다.

연구모형에서 검증될 연구가설은 다음과 같다. 첫째, 기관에 대한 신뢰는 낙인반응에 직접적으로 부적 영향을 줄 것이다. 둘째, 신뢰는 지식과 감정을 통해 지각된 이익이나 지각된 위험에 영향을 줌으로써

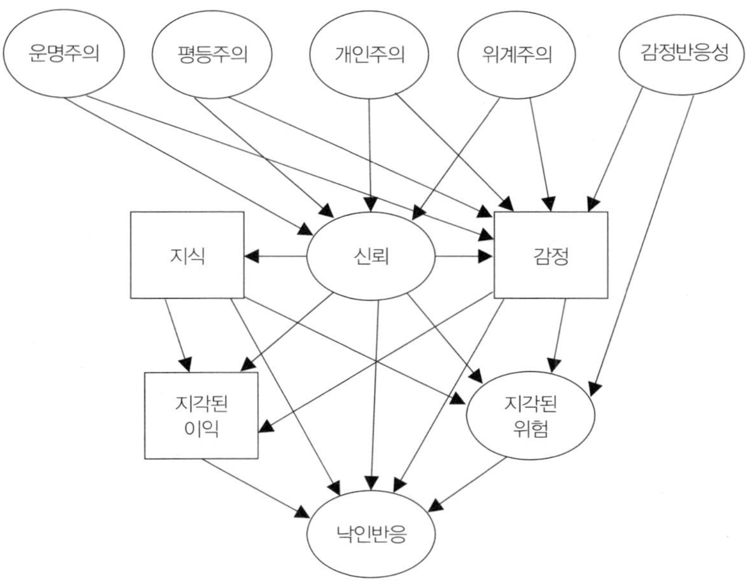

〈그림 13-1〉 원자력 발전소와 방폐장 낙인의 연구모형

낙인반응에 간접적으로 영향을 줄 것이다. 셋째, 신뢰는 지각된 위험에는 부적 영향을, 지각된 이익에는 정적 영향을 줌으로써 낙인반응에 간접적으로 영향을 줄 것이다. 넷째, 세계관과 감정반응성이 신뢰와 감정에 영향을 줄 것이다. 다섯째, 감정반응성은 감정과 지각된 위험에 영향을 줄 것이다.

3. 방법

1) 조사 대상

서울 및 지방의 3개 대학교 남녀 대학생 298명이 참가하였다. 평균 연령은 21.81세(SD = 2.11)였다.

2) 조사 도구

설문지는 방사능 과학기술(원자력 발전소 및 방폐장)에 대한 반응, 개인변인(세계관 및 부정적 감정반응성), 그리고 세 변인(지각된 위험, 지각된 이익, 낙인반응)을 측정하기 위한 문항으로 구성되었다. 피터스 등(Peters et al., 2004)이 낙인에 대한 정서 모형을 검증하는 데 사용한 문항들의 일부분을 그대로 혹은 수정하여 사용하였으며, 모형에 새로 포함된 변인에 대해서는 새로운 문항을 추가하였다. 방사능 과학기술에 대한 반응은 5점 척도로 측정하였고, 두세 문항(예: 감정)을 제외하고는 '전혀 아니다' 0점, '매우 그렇다' 4점으로 평정하였다.

심리적 낙인(Fischhoff, 2001)에 대해 피터스 등(Peters et al., 2004)의 문항들을 사용하여 해당 기술이 얼마나 "불명예스럽다고 느끼는지", "도덕적, 혹은 비도덕적으로 느껴지는지", "수용할 만하거나 수용할 만하지 않다고 느끼는지", "사회적으로나 경제적으로 수용되는 상황을 상상할 수 있는지", "낙인찍혀 있다고 느끼는지"의 다섯 항목을 측정하였다. 내적 합치도를 낮추는 문항들을 제외하고 세 문항(불명예, 도덕성, 수용)을 분석에 사용하였다. 도덕성과 수용에 대한 문항은 역채점되어 점수가 높을수록 비도덕적이고 수용할 만하지 않다고 해석되었다.

과학기술에 대한 지각된 위험을 측정하는 데 세 문항을 사용하였다. 피터스 등(Peters et al., 2004)은 국민에게 얼마나 위험하다고 생각되는지를 질문하였으나, 이 연구에서는 세부항목으로 나누어 해당 과학기술이 '나에게', '우리 사회에', '환경에' 얼마나 위험한지를 평가하였다. 신뢰는 방사능 관리기관에 대한 사회적 신뢰를 측정하되, 해당 기술에 대한 정부의 법과 규제, 또는 정부 전문가를 얼마나 신뢰하는지를 두 문항으로 측정하였다. 지식을 측정하기 위해 "얼마나 알고 있다고 느끼는가"를 질문하여 스스로 판단한 주관적 지식을 평정하였고, 지각된 이익은 "얼마나 유익하다고 느끼는가"라는 문항을 통해 측정하였다. 각 과학기술에 대한 감정에는 피터스 등(Peters et al., 2004)이 인지평가 요소 중 하나로 고려한 감정 항목을 사용하였다. "과학기술에 대한 느낌이 얼마나 좋은지 혹은 나쁜지를 평가하십시오. -2는 '매우 나쁘다'이고 +2는 '매우 좋다'입니다"라는 문항을 사용하였다.

부정적 감정반응성은 피터스 등(Peters et al., 2004)이 부정적 감정반응성을 측정하기 위해 사용한 카버와 화이트(Carver & White, 1994)의 BIS(행동억제체계) 척도를 한국어로 번안한 한국판 척도(김교헌 · 김원식, 2001)를 사용하여 측적하였다. BIS 척도는 위험 신호 단서에 대해 행동을 억제하려는 개인의 경향을 측정하는 것이다. "나는 어떤 일을 제대로 하지 못했다는 생각이 들면 걱정을 많이 한다", "비판을 받거나 꾸중을 듣게 되면 나는 마음이 많이 상한다" 등의 7개 문항으로 1~4점까지의 4점 척도로 평정하였고, 두 문항(예: 나는 친구들에 비해서 별로 걱정을 하지 않는 편이다)은 역채점하였다. 점수가 높을수록 부정적 감정반응성이 높음을 나타낸다.

세계관은 데이크(Dake, 1992)의 문항을 바탕으로 한국인의 세계관 측정에 적합한 문항들을 개발한 김서용(2006)의 도구를 참고하여 측정하였다. 김서용이 Q방법론을 적용하기 위해 위계주의, 개인주의, 평등주의, 운명주의 세계관을 측정하는 40개의 문항을 선택하였으나, 표준화된 도구가 아니므로 이 연구에서 그대로 사용하기에는 제한점이 있었다. 따라서 연구에 참가하지 않은 별도의 대학생 집단(197명)의 응답에 대해 주축 요인 추출법(*principal axis factoring method*)과 사각회전(*promax*)으로 확인적 요인분석을 실시하였다. 각 요인별 적재량이 높은 문항들을 측정변인으로 했을 때, 잠재변인에 해당되는 위계주의에 세 개의 측정변인(예: 윗사람들의 권위를 인정해주는 사회가 되어야 한다), 개인주의에 두 개의 측정변인(예: 가장 능력 있는 사람이 정상에 올라야 한다), 평등주의에 세 개의 측정변인(예: 노조가 회사경영에 직접 참여해야 한다), 운명주의에 네 개의 측정변인(예: 잘살고 못살고는 결국 팔자소관이다)이 포함되었다. 추출된 네 요인은 데이크(Dake, 1992)나 김서용(2006)이 발견한 요인들과 이론적 구조가 동일하였으며, 세계관에 대한 확인적 요인분석에서 모형의 적합도 지수는 모두 기준 이상이었다.

3) 조사 실시 및 분석

설문지 조사는 2010년 3~5월 중에 심리학 관련 수업시간에 집단적으로 이루어졌으며, 20여 분이 소요되었다. 통계처리를 하는 데 SPSS 15.0을 사용하였으며, 연구모형 검증을 위해서 AMOS 18.0(평가판)을 사용하였다.

4. 결과

1) 원자력 발전소와 방폐장의 지각된 위험과 낙인반응 수준 그리고 이들에 영향을 주는 자극 변인

연구모형에 포함된 주요 변인별 문항내용 및 반응의 평균과 표준편차는 〈표 13-1〉에 제시하였다. 응답자들은 원자력 발전소보다 방폐장에 대해 전반적으로 부정적이었다. 방폐장은 '나에게', '우리 사회에', '환경에' 더 위험하다고 지각되었고, 이익도 더 낮게 지각되었다. 또한 불명예스럽고, 비도덕적이며, 수용할 수 없다는 낙인반응이 더 많았다. 사람들은 방폐장에 대해 더 '나쁘다'는 부정적 감정을 가지고 있으며, 해당 관리기관에 대한 신뢰가 더 낮아서 방폐장 과학기술에 대한 정부의 법이나 규제 또는 전문가를 원자력 발전소보다 덜 신뢰하였다.

주관적 지식을 측정하였을 때(전혀 알지 못한다 0점, 매우 잘 알고 있다 4점), 응답자들은 방사능 과학기술에 대해 잘 모르고 있다고 답했으며, 원자력 발전소보다 방폐장에 대한 주관적 지식이 더 낮게 평가되

〈표 13-1〉 주요 변인별 문항내용 및 평균과 표준편차($n=298$)

잠재변인	측정 변인	문항내용	평균	원자력 발전소	방폐장	t
			$M(SD)$	$M(SD)$	$M(SD)$	
자극변인						
감정	감정	느낌이 좋다, 나쁘다	−0.33(0.87)	0.13(1.00)	−0.79(1.08)	14.317***
신뢰	신뢰1	정부 법규제 신뢰	1.39(0.85)	1.57(0.99)	1.21(0.91)	7.563***
	신뢰2	정부 전문가 신뢰	1.56(0.85)	1.76(0.99)	1.37(0.92)	7.593***
지식	지식	(주관적) 지식	1.57(0.88)	1.76(0.97)	1.38(1.03)	6.838***
지각된 위험	위험1	나에게 위험	2.87(0.96)	2.60(1.11)	3.14(1.03)	−9.745***
	위험2	우리 사회에 위험	2.72(0.83)	2.42(0.99)	3.02(0.95)	−10.170***
	위험3	환경에 위험	3.27(0.73)	3.03(1.00)	3.50(0.74)	−8.206***
지각된 이익	이익	유익	2.33(0.91)	2.83(0.96)	1.88(1.15)	17.143***
종속변인						
낙인반응	낙인1	불명예스러움	1.36(1.04)	1.06(0.98)	1.66(1.32)	−9.972***
	낙인2	비도덕적	0.20(0.75)	−0.15(0.79)	0.54(1.02)	−10.213***
	낙인3	수용할 수 없음	0.01(0.94)	−0.39(1.04)	0.40(1.12)	−12.618***
개인변인						
부정적 감정 반응성	BISa	문항 결합	3.00(0.66)			
	BISb	문항 결합	3.90(0.79)			
세계관						
위계주의	WV1	권위 무시, 사회 혼란	2.41(0.91)			
	WV5	윗사람의 권위 인정	2.82(0.91)			
	WV37	윗사람 잘 따라야 성공	1.95(0.82)			
개인주의	WV34	능력 있으면 정상 오름	3.64(1.04)			
	WV38	돌아올 이익, 일 열심히	3.99(0.78)			

〈표 13-1〉 계속

잠재변인	측정 변인	문항내용	평균	원자력 발전소	방폐장	t
			$M(SD)$	$M(SD)$	$M(SD)$	
세계관						
평등주의	WV11	부의 불평등, 사회문제	3.22(1.06)			
	WV19	노조, 회사경영 참여	2.93(0.86)			
	WV35	일반국민, 중요결정	2.76(0.88)			
운명주의	WV4	인생, 보이지 않는 힘	3.04(1.11)			
	WV8	잘 사는 건 팔자소관	2.22(1.08)			
	WV12	인생, 도박처럼 운	2.46(1.13)			
	WV40	남 도와줘도 배신 돌아옴	1.93(0.84)			

잠재변인을 측정하는 항목 중에서 감정, 낙인 2와 낙인 3은 -2 ~ +2까지의 5점 척도이며, 나머지는 0~4까지의 5점 척도였음. 부정적 감정반응성(BIS)은 1에서 4까지의 4점 척도이고, 세계관은 1~5까지의 5점 척도를 사용하였음. 평균은 원자력 발전소와 방폐장의 평균이며, t는 원자력 발전소와 방폐장에 대한 평균차이 검증값이다.

$^{***}p < .001$

었다. 전반적으로 일반인들은 방폐장이 원자력 발전소보다 더 위험하고 이익은 낮다고 반응했다. 원자력 발전소와 방폐장에 대한 이러한 부정적 지각은 지식보다는 이들 방사능 과학기술에 대한 감정과 연관되어 있었다.

2) 원자력 발전소와 방폐장 모형에 대한 검증

이 연구에서는 개인변인뿐 아니라, 태도나 인지 및 정서적 요인이 서로 상호작용함으로써 원자력 발전소와 방폐장 위험지각과 낙인반응을 일으킨다는 모형을 가정하였다. 개인변인으로는 세상을 지각하는 방식인 세계관과 위험신호에 대한 부정적 감정반응성을 포함시켰으며, 자극변인으로 태도(예: 과학기술 관리기관에 대한 신뢰), 인지적 요인(예: 주관적 지식), 정서적 요인(예: '좋거나 나쁘다'는 감정)을 포함시켰다. 원자력 발전소와 방폐장에 대해 전반적으로 유사한 결과를 얻었다. 모형의 적합도 지수를 고려했을 때, 〈표 13-2〉에 제시된 것처럼 원자력 발전소 모형과 방폐장 모형에서 모두 보통 이상의 좋은 적합도*를 보였다. 원자력 발전소 모형은 〈그림 13-2〉에, 방폐장 모형은 〈그림 13-3〉에 제시되었다.

〈표 13-2〉 모형의 적합도 지수($n = 289$)

연구모형	Chi-square difference test		적합도 지수		
	x^2	*df*	TLI	CFI	RMSEA
원자력 발전소	332.964	245	.905	.929	.035
방폐장	362.078	245	.887	.915	.040

* TLI와 CFI는 .90 이상이면 좋은 적합도(Bentler, 1990; Tucker & Lewis, 1973), RMSEA는 .06 이하이면 양호한 적합도를 보이는 것으로 판단하였다(Hu & Benlter, 1999).

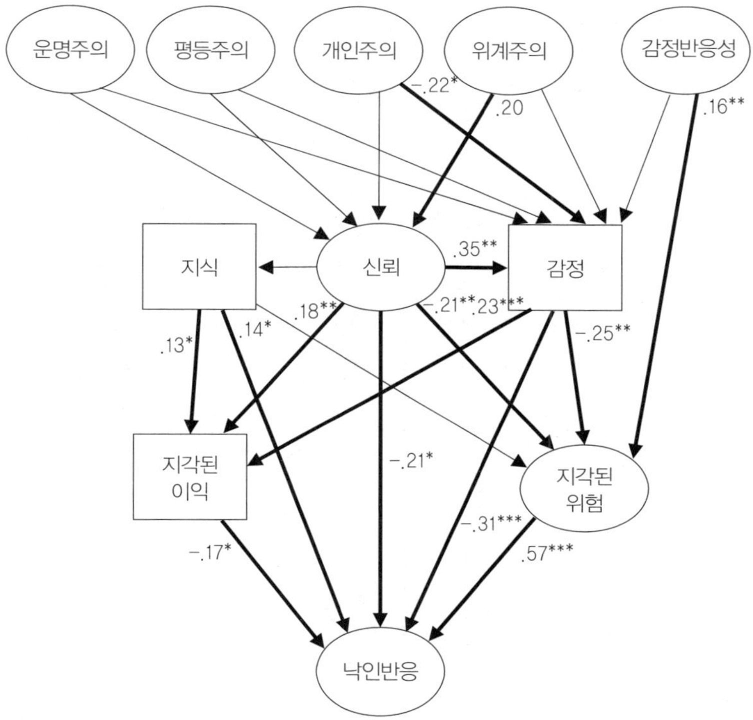

$x^2 = 332.964$, $df = 245$, TLI = .905, CFI = .929, RMSEA = .035.
$^{***}p < .001$, $^{**}p < .01$, $^{*}p < .05$

〈그림 13-2〉 원자력 발전소에 대한 낙인모형
(숫자는 표준화된 경로계수이고 진한 화살표는 통계적으로 의미 있음)

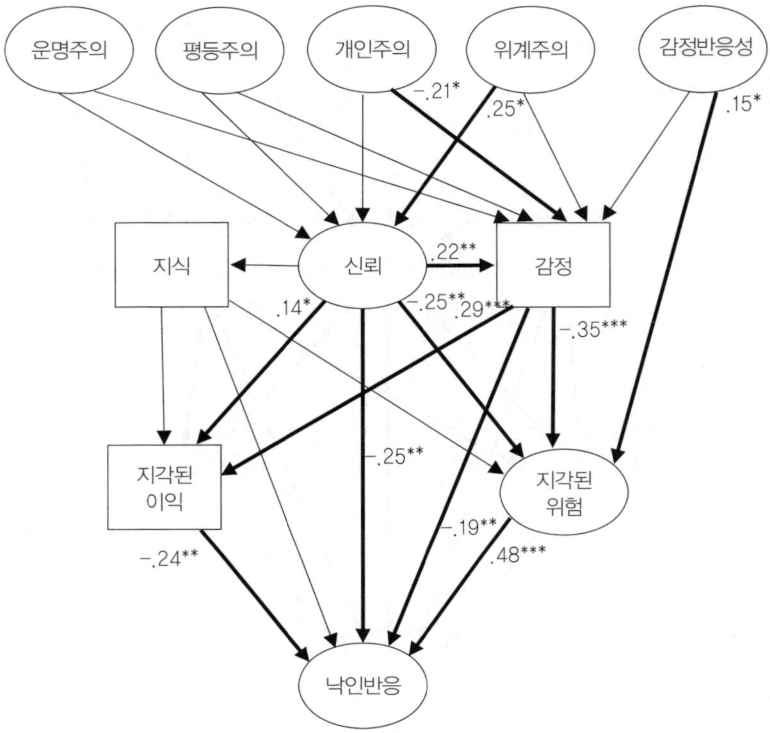

$x^2 = 362.078$, $df = 245$, TLI = .887, CFI = .915, RMSEA = .040.
$^{***}p < .001$, $^{**}p < .01$, $^{*}p < .05$

〈그림 13-3〉 방폐장에 대한 낙인모형
(숫자는 표준화된 경로계수이고 진한 화살표는 통계적으로 의미 있음)

3) 낙인모형에서 신뢰가 감정, 지식, 지각된 위험, 지각된 이익에 미치는 영향

방사능 과학기술 관리기관에 대한 신뢰는 낙인반응에 직접 영향을 주었을 뿐 아니라 감정을 통해 지각된 위험이나 지각된 이익에 영향을 줌으로써 간접적으로도 영향을 주는 것으로 나타났다. 〈그림 13-2〉와 〈그림 13-3〉을 자세히 살펴보면 결과는 다음과 같다.

첫째, 원자력 발전소 낙인모형과 방폐장 낙인모형 각각에서 신뢰와 낙인반응의 관계가 유사하게 나타났다. 신뢰는 낙인반응에 직접 부적 영향을 주었다. 즉 사람들의 방폐장 관리기관에 대한 신뢰가 낮을수록 방폐장에 대한 낙인반응이 증가하였다. 또한 신뢰에서 지각된 위험과 지각된 이익으로의 경로를 살펴보면, 신뢰는 지각된 위험에 부적 영향을 주고 지각된 이익에 정적 영향을 주었다. 다시 말해, 신뢰가 낮을수록 위험을 높게 지각하며 이익을 낮게 지각한다.

둘째, 신뢰가 감정을 통해 지각된 위험, 지각된 이익, 그리고 낙인반응에 영향을 주는 경로계수는 원자력 발전소나 방폐장에서 동일하였다. 신뢰는 감정에 정적 영향을 주므로 신뢰가 낮을수록 방사능 과학기술에 대해 '나쁘다'는 부정적 감정을 가지며, 부정적 감정을 가질수록 위험을 높게 지각하고 이익을 낮게 지각하게 된다. 또한 감정은 낙인반응에 부적 영향을 주어 부정적 감정일수록 낙인반응이 증가하였다. 지각된 위험은 낙인반응에 정적 영향을 주고, 지각된 이익은 낙인반응에 부적 영향을 주었다. 따라서 위험이 높다고 지각하면 낙인반응이 증가한 반면, 이익이 높다고 지각하면 낙인반응이 감소하였다.

셋째, 원자력 발전소와 방폐장 모두 신뢰에서 지식으로의 경로는 유의미하지 않았다. 방사능 과학기술에 대한 주관적 지식의 역할은 원자력 발전소와 방폐장에서 서로 다르게 나타났다. 원자력 발전소에 대한 지식은 지각된 이익에 정적 영향을 그리고 낙인반응에 부적 영향을 주었으나 지각된 위험에는 영향을 주지 않았다. 원자력 발전소와는 달리 방폐장에 대한 지식은 지각된 이익이나 위험, 낙인반응에 영향을 주지 않았다.

요약하면, 원자력 발전소와 방폐장 모두에서 신뢰는 감정에 영향을 줌으로써 지각된 위험과 지각된 이익을 통해 낙인반응에 영향을 주었으나 지식에는 영향을 주지 않기 때문에 지식을 경유한 낙인반응에는 영향을 주지 않았다.

4) 세계관과 감정반응성이 신뢰와 감정에 미치는 영향

세계관이나 부정적 감정반응성과 같은 개인변인들이 신뢰나 감정에 이르는 경로를 〈그림 13-2〉와 〈그림 13-3〉에서 검토해보자. 우선 가장 중요한 결과는 개인변인으로서 세계관이 신뢰에 유의미한 영향을 주었다는 점이다. 원자력 발전소나 방폐장 관리기관에 대한 신뢰에 공통적으로 영향을 준 것은 위계주의 세계관으로서, 예측대로 위계주의 세계관을 가질수록 원자력 발전소와 방폐장 관리기관에 대한 신뢰가 높았다. 제도와 규제를 신뢰하고 질서 유지를 위해 권위나 권력을 인정하며, 전문가의 지식을 신뢰하여 정부나 전문가가 정당하다고 인정한 위험들을 수용하는 위계주의 세계관을 가질수록 방사능 관리기관에 대한 신뢰가 높았다. 그러나 평등주의 등 다른 세계관은 신뢰에 정적이나 부적 영향을 주지 않았다.

감정에 영향을 주는 개인변인의 효과는 다음과 같았다. 첫째, 예상과 달리 부정적 감정반응성은 방사능 과학기술에 대한 감정에 유의미한 영향을 주지 않고, 지각된 위험에 직접적으로 정적 영향을 주었다. 즉 위험단서에 대해 행동을 억제하는 경향이 높은 사람일수록 방사능 과학기술의 위험을 높게 지각하는 것으로 나타났다. 둘째, 세계관에서 개인주의는 방사능 과학기술에 대한 감정에 직접적으로 정적 영향을 주었다. 이는 개인의 자유나 책임, 자유시장을 강조하며, 자신의 삶의 방식을 위태롭게 하지 않는 이상 위험을 기회라고 생각하는 개인주의 세계관을 가질수록 사람들이 방사능 과학기술에 대해 긍정적 감정을 갖는다는 것을 의미한다.

5. 논의

이 연구는 방사능 관련 과학기술에 대한 지각된 위험에 영향을 주는 변인들 및 변인들 간의 관계를 파악하고, 낙인반응에 이르는 경로와 모형을 검증하는 것을 목적으로 수행되었다. 선행연구(Peters et. al., 2004)와 달리, 위험한 과학기술을 관리하고 책임지는 '관리기관에 대한 신뢰'가 지각된 위험과 낙인에서 핵심적 역할을 하고 있음을 밝히고자 하였다. 방사능 과학기술에 대한 낙인반응에 영향을 주는 변인들 중에서 관리기관에 대한 신뢰를 중심으로 하되, 신뢰가 방사능 과학기술에 대한 감정이나 지식을 통해 지각된 위험이나 지각된 이익에 주는 영향을 파악할 뿐 아니라, 개인의 세계관이 신뢰에 어떤 식으로 영향을 주는지를 고려함으로써, 심리적 요인들이 어떻게 지각된 위험과 지각된 이익에 영향을 주어 낙인반응을 일으키는지를 구조방정식 모형을 통해 검증하였다.

원자력 발전소와 방폐장에 대한 모형에서 공통적으로 나타난 주요 결과는 다음과 같다. 신뢰, 감정, 그리고 부정적 감정반응성이 지각된 위험에 직접 영향을 주었다. 지각된 위험과 지각된 이익, 그리고 감정이 낙인반응에 직접 영향을 주었다. 개인변인들도 위험자극 관련변인들에 영향을 주며, 지각된 위험과 지각된 이익 그리고 낙인반응과 같은 종속변인에 영향을 주었다. 방사능 과학기술인 원자력 발전소나 방폐장 모형에서 낙인반응에 영향을 주는 변인들과 경로가 전반적으로 유사하다는 결과를 얻었다.

1) 신뢰가 감정이나 지식을 매개로 낙인에 미치는 영향

원자력 발전소와 방폐장 모형 모두에서 신뢰는 감정을 통해 지각된 위험과 지각된 이익에 영향을 줌으로써 낙인반응에 영향을 주었다. 관리기관에 대한 신뢰는 긍정적인 감정을 초래하여 원자력 발전소나 방폐장의 이익은 높게 그리고 위험은 낮게 지각하게 만들어 낙인반응을 낮추었다.

관리기관에 대한 신뢰가 지식을 통해 지각된 위험과 지각된 이익 그리고 낙인에 미치는 영향을 검토하였다. 신뢰-감정 경로가 지각된 위험과 관련되어 낙인에 영향을 주었지만, 신뢰-지식 경로는 지각된 위험과 관련이 없었다. 한편, 지식은 지각된 이익과 부분적으로 관련이 있었는데, 방폐장과 달리 원자력 발전소에 대한 지식이 많을수록 지각된 이익에 정적 영향을 주고 낙인반응에 부적 영향을 주었다. 원자력 발전소가 공급해주는 전기에너지의 혜택이나 안전성 등 긍정적 내용에 관한 지식이 이런 결과를 가져왔다고 추측된다.

가장 중요한 결과는 신뢰가 낙인반응에 직접 영향을 준다는 것이다. 즉 과학기술 관리기관에 대한 신뢰가 낮으면, 과학기술을 불명예스럽고 비도덕적이며 수용하기 어렵다고 낙인을 찍었다. 원자력 발전소와 방폐장 모형에서 관리기관에 대한 낮은 신뢰는 낙인반응에 직접적으로 부적 영향을 주었다.

2) 세계관이 신뢰에 미치는 영향

세계관은 사람들로 하여금 어떤 대상이나 사건을 지각하는 방식에 영향을 줌으로써 위험지각의 기본 틀로 작용한다. 이나경 등(2008)의 연구에서는 전문가와 달리 일반인의 위험지각이 세계관보다는 신뢰의 영향을 더 받음을 밝혔으나, 세계관과 신뢰의 관계는 다루지 않았다. 앞의 모형에서는 세계관이 신뢰를 거쳐 위험지각에 영향을 주는지 알아보았다. 구조모형 분석 결과, 위계주의 세계관은 원자력 발전소 모형과 방폐장 모형에서 공통적으로 신뢰에 정적 영향을 주었으며, 신뢰는 지각된 위험에 부적 영향을 주었다. 위계주의적 세계관을 가질수록 방사능 관리기관을 신뢰하며 신뢰가 높을수록 원자력 발전소나 방폐장의 위험을 낮게 지각한다는 것이 확인되었다. 그러나 선행연구(Peters & Slovic, 1996)와 달리, 위계주의 외의 다른 세계관들이 신뢰에 유의미한 영향을 주지 않았고 특히 개인주의 세계관은 감정에 직접 정적 영향을 주었다.

3) 연구의 의의 및 제한점

피터스 등(Peters et al., 2004)의 모형에서는 방사능 과학기술 낙인에서 부정적 정서가 중요하다는 것을 강조하였으나, 위험을 책임지고 통제해야 할 관리기관이나 정부에 대한 불신이 팽배한 오늘날 한국사회에서 방사능 과학기술에 대한 낙인은 '신뢰'에 의해 더 잘 설명될 수 있을 것으로 보인다. 이 연구가 방사능 과학기술에 대한 낙인반응을 심리적 구조모형을 통해 검증하였으나 몇 가지 제한점이 있다. 첫째, 이 연구에서 도출된 심리적 모형이 방사능 과학기술을 대상으로 이루어진 것이므로, 이 모형이 다른 과학기술(예: 유전자 변형식품)의 낙인을 설명하는 데 일반화될 수 있는지는 추후 연구에서 검토되어야 할 것이다. 둘째, 연구 시점이 주는 한계이다. 지진으로 인해 예상치 못한 원자력 발전소 사고가 2011년 3월 일본에서 발생하여 전 세계적으로 원자력 발전소에 대한 관심이 증폭되었다. 이 연구에 사용된 자료는 일본의 원전 사고 이전에 수집된 것이므로, 사고 이후에 자료를 수집했다면 이웃나라에서 발생한 사고가 국내 원자력 발전소에 대한 인식에 어떤 영향을 주었는지 검토할 수도 있었을 것이다.

이익과 위험이 공존하는 과학기술이 양적으로 증가하는 시대에 전문지식이 부족한 일반인은 전문가 또는 관리기관에 대한 신뢰를 통해 신기술을 접한다. 일반 대중이 새로운 과학기술에 대해 막연한 불안과 두려움을 해소하기 위해서는 전문가나 관련 기관의 성의 있는 소통이 요구된다. 더 나아가 위험하다고 인식되는 과학기술일수록 공공기관이 그 책임을 다하여 안전을 기하면서도 일반인들에게 신뢰를 줄 수 있도록 노력을 기울여야 한다. 신뢰는 비대칭적어서 쌓기보다 파괴되기 더 쉽다(Slovic, 1993). 신뢰는 현실적인 문제이다. 2011년 지진으로 인한 일본 원자력 발전소 사고는 원자력 발전소의 잠재적 위험성이 부각되는 계기가 되었다. 방사능 유출에 대한 두려움과 공포로 인해 그동안 원자력에 대해 가졌던 긍정적 인식이 부정적으로 변화되는 이 시점에서 정부기관의 책임감 있는 대처는 일반 국민들에게 신뢰를 주고 향후 원자력 발전소나 방폐장 정책의 방향에 중대한 영향을 줄 것이다.

제14장

테러 위험지각의 인지-사회 모형

위험(*risk*)은 사전적으로 "해로움이나 손실이 생길 우려가 있음 또는 그런 상태"를 의미하지만(《표준국어대사전》, 2011) 심리적, 사회적, 제도적 요인의 영향을 받아 개인마다 주관적으로 다르게 지각된다(Slovic, 2000). 위험은 통제성, 자발성, 두려움 등 다차원적으로 구성된 개념이다(Fischhoff, Slovic, Lichtenstein, Read & Comb, 1978). 전통적으로 위험지각에 대한 심리측정 연구들은 일반인의 위험지각이 두려움 요인(예: 재해 결과의 심각성)과 지식 요인(예: 재해에 대해 알려지지 않음)으로 구성되어 있다고 밝혔다.

일반적으로 테러(또는 테러리즘)는 심리적 공포상태를 인위적으로 유발시킴으로써 선전·선동 및 대량 살상을 목적으로 하여 국가, 사회 및 개인을 극도로 혼란시킨다. 두려움과 지식이라는 두 차원에서 볼 때, 테러는 '두렵지만 알려진' 위험에 속한다. 개인적으로 보면 다른 위험 대상에 비해 통제할 수 없고 나에게 치명적 영향을 줄 수 있는 두려운 사건이지만, 관찰할 수 있고 결과가 즉각적으로 나타나는 알려진 위험이다. 2010년 11월 23일 발생한 연평도 포격사태와 같은 북한의 무력도발은 다른 여러 형태의 테러(예: 폭탄 테러, 생·화학 테러)와 마찬가지로 두렵지만 알려진 위험 사건으로 분류될 수 있다.

이 연구는 국민 개개인의 안위를 위협하는 테러가 발생했을 때 위험지각과 개인의 행동반응들을 분석하고, 개인행동반응에 영향을 주는 심리적 기제를 밝히는 데 관심이 있다.

1. 테러가 위험지각과 개인행동반응에 영향을 주는 심리적 요인들

1) 인지-사회 모형

페이튼 등(Paton, Smith & Johnston, 2005)은 홍수, 태풍, 지진 등 자연재해(*natural hazard*)에 대비하도록 사람들을 동기화하는 요인들을 밝히고자 재난에 대비한 인지-사회 모형을 제안하였다. 이 모형에 따르면 재해위험에 관계당국이 대처하는 방식과 같은 사회요인뿐 아니라, 특정 재해가 위험으로 작용할 개연성과 심각성, 그리고 개인이 얼마나 대처할 수 있다고 지각하는지와 같은 인지요인들이 개인행동반응에 영향을 준다. 리와 르미르(Lee & Lemyre, 2009)는 '테러'라는 인위적 재해에 대한 위험지각과 개인행동반응에 대하여 페이튼 등(Paton et al., 2005)의 사회인지적 조망을 취하였다. 리와 르미르(Lee & Lemyre, 2009)의 연구에서 밝혀진 주요 결과는 테러에 대한 개인행동반응 역시 자연재해에 대한 개인행동반응과 마찬가지로 인지 및 사회맥락 요인에 따라 달라진다는 것이다. 인지와 사회맥락 각각이 테러에 어떻게 반응하는지 보기로 하자.

2) 인지요인

테러에 대한 걱정은 사회요인보다는 인지요인과 더 강한 관련성을 보였다(Lee와 Lemyre, 2009). 사람들은 테러가 발생할 개연성이 높고 자신이 대처할 수 없다고 지각할수록 테러에 대해 더 많이 걱정하였다. 테러에 대한 개인준비나 정보검색 등의 행동도 다양한 인지요인의 영향을 받았다. 중다회귀분석 결과, 테러에 대한 걱정은 인지 및 사회맥락 요인 외에 행동을 독립적으로 예측했을 뿐 아니라 이 요인들과 행동의 관계를 부분적으로 매개하였다.

위험지각에는 사건의 발생 확률(*probability*)과 심각성(*seriousness*)이 관여한다. 위험을 정량적으로 본다면 사건이 발생할 확률이 크거나 피해의 심각성이 클 때 객관적 위험이 크다고 본다(Kaplan & Garrick, 1981). 그러나 위험에 대한 지각 측면에서는 비록 사건의 발생 확률이 작더라도 사건의 피해가 심각하다면 위험을 크게 지각하는 확률 무시(*probability neglect*)라는 현상이 나타난다(Sunstein, 2003). 선스타인(Sunstein, 2003)은 확률 무시 개념을 통해, 테러처럼 공포를 유발하는 사건에 대해서는 사건의 발생 확률보다 테러 결과가 얼마나 심각하다고 지각되는지에 따라 개인행동반응이 달라진다고 주장하였다. 이처럼 사건의 발생 확률과 심각성 중 어떤 것이 위험지각에서 더 큰 비중을 차지하는지 견해의 차이는 있을 수 있으나, 위험지각을 다룰 때 이 두 변인이 고려되어야 하는 것은 분명하다.

인지요인으로 사건의 특성 외에 사건에 잘 대처할 수 있는지를 나타내는 지각된 대처 능력은 개인행동에 다른 영향을 준다. 리와 르미르(Lee & Lemyre, 2009)의 연구에서 지각된 대처효능성(*coping efficacy*)은 테러에 대한 걱정에 부적 영향을 주면서 개인행동반응에 영향을 준다는 것이 밝혀졌다. 이와 유사하게 원자력과 방폐장 위험에 대한 피터스 등(Peters, Burraston & Mertz, 2004)의 연구에서도 지각된 대처가 두려움이나 분노와 같은 부정적 정서에 영향을 주었다. 인지요인으로 지각된 대처효능성은 걱정이나 두려움, 분노 등 부정적 정서의 감소와 연관된 것으로 보인다. 따라서 인지와 정서의 상호관련성을 살펴보아야 할 것이다.

3) 인지와 정서의 상호작용

위험에 대한 개인행동반응에서 인지체계와 정서체계가 상호작용한다는 연구들이 있다(Loewenstein, Weber, Hsee & Welch, 2001; Slovic, Finucane, Peters & MacGregor, 2004). 미국에서 9·11 테러 직후 일반인들의 항공기 이용에 대한 연구(Bergstrom & McCaul, 2004)에서 테러 개연성과 항공기 이용 의도 사이에 부적 상관관계를 관찰했으나, 걱정이라는 부정적 정서를 통제했을 때 부적 상관이 사라진다는 결과를 얻었다. 이것은 '걱정'이라는 정서 변인이 인지에 영향을 주어 개인행동반응을 가장 강력하게 예언한다는 점을 지적해준다.

위험지각에서 인지와 정서의 관계는 두 가지 방식으로 설명된다. 하나는 처리과정이론(*processing theories*)으로서, 위험에 대한 인지평가가 정서에 의해 발생한다고 간주한다(예: Slovic, 2000). 러너와 켈트너(Lerner & Keltner, 2000)는 미래 사건을 평가할 때 정서 유형에 따라 상이한 인지 경향이 활성화된다고 밝혔다. 테러에 대해 실험적으로 분노를 유도한 조건에서는 공포를 유도한 조건보다 테러의 개연성을 높게 평가하였을 뿐 아니라 심지어 테러와 무관한 사건들의 위험 역시 높게 평가하였다(Lerner, Gonzalez, Small & Fischhoff, 2003).

이와 반대로 인지평가이론(*cognitive appraisal theories*)에서는 위험에 대한 인지평가로부터 정서가 발생한다고 제안한다(예: Ellsworth & Scherer, 2003; Karasawa, 1995; Smith & Ellsworth, 1985). 스미스와 엘스워스(Smith & Ellsworth, 1985)는 감정의 기초를 제공하는 여섯 개의 인지적 차원(확신, 통제, 책임, 기대된 노력, 즐거움, 주의활동)을 확인하였다. 확신과 통제는 분노와 공포에 영향을 주는 두 가지 핵심 차원이다. 사건 발생과 개인적 통제력에 대한 확신은 분노를, 반대로 이에 대한 불확실성은 공포를 가져온다.

그동안 인지와 정서에 대한 대부분의 처리과정 모형들이 동시발생적 정서만을 다루었으나, 코벨트베드 등(Kobbeltved, Brun, Johnsen & Eid, 2005)은 종단적인 교차지연 경로모형을 통해 위험지각을 연구하면서 걱정이라는 정서가 인지평가에 영향을 주기보다는 인지평가가 걱정에 영향을 준다는 인지평가이론의 입장을 지지하는 결과를 얻었다. 이 연구에서는 인지평가이론과 선행연구들(Kobbeltved et al., 2005; Lee & Lemyre, 2009; Prati et al., 2011)을 바탕으로 하여 테러에 관한 위험지각에서도 인지요인이 정서에 영향을 줌으로써 행동에 영향을 주는지 검증하고자 한다.

4) 사회요인

테러에 대한 개인행동반응을 설명하는 데 인지 및 정서 외에 사회요인도 중요하다. 위험의 사회적 확산(*social amplification*) 이론은 절대적 위험은 없고 위험은 사람들이 세상 및 세상과의 관계를 생각하고 다루는 정도에서만 의미가 있다고 주장한다(R. E. Kasperson, Renn, Slovic, Brown, Emel, Gobel, J. X. Kasperson & Ratick, 1988). 즉, 위험지각은 대중매체를 통한 소통과 사회적 과정을 통해서 만들어진다. 대중매체는 자신의 주관적 입장에 따라 정보에 사회적 가치를 부여하거나 정보를 해석하고 타당화한다. 따라서 사회요인은 사회 속 위험에 대해 공유된 의미를 이해하는 데 필수적이다(Heine & Lehman, 1995). 지진에 대비한 사회-인지모형(Paton et al., 2005)에서도 개인이 지진에 대비하려는 의도는 개인이 강한 공동체 의식을 가지는지, 대비에 대한 책임을 타인에게 전가시키는지, 정보원(*source*)을 신뢰하는지 등 여러 가지 사회요인의 영향을 받는다.

테러에 대한 위험지각 역시 사회적 영향을 받는다. 행정 당국에 대한 신뢰는 특히 과학기술 재해의 위험을 지각하는 데 중요한 변인으로 알려져 있다(Siegrist, Gutscher & Earle, 2005; Slovic, 1993). 행정 당국에 대한 신뢰란 책임을 맡은 관리기관이 위험을 통제하고 최소화할 능력이 있다는 확신으로서, 개인이 감당하기에 이슈가 너무 크고 복잡한 위험의 경우에 특히 중요하다(Poortinga & Pidgeon, 2005). 한편, 행정 당국에 대한 신뢰는 지식과 상호작용하는데, 예를 들어 과학기술 지식이 부족한 사람의 경우 위험관리기관에 대한 신뢰가 위험지각과 강한 상관관계를 보였으나 지식이 많은 사람들의 경우에는 그렇지 않았다(Siegrist & Cvetkovich, 2000). 과학기술 재해와는 다르게, 테러 위험지각에 대한 샤일로 등(Shiloh, Güvenç & Önkal, 2007)의 연구에서는 행정 당국에 대한 신뢰가 테러 위험의 여러 요소들과 상관이 없다는 결과가 나타났다. 그럼에도 불구하고 테러는 개인 차원에서 대처하고 감당할 수 있는 문제가 아니므로 행정 당국에 대한 신뢰가 위험지각에 중요하게 작용할 가능성이 여전히 존재한다.

5) 개인행동반응

프라티 등(Prati et al., 2011)은 전 세계적으로 유행한 신종 독감처럼 건강을 위협하는 위험상황에서 보건당국이 발표한 행동목록, 예를 들면 비누나 물로 손을 깨끗이 씻기 등의 행동지침을 개인이 따르는지 조사하고 이 행동을 예측할 수 있는 사회-인지요인을 밝혔다. 그러나 테러와 같은 위험상황에서 개인은 어떤 행동을 할 것인가? 리와 르미르(Lee & Lemyre, 2009)는 테러가 발생했을 때 사람들이 보이는 구체적 행동목록을 작성하였다. 개인적 대비행동, 정보검색행동, 회피행동으로 분류될 수 있다. 이 연구에서는 리와 르미르(Lee & Lemyre, 2009)의 연구에서 수집된 테러에 대한 개인행동반응 등을 행동반응목록에 포함하여 사회 및 인지, 정서요인이 이러한 개인행동반응에 미치는 영향을 밝히고자 한다.

6) 연구모형

지금까지 살펴본 선행연구들은 테러에 대한 개인의 행동반응에 영향을 주는 심리요인들의 관계를 이론적으로 추정하거나 단편적으로 확인하였을 뿐 요인들 간의 인과성을 하나의 모형 내에서 통합적으로 파악하지 못하였다. 따라서 이 연구에서는 테러와 관련된 인지요인(지각된 개연성, 지각된 심각성, 지각된 대처), 사회요인(신뢰), 정서요인(두려움, 걱정) 그리고 행동요인을 모두 포함하는 구조모형을 통하여 테러발생 시 개인행동반응에 영향을 주는 심리요인들 간의 관계를 규명하고자 한다. 〈그림 14-1〉의 구조모형을 중심으로 다음과 같은 가설을 검증하고자 한다.

첫째, 테러를 위험하다고 지각할수록(즉, 발생 개연성이 높고, 테러의 피해가 심각하다고 지각할수록) 정서요인을 매개로 개인의 행동반응이 증가할 것이다. 둘째, 테러의 피해를 개인적으로 잘 대처할 수 없다고 지각할수록(즉, 테러의 영향에 대처할 수 없고, 테러의 영향을 개인적으로

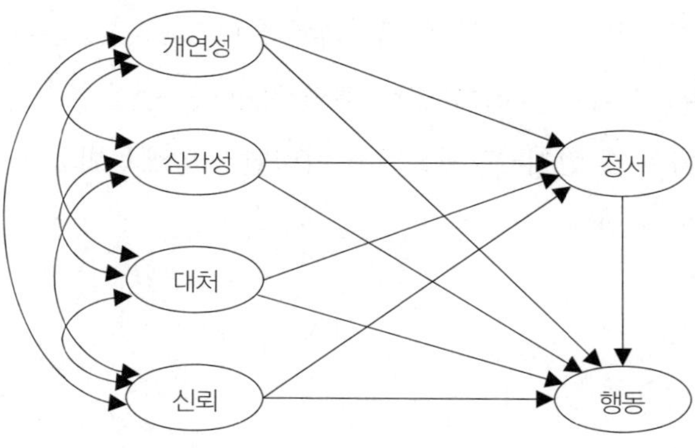

〈그림 14-1〉 테러 위험지각의 연구모형

통제할 수 없으며 책임이 없다고 지각할수록) 정서요인을 매개로 개인의 행동반응이 증가할 것이다. 셋째, 테러 시 정부를 신뢰할수록(즉, 정부가 북한의 테러에 대비하고 있다고 지각하고 정부의 법이나 규제, 전문가들을 신뢰할수록) 정서요인을 매개로 하여 개인의 행동반응이 증가할 것이다. 넷째, 테러에 대해 부정적 정서를 가질수록(즉, 두려워하고 걱정할수록) 개인의 행동반응이 증가할 것이다.

2. 방법

1) 조사 대상

연구 대상은 서울 및 지방의 4개 대학교 남녀 대학생 249명(남자 111명, 여자 137명, 무응답 1명)이다. 평균 연령은 21.5세($SD = 2.16$)였다.

2) 조사 도구

설문지는 북한의 테러에 대해 인지요인, 사회요인, 정서반응 및 개인의 행동반응을 측정하는 문항으로 구성되었다. 응답자들에게 북한의 테러에 대해 얼마나 알고 있다고 느끼는지, 또한 북한의 테러가 개인의 삶에서 얼마나 중요한지를 질문함으로써 각 이슈에 대한 응답자들의 주관적 지식과 중요성을 측정하였다. 위험 대상(예: 과학기술)에 대한 지식이나 중요성은 다양한 방식으로 위험지각에 영향을 줄 수 있는데, 이슈가 중요하지만 해당 영역에 대한 지식이 스스로 부족하다고 느끼는 경우 행정 당국에 대한 신뢰가 위험지각에 큰 영향을 주는 반면, 많이 안다고 느끼는 경우에는 신뢰가 위험지각에 별다른 영향을 주지 않을 수 있다(예: Earle, 2010).

3) 인지요인

선행연구(Lee & Lemyre, 2009; Peters, Burrastan & Mertz, 2004; Smith & Ellsworth, 1985)에 근거하여 북한의 테러에 대한 위험지각의 인지차원은 지각된 개연성, 지각된 심각성, 지각된 대처효능성, 지각된 개인통제 및 지각된 개인책임에 관한 5가지 질문으로 측정하였다. "북한의 테러가 일어날 가능성이 향후 1년 내에 얼마나 될 것 같은지"(개연성), "북한의 테러의 여파가 얼마나 심각할지"(심각성), "북한의 테러의 피해에 당신이 얼마나 잘 대처할 수 있을지"(대처효능성), "북한의 테러가 당신의 삶에 주는 영향을 당신이 얼마나 통제할 수 있는지"(개인통제), "북한의 테러가 당신의 삶에 주는 영향에 당신이 얼마나 책임이 있는지"(개인책임)를 5점 척도에서 평정하게 하였다(0 = 전혀 아니다, 4점 = 매우 그렇다). 주축 요인 추출법(*principal axis factoring*)으로 요인분석을 실시한 결과, 지각된 대처효능성, 지각된 개인통제, 지각된 개인책임이 '**대처**' 차원으로 묶였다. 따라서 구조모형의 인지요인에는 개연성, 심각성 그리고 대처가 포함되었다.

4) 사회요인

사회측면에서 행정 당국의 지각된 대비수준 및 그에 대한 지각된 신뢰를 측정하였다. 테러에 대한 선행연구(Lee & Lemyre, 2009)에서는 다양한 기관별로(예: 연방정부, 주정부, 지방정부, 병원 및 의료기관, 비정부기관, 지방자치단체) 어느 정도 대비하고 있다고 느끼는지를 질문하였으나, 이 연구에서는 북한의 테러에 대해 정부의 지각된 대비수준을 측정하는 동시에, 또 다른 중요 사회요인인 행정 당국에 대한 신뢰(정부 및 전문가 집단)의 영향을 파악하고자 하였다. 따라서 "북한의 테러에 대해 정부가 얼마나 잘 대비하고 있다고 느끼는지" 뿐만 아니라, "북한의 테러에 대한 정부의 법과 규제를 얼마나 신뢰하는지", 그리고 "북한의 테러에 대한 전문가 집단을 얼마나 신뢰하는지"를 5점 척도에서 평정하게 하였다(0 = 전혀 아니다, 4점 = 매우 그렇다).

5) 정서반응 요인

테러에 대한 정서반응은 두 질문으로 측정하였다. "북한의 테러에 대해 당신이 얼마나 두렵다고 느끼는지"(두려움), "북한의 테러가 당신에게 얼마나 걱정되는지"(걱정)를 5점 척도에서 평정하게 하였다(0 = 전혀 아니다, 4점 = 매우 그렇다).

6) 개인행동반응

북한의 테러에 대한 개인행동반응은 다음과 같은 질문으로 측정하였다. "2010년 11월 23일 연평도 포격사태 당시, 당신이 한 행동은 무엇인가"라는 질문에 대해, 개인준비로부터 정보를 검색, 분석하고 관계망을 점검하기에 이르기까지 14개 행동을 그렇다(1)와 아니다(0)로 척도에 표시하도록 하였다. 여러 종류의 테러(화학, 생물, 방사능, 핵, 폭발)에 대한 행동지침(Dallaire, Krewski, Lemyre, Bouchard, Brand & Mercier, 2005)과 리와 르미르(Lee & Lemyre, 2009)에서 다룬 행동항목들이 포함되었다. 행동목록의 분류를 위해 연구에 참가하지 않은 별도의 대학생 집단(208명)을 대상으로 사전연구를 실시하였다. 사전연구에 참여한 응답자들의 반응을 주축 요인 추출법(*principal axis factoring method*)과 사각회전(*promax*)으로 탐색적 요인분석을 실시한 결과, 5개의 요인이 추출되었다. 이 연구에서 사용된 각 요인과 요인별 적재량이 높은 측정변인들은 다음과 같다. **개인준비**(구급약 준비하기, 구명도구 준비하기, 비상식품 준비하기, 비상대피소 확인하기, 공공장소 피하기), **정보검색**(인터넷 또는 휴대전화를 통해 정보 얻기, 신문이나 라디오, 또는 TV를 통해 정보 얻기), **관계망 점검**(비상 시 연락을 취할 수 있는 주변인 연락처 확인하기, 사람들과 함께 모여 불안 달래기, 다른 사람들에게 조언 구하기), **정보분석**(다른 테러와의 유사점과 차이점 비교하기, 무력도발이나 테러에 관한 글 찾아 읽기). 기타 요인을 제외한 이들 4개 요인에 대한 평정치들의 평균을 구하여 모형분석에 사용하였다.

7) 조사 실시

설문지 조사는 2011년 3~5월 중에 심리학 관련 수업시간에서 집단적으로 이루어졌으며, 20여 분이 소요되었다.

8) 분석방법

기본적으로 SPSS 15.0을 사용하고, 구조모형 검증을 위해서 AMOS 19.0(평가판)을 사용하였다. FIML(*full-information maximum likelihood*)으로 구조 방정식 모형을 추정하였다.

3. 결과

설문조사 결과에 따르면, 2011년 봄, 응답자들은 북한이 앞으로 무력적으로 도발할 개연성이 높고 테러의 여파가 심각할 것으로 예상하지만, 그 여파에 개인적으로 대처할 수 없다고 느끼며, 테러에 대해 걱정하며 두려워하는 정서반응을 보였다. 사건 당시 인터넷이나 TV 등 매체를 통해 정보를 검색하거나 테러를 분석하고, 주변인의 연락처를 확인하거나 대처 방법을 문의하였으며 구명도구 등을 개인적으로 준비하는 행동을 취하였다.

1) 모형 검증

이 연구에서는 인지 및 사회요인이 북한의 테러에 대한 정서반응과 개인행동반응에 영향을 준다는 모형을 가정하였다. 인지요인으로는 테러의 개연성, 심각성, 대처를, 사회요인으로는 행정 당국에 대한 신뢰를 고려하였고, 정서반응과 개인행동반응을 포함하였다. 모형을 검증한 결과, 〈그림 14-2〉에 제시된 모형이 이 연구의 자료를 가장 잘 설명하는 것으로 나타났다. 즉, 테러라는 위험상황에 대해서 인지요인들이 정서를 매개로 행동에 영향을 준다. 각 인지요인들은 정서에 영향을 주며, 정서가 행동반응에 영향을 주는 것이다. 또한 인지요인 중 대처의 경우 행동반응에 직접적인 영향을 준다.

첫째, 테러 발생 개연성과 테러 여파의 심각성은 정서요인을 완전매개로 하여 개인의 행동반응에 영향을 주었다. 사건의 지각된 개연성과 심각성은 각각 부정적 정서에 정적 영향을 주며(개연성 $\beta = .12$; 심각성 $\beta = .45$), 부정적 정서는 행동반응에 정적 영향을 주었다($\beta = .25$). 다시 말해, 테러의 개연성이 높고 심각성이 크다고 지각할수록 두려움과 걱정이 커지며, 그에 따라 개인행동반응이 증가하였다.

둘째, 테러 여파에 대해 개인적으로 대처할 수 있다고 지각하는지는 정서요인을 부분매개로 하여 개인의 행동반응에 영향을 주었다. 대처는 부정적 정서에 부적 영향을 주었다($\beta = -.30$). 또한 대처는 정서를 통해 행동에 영향을 주거나 행동에 직접 정적 영향을 주었다($\beta = .33$). 따라서 테러에 대해 개인적으로 대처할 수 없다고 지각할수록 두려움과 걱정이 커지고 그에 따라 개인행동반응이 증가하였을 뿐 아니라, 대처할 수 없다고 지각하는 경우 정서를 매개하지 않고 개인행동반응이 증가하였다.

셋째, 테러에 대한 부정적 정서는 개인의 행동반응을 증가시켰다(β =.25). 즉 테러에 대해 두려워하고 걱정할수록 개인준비, 정보검색, 관계망 점검, 정보분석과 같은 개인의 행동반응이 증가하였다.

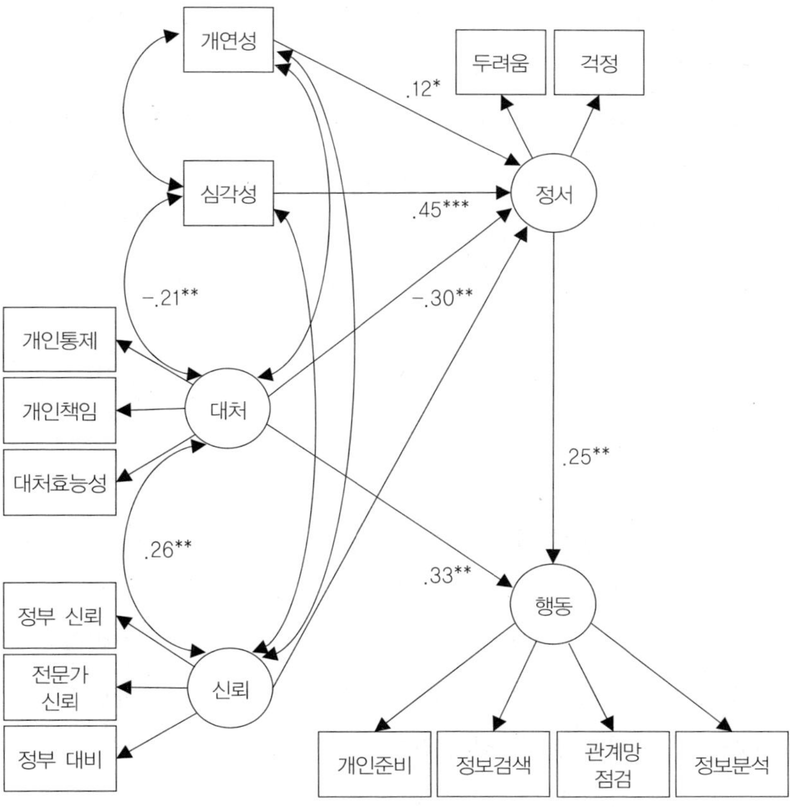

x^2 = 119.210, df = 67, TLI = .862, CFI = .912, RMSEA = .056.
$^{***}p<.001$, $^{**}p<.01$, $^{*}p<.05$

〈그림 14-2〉 테러 위험지각의 인지-사회 모형
(숫자는 표준화된 경로계수임)

마지막으로, 테러와 관련하여 행정 당국에 대한 신뢰는 정서요인에 통계적으로 유의미한 영향을 주지 않았다. 즉, 테러에 대해 정부가 잘 대비하고 있다거나 정부의 법과 규제, 전문가 집단을 신뢰하고 있다는 것은 두려움과 걱정이라는 부정적 정서에 직접적으로 영향을 주지 못하였다. 다만, 행정 당국에 대한 신뢰는 인지요인인 대처와 약한 정적 상관이 있었다($r = .26$). 이로써 행정 당국에 대한 신뢰를 제외한 대다수의 연구가설이 검증되었다.

요약하면, 테러에 대해 발생 개연성, 심각성과 대처는 부정적 정서에 영향을 줌으로써 개인행동반응에 영향을 주었고, 개인적 대처의 경우 개인행동반응에 직접적으로 영향을 줄 수 있었다. 그러나 행정 당국에 대한 신뢰는 부정적 정서나 개인행동반응에 영향을 주지 못하였다.

4. 논의

이 연구는 테러에 대한 위험지각과 개인의 행동반응에 영향을 주는 심리요인들의 관계를 파악하고자 실시되었다. 테러위험에 관한 리와 르미르(Lee & Lemyre, 2009)의 사회인지모형을 한국인의 위험지각과 개인행동반응을 설명하는 데 적용하였다. 그러나 리와 르미르(Lee & Lemyre, 2009)와는 달리, 테러 위험에 대해서 인지, 사회 및 정서, 행동요인을 하나의 구조방정식 모형 내에서 통합하였다. 구조모형에 따르면 테러에 대한 각 인지요인(테러 발생에 대한 지각된 개연성, 테러 여파에 대한 지각된 심각성, 지각된 개인적 대처)이 정서를 매개로 행동반응에 영향을 준다. 테러 개연성과 심각성은 부정적 정서에 정적 영향을 주어 지각된 개연성과 심각성이 클수록 부정적 정서(두려움과 걱정)도 커진다. 반면 대처는 부정적 정서에 부적 영향을 주어 지각된 대처가 낮을수록 부정적 정서도 커진다. 이처럼 인지요인들의 영향을 받은 부정적 정서는 개인행동반응에 정적 영향을 준다. 다른 인지요인과 달리 지각된 대처는 정서를 매개로 할 뿐 아니라 행동반응에 직접 정적 영향을 주었다. 한편 사회요인인 행정 당국에 대한 신뢰는 정서나 행동에 영향을 주지 않았지만, 지각된 대처와 유의미한 상관을 보였다. 주요 결과를 논의하면 다음과 같다.

1) 테러의 개연성과 심각성

테러에 대한 위험지각은 정서를 통해 개인행동반응을 증가시킨다. 테러의 발생 개연성이 높고 테러의 피해가 매우 심각하다고 지각할수록 두려움과 걱정이 커지며, 이러한 부정적 정서가 증가함에 따라 여러 개인행동반응들도 증가한다. 리와 르미르(Lee & Lemyre, 2009)도 테러 개연성이나 심각성이 부정적 정서인 걱정에 영향을 준다고 주장하였다. 그들의 연구에서는 테러가 일어날 개연성은 개인준비나 정보검색에 영향을 주었으나 테러의 심각성은 개인행동반응에 영향을 주지 않았다. 이러한 차이는 테러 경험이 없는 캐나다의 경우 테러의 발생 개연성은 중요하지만, 심각성은 상상하기 어렵기 때문이라고 추측해 볼 수 있다. 이러한 추측을 뒷받침할 수 있는 연구가 있다. 위험의 성격은 다르지만 실제로 발생한 신종 플루에 대한 위험지각을 조사한 프라티 등(Prati et al., 2011)의 연구에서는 이번 연구와 마찬가지로 질병 감염의 개연성과 심각성 모두가 부정적 정서에 영향을 줌으로써 행동에 영향을 준다는 결과를 얻었다.

2) 테러에 대한 대처

테러의 피해에 대해 지각된 대처는 정서를 통해 또는 정서를 통하지 않고 개인의 행동반응을 증가시킨다. 이 연구에서 지각된 대처는 대처효능성, 개인통제와 개인책임을 포함하는 개념이다. 지각된 대처는 리와 르미르(Lee & Lemyre, 2009)의 테러 관련 모형에서 중요한 역할을 하였고, 샤일로 등(Shiloh, Güvenç & Önkal, 2007)의 테러공격에 대한 인지 및 정서표상에 대한 연구와 피터스 등(Peters et al., 2004)의 과학기술 위험에 관한 연구에서도 지각된 통제는 중요한 변인이었다. 이번 연구 결과에 따르면, 테러의 영향에 개인적으로 대처할 능력이 없고 테러의 영향을 자신이 통제할 수 없을 뿐 아니라 자신의 책임이 아니라고 지각할수록 두려움과 걱정이 커지며, 두려움과 걱정이 커질수록 개인행동반응도 증가한다. 다른 한편으로 지각된 대처는 개인행동반응에 직접 영향을 준다. 북한의 테러 피해에 대한 지각된 대처가 행동반응과 밀접한 관련이 있으므로 국민 개개인의 대처효능감, 개인통제감 및 개인책임감을 증진시키는 일이 중요하다.

3) 행정 당국에 대한 신뢰

사회요인인 행정 당국에 대한 신뢰는 테러에 대한 부정적 정서에 영향을 주지 않았다. 위험지각이 사회적 과정을 통해 만들어지므로(Kasperson et al., 1988), 테러라는 국가적 위험에 대해 행정 당국이 대처할 준비가 되어 있다고 믿으면 두려움과 걱정이 감소될 것으로 기대하였지만, 가설은 지지되지 않았다.

행정 당국에 대한 신뢰는 개인이 감당하기에는 크고 복잡한 이슈의 위험지각에서 중요한 역할을 한다고 알려져 있다(Flynn, Burns, Mertz & Slovic, 1992; Midden & Huijts, 2009; Poortinga & Pidgeon, 2005). 그러나 잘 알려진 위험에 대하여는 행정 당국에 대한 신뢰와 위험지각 사이에 상관이 발견되지 않았다(예: Siegrist & Cvetkovich, 2000). 우리나라 사람들에게 북한의 테러는 '두렵지만 잘 알려진' 위험이므로 응답자들은 북한의 테러에 대한 주관적 지식을 묻는 질문에서 보통 이상으로 알고 있다고 답하였다. 북한의 연평도 포격사태에 있어서 도발주체나 공격대상이 드러나 있고 테러의 피해를 즉시 확인할 수 있으므로 '지식 부족으로 인한 행정 당국에 대한 신뢰'는 나타나지 않은 것으로 보인다.

현재로서는 응답자들이 정부기관을 신뢰하지 않을 뿐더러 테러의 피해에 스스로 대처할 수 없다고 느끼고 있다. 테러는 그 성질상 개인적으로 대처할 수 있는 사건이 아니다. 신뢰와 대처의 약간의 정적 상관은 테러가 발생했을 때 정부에 대한 신뢰가 낮았다는 점을 시사한다. 추후 연구에서는 행정 당국에 대한 신뢰와 지각된 대처 간의 인과관계를 구체적으로 밝힐 필요가 있다.

4) 테러에 대한 부정적 정서

두려움과 걱정을 느낄수록 개인의 행동반응이 증가한다. 북한의 테러에 대해 두려워하고 걱정할수록 사람들은 개인적으로 구명도구나 구급

약 등을 준비하며, 테러에 대한 정보를 인터넷이나 TV, 라디오 등 매체를 통해 검색하고, 비상 시 연락할 만한 사람들의 연락처를 확인하고, 불안을 감소시키기 위해 함께 모이며, 이전에 발생한 무력도발이나 테러에 관한 글을 찾아 비교분석한다.

5) 연구의 시사점

국제사회는 2001년 9·11 사태 이후 테러로 인한 위기를 실감하게 되었다. 대한민국도 테러의 위험으로부터 안전하지 않다. 우리나라는 북한의 테러 개연성이 높다. 최근 북한 내부의 갈등이나 관심을 외부로 돌리기 위해 대남 테러를 자행할 우려가 있다는 것이 감지되고 있다(김상겸·이대성, 2009; 노호래·이대성, 2004). 정부는 국내외의 다양한 테러 개연성에 대하여 국가적으로 대규모 테러기구를 중심으로 대비하고 있고, 국방이나 통일정책 차원에서 테러를 연구하고 있다. 그러나 국민 개개인의 차원에서 어떻게 대처해야 할지에 대한 구체적 행동지침은 마련되어 있지 않을 뿐더러, 테러 상황에서 개인의 행동 및 심리적 영향에 대한 실증적 연구는 국내에 없는 실정이다. 2010년 11월 23일 북한의 연평도 포격사태에서도 볼 수 있듯이 테러로 인해 군뿐만 아니라 민간에도 피해가 발생하는 만큼, 이 연구 결과는 테러의 위험에 대해 개인적 차원에서 위험지각과 행동반응에 대한 심리적 모형을 구조방정식으로 검증하였다는 데 의의가 있다.

〈부록〉 개인행동반응 요인분석 결과(N= 208)

문항	개인 준비	정보 검색	관계망 점검	기타	정보 분석
구급약을 준비하였다.	**.863**	.206	.237	.328	.181
방독면 등 구명도구를 준비하였다.	**.703**	.020	.173	-.027	.214
라면이나 생수 등 비상식품을 준비하였다.	**.569**	.171	.357	.310	.103
주변 비상대피소를 확인하였다.	**.469**	.113	.434	.036	.260
사람이 많이 모이는 공공장소를 피해 다녔다.	**.418**	.013	.322	-.009	.356
무력도발에 대해 어떻게 준비해야 하는지 신문이나 라디오, TV를 통해 정보를 얻었다.	.127	**.796**	.366	.150	.207
무력도발에 대해 어떻게 준비해야 하는지 인터넷이나 휴대전화를 통해 정보를 얻었다.	.104	**.721**	.311	.155	.247
무력도발에 대해 어떻게 준비해야 하는지 다른 사람에게 조언을 구했다.	.204	.407	**.718**	.188	.156
비상 시 연락을 취할 수 있도록 주변 사람들의 연락처나 전화번호를 확인하였다.	.286	.327	**.539**	.324	.252
사람들과 함께 모여 있으면서 불안을 달랬다.	.097	.091	**.352**	.111	.155
은행에서 돈을 인출하여 비상금을 준비하였다.	.138	.198	.271	**.796**	.070
무력도발이나 테러를 다룬 뉴스기사를 일부러 안 보려고 했다.	.168	-.056	.004	**.190**	.005
무력도발이나 테러에 관한 주제의 글을 다방면으로 찾아 읽었다.	.186	.242	.289	.119	**.746**
다른 무력도발과의 유사점과 차이점을 비교하였다.	.164	.171	.137	-.009	**.307**
고유치	2.227	1.651	1.843	1.090	1.154
설명변량(%)	19.66	9.48	5.35	4.12	3.52
KR-20	.713	.733	.545	.254	.401

참고문헌

곽호완(2005), "대구 지하철 화재참사의 에러유형 분석", 〈2005년도 한국실험심리학회 여름학술대회 발표논문집〉.

국립국어원(2011), 《표준국어대사전》. http://stdweb2.korean.go.kr

권영근(2000), "녹색혁명과 유전자 조작식품", 권영근 편, 《위험한 미래》, 도서출판 당대, 89~122.

김교헌·김원식(2001), "한국판 행동활성화 및 행동억제 체계(BAS/BIS) 척도", 〈한국심리학회지: 건강〉, 6권, 19~37.

김상겸·이대성(2009), "북한의 뉴테러리즘과 대응책", 〈통일정책연구〉, 18권, 67~96.

김서용(2005), "환경갈등의 문화적 분석: 새만금 개발 사업을 중심으로", 〈한국행정학보〉, 39권 3호, 43~66.

_____(2006), "정책과정에서 전문가의 중립성에 대한 실증분석: 문화이론과 Q방법론의 적용을 통해", 〈한국행정학보〉, 40권, 127~153.

노호래·이대성(2004), "북한에 의한 테러유형과 대응방안", 〈통일정책연구〉, 13권, 135~162.

대한변호사협회(2003), 《인권보고서 제18집》, 서울: 대한변호사협회, 63~68.

박창호(2005), "화재전후의 행동에 대한 인지적 분석: 대구 지하철 참사를 중심으로", 〈2005년도 한국실험심리학회 여름학술대회 발표논문집〉, 45~55.

배병렬(2009), 《Amos 17.0 구조방정식모델링: 원리와 실제》, 서울: 청람.

이나경 · 이영애(2005), “방폐장 입지에 관한 의사결정에 영향을 미치는 변수”, 〈한국심리학회지: 실험〉, 17권, 461~475.

______(2005a), “위험지각의 심리적 차원”, 〈인지과학〉, 16권 3호, 199~211.

______(2005b), “위험지각의 심리적 차원”, 〈한국 실험심리학회 겨울학술대회 발표 논문집〉, 2~6.

이나경 · 임혜숙 · 이영애(2008), “세계관과 위험지각에서 전문가와 일반인의 차이: 문화이론 다시보기”, 〈한국심리학회지: 일반〉, 27권, 635~651.

이영애 · 임혜숙(2005), “세계관과 신뢰가 위험지각에 미치는 영향”, 미발간 연구.

이현주 · 이영애(2007), “과학기술의 위험 및 이득 지각에서 감정 추단”, 〈인지과학〉, 18권, 305~324.

______(2009), “숫자양식과 빈도범위가 베이스 추론 과제에서 위험판단과 추론에 미치는 영향”, 〈인지과학〉, 20권, 335~355.

임형백 · 이종민(2000), “환경사회학의 관점에서 본 유전자 변형식품의 사회상 연구”, 〈한국농촌지도학회지〉, 7권 2호, 2000년 12월호.

장은아 · 박종연 · 임영욱 · 신동천(2001), “일반인과 전문가의 환경문제에 대한 위해도 인식 차이”, 〈환경독성학회지〉, 16권, 75~84.

한국경제(2005, 11, 3), “주민투표로 ‘19년 숙제’ 풀었다 … 경주 방폐장 유치 확정”, 〈한국경제〉, http://www.hankyung.com에서 인용.

홍세희(2010), “구조방정식 모형”, 고급연구방법론 워크숍 시리즈, S & M Research Group.

환경운동연합(2005), “통제불능에 빠져드는 유전자조작 생명체들”, 〈함께 사는 길〉, 143권, 64~65.

Acker, F. (2008), “New findings on unconscious versus conscious thought in decision making: Additional empirical data and meta-analysis”, *Judgment and Decision Making*, 3, 292~303.

Alhakami, A. S. & Slovic, P. (1994), “A psychological study of the inverse relationship between perceived risk and perceived benefit", *Risk Analysis*, *14*, 1085~1096.

Barke, R., Jenkins-Smith, H. & Slovic, P. (1997), "Risk perception of men and women scientists", *Social Science Quarterly*, *78* (1), 167~176.

Baron, J. (1997), "Confusion of relative and absolute risk in valuation", *Journal of Risk and Uncertainty*, *14*, 301~309.

Bechera, A., Damasio, H., Tranel, D., & Damasio, A. R. (1997), "Deciding advantageously before knowing advantageous strategy", *Science*, *275*, 1293~1295.

Benthin, A., Sovic, P., Moran, P., Severson, H., Mertz, C. K., & Gerrad, M. (1995), "Adolesecent health-threatening and health-enhancing behaviors: A study of word association and imagery", *Journal of Adolescent Health*, *7*, 143~152.

Bentler, P. (1990), "Comparative fit indexes in structural models", *Psychological Bulletin*, *107*, 238~246.

Bergstrom, R. L. & McCaul, K. D. (2004), "Perceived risk and worry: The effects of 9/11 on willingness to fly", *Journal of Applied Social Psychology*, *34*, 1846~1856.

Bertini, M. & Wathieu, L. (2006), The framing effect of price format, Working paper, Harvard Business School, Boston. MA.

Bloomfield, A. N. (2006), "Group size and the framing effect: Threats to human beings and animals", *Memory and Cognition*, *34* (4), 929~937.

Boholm, A. (1996), "Risk perception and social anthropology: Critique of culture theory", *Ethnos*, *61*, 64~84.

Borcherding, K., Rohmann, B. & Eppel, T. (1986), "A Psychological study on the cognitive structure of risk evaluations", In B. Brehmer, H. Jungermann, P. Lourens & G. Sevon (Eds.), *New*

Directions in Research on Decision Making, Amsterdam: North-Holland.

Bos, M. W., Dijksterhuis, A. & van Baaren, R. B. (2008), "On the goal-dependency of unconscious thought", *Journal of Experimental Social Psychology*, *44*, 1114~1120.

Brachinger, H-W., Schubert, R., Weber, E. U., Brown, M. & Gysler, M. (1997), Gender differences in risky choice: A theoretical framework and methodological approaches, Working paper, Institute fuer Wirtshcaftsfor-schung, ETH Zurich.

Brenot, J., Bonnefous, S. & Marris, C. (1998), "Testing the culture theory of risk in france", *Risk Analysis*, *18*(6), 729~739.

Cacioppo, J. T., Petty, R. E. & Morris, K. J. (1983), "Effects of need-for cognition on message evaulation, recall, and persuation", *Journal of Personality and Social Psychology*, *45*, 805~813.

Carcioppo, J. T., Petty, R. E. & Kao, C. F. (1984), "The efficient assessment of need for cognition", *Journal of Personality and Social Psychology*, *48*, 306~307.

Carmer, C. & Kunreuther, H. (1989), "Decision processes for low probability events: Policy implications", *Journal of Policy Analysis and Management*, *8*, 565~592.

Carver, C. S. & White, T. L. (1994), "Behavioral inhibition, behavioral activation, and affective responses to impending reward and punishment: The BIS/BAS scales", *Journal of Personality and Social Psychology*, *67*, 319~333.

Cha, Y-J. (2000). "Risk perception in Korea: A comparison with Japan and the United State", *Journal of Risk Research*, *3*, 321~332.

Chaiken, S. & Trope, Y. (1999), *Dual-process Theories in Social Psychology*, New York: Guilford Press.

Chase, V. M., Hertwig, R. & Gigerenzer, G. (1998), "Visions of rationality", *Trends in Cognitive Science*, *2*, 206~214.

Connor, M. & Siegrist, M. (2010), "Factors influencing people'sacceptance of gene technology: The tole of knowledge, healthexpectations, naturalness, and social trust", *Science Communication*, *32*, 514~538.

Cronbach, L. J. (1951), "Coefficient alpha and the internal structure of tests", *Psychometrika*, *16*, 297~334.

Currall, S. C., King, E. B., Lane, N., Madera, J., Turner, S. (2006), "What drives public acceptance of nanotechnology?", *Nature Nanotechnology*, *1*, 153~155.

Dake, K. (1991), "Orienting dispositions in the perception of risk: An analysis of contemporary worldviews and cultural Biases", *Journal of Cross-Cultural Psychology*, *22*, 61~82.

______(1992), "Myths of nature: Culture and the social construction of risk", *Journal of Social Issues*, *48*, 21~27.

Dake, K. & Wildavsky, A. (1990), "Theories of risk perception: Who fears what and why?", *Daedalus*, *119*, 41~60.

Dallaire, C., Krewski, D., Lemyre, L., Bouchard, L., Brand, K. &-Mercier, P. (2005), "Project 1.1: Interviewing Canadians about health risk perception and acceptability", In D. Krewski, L. Bouchard, K. Brand, C. Dallaire, P. Mercier(Eds.) (2006), "Public perception of population health Risks in Canada: Health-hazards and sources of information", *Human and ecological risk assessment*, *12*(4), 626~644.

Damasio, A. R. (1994), *Descartes' Error: Emotion, Rason, and the Human Brain*, New York: Avon.

Davidson, D. & Freudenberg, W. (1996), "Gender and environmental risk concerns: A review and analysis of available research", *Environment and Behavior*, *28*, 302~339.

De Martino, B., Kumaran, D., Seymour, B. & Dolan, R. J. (2006),

"Frames, biases, and rational decision-making in the human brain", *Science*, *313*, 684~687.

De Neys, W. (2006), "Dual processing in reasoning: Two systems but one reasoner", *Psychological Science*, *17*, 428~433.

Denes-Raj, V. & Epstein, S. (1994), "Conflict between intuitive and rational processing: When people behave against their better judgment", *Journal of personality and social psychology*, *66*, 819~829

Denes-Raj, V., Epstein, S. & Cole, J. (1995), "The generality of the ratio-bias phenomenon", *Personality and Social Psychology Bulletin*, *21*, 1083~1092.

Dijksterhuis, A. (2004), "Think different: The merits of unconscious-thought in preference development and decision making", *Journal of Personality and Social Psychology*, *87*, 586~598.

Dijksterhuis, A., Bos, M. W., Nordgren, L. F. & van Baaren, R. B. (2006), "On making the right choice: The deliberation-without-attention effect", *Science*, *311*, 1005~1007.

Dijksterhuis, A. & Nordgren, L. F. (2006), "A theory of unconscious thought", *Perspectives on Psychological Science*, *1*, 95~109.

Douglas, M. & Wildavsky, A. (1982), *Risk and Culture*, Berkeley, Los Angeles and California: University of California Press.

Earle, T. & Cvetkovich, G. (1995), *Social Trust: Toward a Cosmopolitan Society*, In Praege, Westport, CT.

Earle, T. C. (2010), "Trust in risk management", *Risk Analysis*, *30*, 541~574.

Earle, T., Siegrist, M. & Gutscher, H. (2010), "Trust, risk perception and the TCC model of cooperation", In M. Siegrist, T. Earle, & H. Gutscher (Eds.), *Trust in Risk Management* (pp. 1~50), London: Earthscan Publications.

Eddy, D. M. (1982), "Probabilistic reasoning in clinical medicine:

Problems and opportunities", In D. Kahneman, P. Slovic & Tversky A. (Eds.), *Judgment under Uncertainty: Heuristics and Biases* (pp. 249~267), Cambridge, England: Cambridge University Press.

Eiser, J. R., Miles, S. & Frewer, L. (2002), "Trust, perceived risk and attitudes toward food technologies", *Journal of Applied Social Psychology*, *32*, 2423~2433.

Ellsworth, P. C. & Scherer, K. R. (2003), "Appraisal processes in emotion", In R. J. Davidson, K. R. Scherer, & H. H. Goldsmith (Eds.), *Handbook of affective sciences* (pp. 572~595), Cambridge, UK: Oxford University Press.

Epstein, S. (1994), "Integration of the cognitive and the psychodynamic unconscious", *American Psychologist*, *49*, 709~724.

Evans, J. St. B. T. (2003), "In two minds: Dual-process accounts of reasoning", *Trends in Cognitive Sciences*, *7*, 454~459.

Featherstonhaugh, D., Slovic, P., Johnson, S. M. & Friedrich, J. (1997), "Insensitivity to the value of human life: A study of psychophysical numbing", *Journal of Risk and Uncertainty*, *14*, 283~300.

Finucane, M. L., Alhakami, A., Slovic, P. & Friedrich, J. (2000), "The affect heuristic in judgment of risks and benefits", *Journal of Behavioral Decision Making*, *13*, 1~17.

Finucane, M. L., Holup, J. L. (2006), "Risk as value: Combining affect and analysis in risk judgments", *Journal of Risk Research*, *9*, 141~164.

Finucane, M. L., Peters, E. & Slovic, P. (2003), "Judgement and decision making: The dance of affect and reason", In S. L. Schneider & J. Shanteau (Eds.), *Emerging Perspectives on Judgment and Decision Research*, Cambridge University Press.

Finucane, M. (2002), "Mad cow, mad corn and mad communities: the role of socio-cultural factors in the perceived risk of genetically-modified food", *Proceedings of the Nutrition Society*, *61*, 31~37.

Finucane, M., Slovic, P., Mertz, C. K., Flynn, J. & Satterfield, T. (2000), "Gender, race and perceived risk: the 'White male' effect, Health", *Risk & Society*, *2*, 159~172.

Fischhoff, B. (2001), "Defining stigma", In J. Flynn, P. Slovic & H. Kunreuther(Eds.), *Risk media & stigma*, 361~368, London: Earthscan Publications.

Fischhoff, B., Slovic, P., Lichtenstein, S., Read, S. & Comb, B. (1978), "How safe is safe enough? A psychometric study of attitudes towards technological risks and benefits", *Policy Sciences*, 127~152.

Flynn, J., Peters, E., Mertz, C. K. & Slovic, P. (1998), "Risk, media and stigma at Rocky flats", *Risk Analysis*, *18*, 715~727.

Flynn, J., Slovic, P. & Kunreuther, H. (2004), "Risk, media and stigma", *Understanding Public Challenges to Modern Science and Technology*, London: Earthscan.

Flynn, J., Burns, W, Mertz, C. & Slovic, P. (1992), "Trust as a determinant of opposition to a high-level radioactive waste repository: Analysis of a structural model", *Risk Analysis*, *12*, 417~430.

Flynn, J., Slovic, P. & Mertz, C. (1994), "Gender, race and perception of environmental health risks", *Risk Analysis*, *14*, 1101~1108.

Frewer, L., Howard, C. & Shepherd, R. (1997), "Public concerns in the United Kingdom about general and specific applications of genetic engineering: risk, benefit, and ethics", *Science*, *Technology & Human Values*, *22*, 98~124.

Friedrich, J., Barnes, P., Chapin, K., Dawson, I., Garst, V. & Kerr, D. (1999), "Psychophsical Numbing: When lives are valued less as the lives at risk increase", *Journal of Consumer Psychology*, *8*(3), 277~299.

Frijda, N. H., Kuipers, P. & ter Schure, E. (1989), "Relations among emotion, appraisal, and emotional action readiness", *Journal of Personality & Social Psychology*, *57*, 212~228.

Fukuyama, F. (1995), *Trust*, New York: Free Press.

Gaskell, G., Allum, N. & Bauer, M. (2000), "Biotechnology and the European public", *Nature Biotechnology*, *18*, 935~938.

Gaskell, G., Allum, N. & Wagner, W. (2004), "GM foods and the misperception of risk perception", *Risk Analysis*, *24*, 185~194.

Gigerenzer, G. (1996), "The psychology of good judgment: Frequency formats and simple algorithms", *Journal of Medical decision making*, *16*, 273~280.

Gigerenzer, G. & Edwards, A. (2003), "Simple tools for understanding risks: From innumeracy to insight", *British Medical Journal*, *327*, 741 ~744.

Gigerenzer, G. & Goldstein, D. (1996), "Reasoning the fast and frugal way: Models of bounded rationality", *Psychological Review*, *103* (4), 650~669.

Gigerenzer, G. & Hoffrage, U. (1995), "How to improve Bayesian reasoning without instruction: Frequency formats", *Psychological Review*, *102*, 684~704.

______(2000a), *Adaptive Thinking Rationality in the Real World*, Oxford, England: Oxford University Press.

______(2000b), *Adaptive Thinking*, New York: Oxford University Press.

______(2002), *Calculated Risks*, New York: Simon & Schuster.

Gilbert, D. T., Blumberg, S. J., Pinel, E. C., Wilson, T. D. & Wheatley, T. P. (1998), "Immune neglect: A source of durability bias in affective forecasting", *Journal of Personality and Social psychology*, *75*, 617~638.

Gilbert, D. T. & Wilson, T. D. (2000), "Miswanting", In J. Forgas

(Ed.), *Thinking and Feeling: The Role of Affect in Social Cognition*, 178 ~197, Cambridge, England: Cambridge University Press.

Gilovich, T. & Griffin, D. (2002), "Introduction-Heuristics and biases: Then and now", In T. Gilovich, D. Griffin, D. Kahneman (Eds.), *Heuristics and Biases: The Psychology of Intuitive Judgement*, New York: Cambridge University Press.

Gonzalez, C., Dana, J., Koshino, H. & Just, M. (2005), "The framing effect and risky decisions: Examining cognitive functions with fMRI", *Journal of Economic Psychology*, *26*, 1~20.

Gray, J. A. (1981), "A critique of Eysenck's theory of personality", In H. J. Eysenck (Ed.), *A model of personality*, 246~276, Berlin: Springer.

Gregory, R., Flynn, J. & Slovic, P. (1995), "Technological stigma", *American Scientist*, *83*, 224~223.

Groothuis, P. & Miller, G. (1997). "The role of social distrust in risk-benefit analysis: A study of the siting of a hazardous waste disposal facility", *Journal of Risk and Uncertainty*, *15*, 241~257.

Gustafson, P. E. (1998), "Gender differences in risk perception: Theoretical and methodological perspectives", *Risk Analysis*, *18*(16), 805~811.

Guttling J. M. & Wiegman, O. (1993), "Gender-specific reactions to environmental hazards in the Netherlands", *Sexroles*, *28*, 433~447.

Ham, J., van den Bos, K. & Van Doorn, E. A. (2009), "Lady justice thinks unconsciously: Unconscious thought can lead to more accurate justice judgments", *Social Cognition*, *27*, 509~521.

Hammond, K. R. (1999), *Judgement under Stress*, New York: Oxford University Press.

Harlander, S. (1991), "Social, moral and ethical issues in food biotechnology", *Food Technology* (May), 152~159.

Heine, S. J. & Lehman, D. R. (1995), "Cultural variation in unrealistic optimism: Does the West feel more invulnerable than the East?", *Journal of Personality and Social Psychology*, *68*, 595~607.

Heppner, P. R., Reeder, B. L. & Larson, L. M. (1983), "Cognitive variables associated with personal problem-solving appraisal: implications for counseling", *Journal of Counseling Psychology*, *30*, 537~545.

Hoban, T., Woodrum, E. & Czaja, R. (1992), "Public opposition to genetic engineering", *Rural Sociology*, *57*, 476~493.

Hoffrage, U. & Gigerenzer, G. (1998), "Using natural frequencies to improve diagnostic inferences", *Academic Medicine*, *73*, 538~540.

Hsee, C. & Rottenstreich, Y. (2000), "Music, pandas, and muggers: On the affective psychology of value", *Journal of Experimental Psychology: General*, *1*, 23~30.

______(2004), "Music, padas, and muggers: On the affective psychology of value", *Journal of Experimental Psychology: General*, *133*(1), 23~30.

Hsee, C. K., Blount, S., Loewenstein, G. & Bazerman, M. (1999), "Preference reversals between joint and separate evaluations of options: A review and theoretical analysis", *Psychological Review*, *125*, 576~590.

Hsee, C. K., Loewenstein, G. F., Blount, S. & Bazerman, M. H. (1999), "Preference reversals between joint and separate evaluations of options: A review and theoretical analysis", *Psychological Bulletin*, *125*(5), 576~590.

Hsee, C. K. & Kunreuther, H. (2000), "The Affection Effect in Insurance Decisions", *Journal of Risk and Uncertainty*. *20*, 141~159.

Hsee, C. K. & Weber, E. U. (1999), "Cross-national differences in risk preference and lay predictions", *Journal of Behavioral Decision Making*, *12*, 165~179.

Hu, L. & Bentler, P. (1999), "Cutoff criteria for fit indexes in covariance structure analysis: Conventional criteria versus new alternatives", *Structural Equation Modeling*, *6*, 1~55.

Huber, O., Wider, R. & Huber, O. (1997), "Active information search and complete information presentation in naturalistic risky decision tasks", *Acta Psychologica*, *95*, 15~29.

Igou, E. R. & Bless, H. (2007), "On undesirable of consequences of thinking: Framing effects as a function of substantive processing", *Journal of Behavioral Decision Making*, *20*, 125~142.

Inglehart, R. (1971), "The silent revolution in Europe: Intergenerational change in post-industrial societies", *American Political Science Review*, *65*, 991~1017.

______(1981), "Post-materialism in an environment on insecurity", *American Political Science Review*, *75*, 880~900.

______(1990), *Culture Shift in Advanced Industrial Society*, Princeton, NJ: Princeton University Press.

Jenkins-Smith, H. (1994), *Nuclear Imagery and Regional Stigma: Testing hypothesis of Image Acquisition and Valuation Regarding Nevada*, University of New Mexico, Institute for Public Policy, Albuquergue, NM.

______(2004), "Modeling stigma: an empirical analysis of nuclear images of Nevada", In J. Flynn, P. Slovic & H. Kunreuther (2004), "Risk, media and stigma", *Understanding Public Challenges to Modern Science and Technology*, Earthscan, London.

Jenni, K. E. & Loewenstein, G. F. (1997), "Explaining the "identifiable victim effect"", *Journal of Risk and Uncertainty*, *14*, 235~257.

Ji, L-J., Peng, K. & Nisbett, R. E. (2000), "Culture, control, and perception of relationships in the environment", *Journal of Personality and Social Psychology*, *78*, 943~955.

Johnson, B. B. & Covello, V. T. (1987) (Eds.), *The Social and Cultural*

Construction of Risk, Dordrecht: Reidel.

Johnson, E. J., Hershey, J., Meszaros, J. & Kunreuther, H. (2005), "Framing, probability distortions, and insurance decisions", *Journal of Risk and Uncertainty*, *7*, 35~51.

Kahneman, D. & Frederick, S. (2002), "Representativeness revisited: Attribute substitution in intuitive judgment", In T. Gilovich, D. Griffin, & D. Kahneman (Eds.), *Heuristics of Intuitive Judgment: Extensions and Applications*, New York: Cambridge University Press.

______(2007), "Frames and brains: Elicitation and control of response tendencies", *Trends in Cognitive Sciences*, *11*, 45~46.

Kahneman, D. & Tversky, A. (1972), "Subjective probability: A judgement of representativeness", *Cognitive Psychology*, *3*, 430~454.

______(1973), "On the psychology of prediction", *Psychological Review*, *80*, 237~251.

______(1979), "Prospect theory: An analysis of decision under risk", *Econometrica*, *47*, 263~269.

Kamaldeen, S. & Powell, D. (2000), "Public perceptions of biotechnology", *Food Safety Network Technical Report*, *17*.

Kaplan, S. & Garrick, B. J. (1981), "On the quantitative definition of risk", *Risk Analysis*, *1*, 11~27.

Karasawa, K. (1995), "Cognitive antecedents of emotions: Findings and future direction", *Japanese Psychological Research*, *37*, 40~55.

Kasperson, R. E., Renn, O., Slovic, P., Brown, H. S., Emel, J., Gobel, R., Kasperson, J. X. & Ratick, S. (1988), "The social amplification of risk: A conceptual framework", *Risk Analysis*, *8*, 177~187.

Katsuya, T. (2002), "Difference in th formation of attitude toward nuclear power", *Political Psychology*, *23*, 191~203.

Kirkpatrick, L. & Epstein, S. (1992), "Cognitive-experiential self-theory and subjective probability: Further evidence for two conceptual systems", *Journal of Personality and Social Psychology*, *63*, 534~544.

Kobbeltved, T., Brun, W., Johnsen, B. H., Eid, J. (2005), "Risk as feelings or risk and feelings? A cross-lagged panel analysis", *Journal of Risk Research*, *8*, 417~437.

Kosslyn, S. M., Thompson, W. L. & Ganis, G. (2006), *The Case for Mental Imagery*, New York: Oxford University Press.

Kraus, N., Malmfors, T. & Slovic, P. (1992), "Intuitive toxicology: Expert and lay judgments of chemical risks", *Risk Analysis*, *12*, 215~232.

Krynski, T. & Tenenbaum, J. (2007), "The role of causality in judgment under uncertainty", *Journal of Experimental Psychology: General*, *136*, 430~450.

Kühberger, A. (1998), "The influence of framing on risky decision: A meta-analysis", *Organizational Behavior and Human Decision Process*, *75*, 23~55.

Kühberger, A., Schulte-Mecklenbeck, M. & Perner, J. (1999), "The effects of framing, reflection, probability and payoff on risk preference in choice tasks", *Organizational Behavior and Human Decision Processes*, *78*, 204~231.

Kunreuther, H. & Pauly, M. (2004), "Neglecting disaster: Why don't people insure against large losses?", *Journal of Risk and Uncertainty*, *28*, 5~21.

Kunreuther, H., Hogarth. R. & Meszaros, J. (1993), "Insurer ambiguity and market failure", *Journal of Risk and Uncertainty*, *15*, 73~86.

Kunreuther, H., Novemsky, N. & Kahneman, D. (2001), "Making low probability useful", *Journal of Risk and Uncertainty*, *23*, 103~120.

Lam, K. C. H., Buehler, R., McFarland, C., Ross, M. & Cheung, I. (2005), "Cultural differences in affective forecasting: The role of focalism", *Personality and Social Psychology Bulletin*, *31*, 1296~1309.

Larrick, R. P., Smith, E. E. & Yates, J. F. (1992), Reflecting on the reflection effect: Disrupting the effects of framing through thought, Paper presented at meetings of the society for judgment and Decision Making, St Louis, MO, November 1992.

Larsen, R. J. & Ketelaar, T. (1991), "Personality and susceptibility to positive and negative emotional states", *Journal of Personality and Social Psychology*, *61*, 132~140.

Lassiter, G. D., Lindberg, M. J., González-Vallejo, C., Bellezza, F. S. & Phillips, N. D. (2009), "The deliberation-without-attention effect: Evidence for an artifactual interpretation", *Psychological Science*, *20*, 671~675.

Lazarus, R. S. (2001), "Relational meaning and discrete emotions." In K. R. Scherer, A. Schorr et al. (Eds.), *Appraisal Processes in Emotion: Theory, Methods, Research* (pp. 37~67), New York: Oxford University Press.

Lee, C., Scheufele, D. A. & Lewenstein, B. (2005), "Public attitudes toward emerging technologies", *Science Communication*, *27*, 240~267.

Lee, J. E. C. & Lemyre, L. (2009), "A social-cognitive perspective of terrorism risk perception and individual response in Canada", *Risk Analysis*, *29*, 1265~1280.

Lerner, J. S. & Ketlner, D. (2000), "Beyond valence: Toward a model of emotion-specific influences on judgment and choice", *Cognition and Emotion*, *14*, 473~493.

Lerner, J. S., Gonzalez, R. M., Small, D. A. & Fischhoff, B. (2003), "Emotion and perceived risks of terrorism: A national field experiment", *Psychological Science*, *14*, 144~150.

Lerouge, D. (2009), "Evaluating the benefits of distraction on product evaluations: The Mind-set effect", *Journal of Consumer Research*, *36*, 367~379.

Lichtenstein, S. & Slovic, P. (2006), *The Construction of Preference*, New York: Cambridge University Press.

Lima, M. L. & Castro, P. (2005), "Culture theory meets the community: Worldviews and local issues", *Journal of Environmental Psychology*, *25*, 23~35.

Little, T. D., Cunningham, W. A., Shahar, G. & Widaman, K. F. (2002), "To parcel or not to parcel: Exploring the question, weighing the merits", *Structural Equation Modeling*, *9*, 151~173.

Loewenstein, G. F., Weber, E. U., Hsee, C. K. & Welch, N. (2001), "Risk as feeling", *Psychological Bulletin*, *127*, 267~286.

Markowitz, H. M. (1959), *Portfolio Selection*, New York: Wiley.

Marris, C., Langford, I. H. & O'Riordan, T. (1998), "A quantitative test of the culture theory of Risk Perception: Comparison with psycho-metric paradigm", *Risk Analysis*, *18*, 635~647.

Mathiens, J. E. & Taylor, S. R. (2006), "Clarifying conditions and decision points for mediational type inferences in organizational behavior", *Journal of Organizational Behavior*, *27*, 1031~1056.

McClleland, G., Schultz, W. & Coursey, D. (1993), "Insurance for low probability hazards: A Bimodal response to unlikely events", *Journal of Risk and Uncertainty*, *7*, 95~116.

Midden, C. J. H. & Huijts, N. (2009), "The role of trust in the affective evaluation of novel risks: The case of CO_2 storage", *Risk Analysis*, *29*, 743~751.

Miller, J. D., Pardo, R. & Niwa, F. (1997), *Public Perceptions of Science and Technology: A Comparative Study of the European Union, the United States, Japan, and Canada*, Madrid: BBV Foundation.

Miller, P. M. & Fagley, N. S. (1991), "The effects of framing, problem variations and providing rationale on choice", *Personality and Social Psychology Bulletin*, *17*, 517～522.

Morewedge, C. K., Gilbert, D. T., Wilson, T. D. (2005), "The least likely of times: How remembering the past biases forecasts of the future", *Psychological Science*, *16*, 626～630.

National Science Foundation (2000), "Science and engineering indicators", *Food Industry Environmental Network*, June 29.

Newell, B. R., Wong, K. Y. & Cheung, J. C. H. (2009), "Think, blink or sleep on it? The impact of modes of thought on complex decision making", *The Quarterly Journal of Experimental Psychology*, *62*, 707～732.

Newell, B. R. & Shanks, D. R. (2003), "Take the best or look at the rest? Factors influencing "One-Reason" decision making", *Journal of Experimental Psychology: Learning, Memory, and Cognition*, *29* (1), 53～63.

Newell, B. R., Weston, N. J. & Shanks, D. R. (2003), "Empirical tests of a fast-and frugal heuristic: Not everyone "takes-the-best"", *Organizational Behavior and Human Decision Process*, *91*, 82～96.

Pacini, R. & Epstein, S. (1999), "The relation of rational and experiential information processing styles to personality, basic beliefs, and the ratio-bias phenomenon", *Journal of Personality and Social Psychology*, *76*, 972～987.

Paton, D., Smith, L., Johnston, D. (2005), "When good intentions turns bad: Promoting natural hazard preparedness", *Australian Journal of Emergency Management*, *20*, 25～30.

Payne, J. W., Samper, A., Bettman, J. R. & Luce, M. F. (2008), "Boundary conditions on unconscious thought in complex decision making", *Psychological Science*, *19*, 1118～1123.

Peters, E. & Levin, I. P. (2008), "Dissecting the risky-choice framing effect: Numeracy as an individual-difference factor in weighting risky and riskless options", *Judgment and Decision Making*, 3(6), 435~448.

Peters, E. & Slovic, P. (1996), "The role of affect and worldviews as orienting dispositions in the perception and acceptance of nuclear power", *Journal of Applied Social Psychology*, *26*, 1427~1453.

______(2000), "The springs of action: Affective and analytical information processing in choice", *Personality and Social Psychology Bulletin*, *26*, 1465~1475.

______(2007), "Affective asynchrony and the measurement of the affective attitude component", *Cognition and Emotion*, *21*, 300~329.

Peters, E., Burraston, B. & Mertz, C. K. (2004), "An emotional-based model of risk perception and stigma susceptibility: Cognitive appraisal of emotion, affective reactivity, worldviews, and risk perceptions in the generation of technological stigma", *Risk Analysis*, *24*, 1349~1367.

Poortinga, W. & Pidgeon, N. F. (2005), "Trust in risk regulation: Cause or consequence of the acceptability of GM food", *Risk Analysis*, *25*, 197~207.

Poulton, E. C. (1978). "A new look at the effects of noise: A rejoinder", *Psychological Bulletin*, *85*, 1068~1079.

Prati, G., Pietrantony, L., Zani, B. (2011), "A social-cognitive model of pandemic influenza H1N1 risk perception and recommended behaviors in Italy", *Risk Analysis*, *31*, 645~656.

Raats, M. & Shepherd, R. (1996), "Developing a subject derived terminology to describe perceptions of chemicals in food", *Risk Analysis*, *16*, 133~147.

Renn, O. & Rohmann, B. (2000), "Cross-cultural risk perception", *A Survey of Empirical Studies*, Kluwer Academic Publishers: Dordrecht,

Boston, London.

Rey, A., Goldstein, R. M. & Perruchet, P. (2009), "Does unconscious thought improve complex decision making?", *Psychological Research*, *73*, 372~379.

Rohmann, B. (1994), "Risk perception of different societal groups-a cross -national comparison", *Australian Journal of Psychology*, *46*, 150~163.

______(1999), "Risk Perception Research", *Arbeiten zur Risiko-Kommunication*, *69*, University of Juelich.

Savadori, L., Savio, S., Nicotra, E., Rumiati, R., Finucane, M. & Slovic, P. (2004), "Expert and public perception of risk from biotechnology", *Risk Analysis*, *24*(5), 1289~1299.

Scherer, K. R. (1984), "Emotion as a multicomponent process: A model and some cross-cultural data". *Review of Personality & Social Psychology*, *5*, 37~63.

Schkade, C., Kunreuther, H. & Kaas, K. P. (2002), Low-probability insurance decisions: The role of concern, Working Paper, Risk Management and Decision Processes Center, University of Pennsylvania.

Schkade, D., Kahneman, D. (1998), "Does living in california make people happy? A focusing illusion in judgments of life satisfaction", *Psychological Science*, *9*, 340~346.

Schooler, J, W. & Melcher, J. (1995), "The ineffability of insight", In S. M. Smith, T. B. Ward, & R. A. Finke(Eds.), *The Creative Cognition Approach* (pp. 97~134), Cambridge, MA: MIT Press.

Schooler, J. W., Ohlsson, S. & Brooks, K. (1993), "Thoughts beyond words: When language overshadows insight", *Journal of Experimental Psychology: General*, *122*, 166~183.

Schwartz, B., Ward, A., Monterosso, J., Lyubomirsky, S., White, K. & Lehman, D. R. (2002), "Maximizing versus satisficing: Happiness is a matter of choice", *Journal of Personality and Social Psychology*, *83*(5), 1178~1197.

Seifert, F. & Torgerson, H. (1995), Attitudes towards biotechnology in Austria: Can "Culture theory" explain empirical data?, Discussion paper, Institute of Technology Assessment, Vienna, Austria.

Shafir, E., Simonson, I. & Tversky, A. (1993), "Reason-based choice", *Cognition*, *29*, 11~36.

Shiloh, S., Güvenç, G. & Önkal, D. (2007), "Cognitive and emotional representations of terror attacks: A cross-cultural exploration", *Risk Analysis*, *27*, 397~409.

Siegrist, M. (1999), "A causal model of explaining the acceptance of gene technology", *Journal of Applied Social Psychology*, *29*, 2093~2106.

______(2000), "Perception of hazards: The role of social trust and knowledge", *Risk Analysis*, *20*, 713~720.

______(2000), "The influence of trust and perceptions of risk and benefits on the acceptance of gene technology", *Risk Analysis*, *20*, 195~204.

Siegrist, M., Cousin, M. E., Kastenholz, H., Wiek, A. (2007), "Public acceptance of nanotechnology foods and food packaging: The influence of affect and trust", *Appetite*, *49*, 459~466.

Siegrist, M. & Cvetkovich, G. (2000), "Perception of hazard: The role of social trust and knowledge", *Risk Analysis*, *20*, 713~719.

Siegrist, M., Cvetkovich, G. & Roth, C. (2000), "Salient value similarity, social trust, and risk/benefit perception", *Risk Analysis*, *20*, 353~362.

Siegrist, M., Gutscher, H. & Earle, T. C. (2005), "Perception of risk: The influence of general trust, and general confidence", *Journal of Risk Research*, *8*, 145~156.

Simon, A. F., Fagley, N. S. & Halleran, J. G. (2004), "Decision framing: Moderating effects of individual differences and cognitive processing", *Journal of Behavioral Decision Making*, *17*, 77~93.

Sjoeberg, L. & Droty-Sjoeberg, B. M. (1993), "Attitudes toward nuclear waste", *Rhizikon Research Report*, *12*, Sweden: Stockholm School of Economics, Center for Risk Research.

Sjoeberg, L. (1997), "Explaining risk perception: An empirical evaluation of culture theory", *Risk Decision and Policy*, 2(2), 113~130.

______(1999), "Risk perception by the public and by experts: A dilemma in risk management", *Human Ecology Review*, *6*(2), 1~9.

______(2001), "Fairness, risk and risk tolerance in the siting of a nuclear waste repository", *Journal of Risk Research*, *4*, 75~101.

Sloman, S. A. (1996), "The empirical case for two systems of reasoning", *Psychological Bulletin*, *119*, 3~22.

Slovic, P. (1986), "Informing and educating the public about risk", *Risk Analysis*, *6*, 403~415.

______(1987), "Perception of risk", *Science*, *236*(4799), 280~285.

______(1992), "Perception of risk: Reflections on the psychometric paradigm", In S. Krimsky & D. Golding(Eds.), *Social Theories of Risk*, 117~152, New York: Praeger.

______(1993), "Perceived risk, trust and democracy", *Risk Analysis*, *13*, 675~682.

______(1997), "Trust, emotion, sex, politics, and science: Surveying the risk-assessment battlefield", In M. H. Bazerman, D. M. Messick, A. E. Tenbrunsel & K. A. Wade-Benzoni(Eds.), *Environment, Ethics, and Behavior*, 277~313, San Francisco: New Lexington.

______(2000), *The Perception of Risk*, Earthscan, London. 이영애 역(2008), 《위험판단 심리학》, 서울: 시그마프레스.

Slovic, P. & Monahan, J. (1995), "Probability, danger and coercion: A study of risk perception and decision-making in mental health law",

Law and Human Behavior, *19*, 49～65.

Slovic, P. & Weber, E. U. (2002), "Perception of risk posed by extreme events", Proceeding of the conference "Risk management strategies in an uncertain world", Palisades, New York, April 12～13, 2002.

Slovic, P., Finucane, M., Peters, E. & MacGregor (2002), "The affect heuristic", In T. Gilovich, D. Griffin, D. Kahneman (Eds.), *Heuristics and Biases: The Psychology of Intuitive Judgement*, New York: Cambridge University Press.

______ (2004), "Risk as analysis and risk as feelings: Some thoughts about affect, reason, risk, and rationality", *Risk Analysis*, *24*, 311～322.

Slovic, P., Fischhoff, B. & Lichtenstein, S. (1976), "Cognitive processes and societal risk taking", In J. S. Carroll & J. W. Payne (Eds.), *Cognition and Social Behavior*, 165～184, Potomac, MD: Erlbaum.

______ (1979), "Rating the risks", *Environment*, *21*, 14～20.

______ (1980), "Facts and fears: Understanding perceived risk", In R. C. Schwing & W. A. Albers, Jr (Eds.), *Social Risk Assessment: How Safe if Safe Enough*?, New York, Plenum.

______ (1984), "Behavioral decision theory perspectives on risk and safety", *Acta Psycholgica*, *56*, 183～203.

Slovic, P., Fischhoff, B., Lichtenstein, S., Corrigan, B. & Combs, B. (1977), "Preference for insuring against probable small losses: Insurance implications", *Journal of Risk and Insurance*, *44*. 237～258.

Slovic, P., Flynn, J. & Layman, M. (1991), "Perceived risk, trust, and the politics of nuclear waste", *Science*, *254*, 1603～1607.

Slovic, P., Kunreuther, H., White, G. F. (1974), In G. F. White (Ed.), *Natural Hazards; Local, National, and Global*, New York: Oxford University Press.

Slovic, P., Layman, M., Kraus, N., Flynn, J., Chalmers, J. & Gesell, G. (1991), "Perceived risk, stigma and potential economic impacts of a high-level nuclear waste repository in nevada", *Risk Analysis*, *11*, 683~696.

Slovic, P., MacGregor, D. G., Malmfors, T. & Purchase, I. F. H. (1999), Influence of affective processes on toxicologist's judgement of risk(Report No. 99-2), Eugene, OR: Decision Research.

Slovic, P., Malmfors, T., Krewski, D., Mertz, C. K., Neil, N. & Bartlett, S. (1995), "Intuitive toxicology: Experts and lay judgments of chemical risks in Canada", *Risk Analysis*, *15*, 661~675.

Slovic, P., Monahan, J., MacGregor, D. (2000), "Violence risk assessment and risk communication: The effects of using actual cases providing instruction, and employing probability versus frequency formats", *Law and Human Behavior*, *24*, 271~296.

Small, D. A., Loewenstein, G. & Slovic, P. (2007), "Sympathy and Callousness: The impact of deliberative thought on donations to identifiable and statistical victims", *Organizational Behavior And Human Decision Process*, *102*, 143~153.

Smith, C. A. & Ellsworth, P. C. (1985), "Patterns of cognitive appraisal in emotion", *Journal of Personality & Social Psychology*, *48*, 813~838.

Smith, S. M. & Levin, I. P. (1996), "Need for cognition and choice framing effects", *Journal of Behavioral Decision Making*, *9*, 283~290.

Sparks, P. & Shepherd, R. (1994), "Public perceptions of the potential hazards associated with food production and food consumption: An empirical study", *Risk Analysis*, *14*, 799~806.

Spiegner, C., Hawkins, W. & Loren, W. (1993), "Gender differences in perception of risk associated with alcohol and drug use among college students", *Women and Health*, *2*, 87~97.

Stanovich, K. E. & West, R. F. (2000), "Individual differences in reasoning: Implications for the rationality debate", *Behavioral & Brain Sciences*, *23*, 645~665.

Starr, C. (1969), "Social benefit versus technological risk", *Science*, *165*, 1232~1238.

Steger, M. A. & Witte, S. L. (1989), "Gender differences in environmental orientations: A comparison of publics and activists in Canada and US", *Western Political Quarterly*, *42*, 627~649.

Stern, P. C., Dietz, T. & Kalof, L. (1993), "Value orientations, gender and environmental concern", *Environment and Behavior*, *25*, 322~348.

Sunstein, C. R. (2003), "Terrorism and probability neglect", *Journal of Risk and Uncertainty*, *26*, 121~136.

Takemura, K. (1994), "Influence of elaboration on the framing of decision", *Journal of Psychology*, *128*, 33~39.

Thompon, M., Ellis, R. & Wildavsky, A. (1990), *Cultural Theory*, Boulder, CO: Westview.

Thorsteinson, T. J. & Withrow, S. (2009), "Does unconscious thought outperform conscious thought on complex decisions? A further examination", *Judgment and Decision Making*, *4*, 235~247.

Townsend, E., Clarke, D. & Travis, B. (2004), "Effects of context and feelings on perceptions of genetically modified food", *Risk Analysis*, *24*, 1369~1384.

Trope. Y., Liberman. N. (2003), "Temporal construal", *Psychological Review*, *110*, 403~421.

Tucker, L. & Lewis, C. (1973), "The reliability coefficient for maximum likelihood factor analysis", *Psychometrika*, *38*, 1~10.

Tversky, A. & Kahneman, D. (1981), "The framing of decisions and psychology of choice", *Science*, *211*, 453~458.

Ubel, P. A., Lowensten, G., Jepson, C. (2005), "Disability and sunshine: Can hedonic predictions be improved by drawing attention to focusing illusions or emotional adaptation?", *Journal of Experimental*

Psychology: Applied, *11*, 111~123.

Verplanken, B., Hazenberg, P. T. & Palenewen, G. R. (1992), "Need for cognition and external information search effort", *Journal of Research in Personality*, *27*, 238~252.

Wang, X. T. (1996), "Framing effects: Dynamics and task domains", *Organizational Behavior and Human Decision Process*, *68*, 145~157.

Wang, X. T., Simon, F. & Bredart, S. (2001), "Social cues and verbal framing in risky choice", *Journal of Behavioral Decision Making*, *14*, 1~15.

Waroquier, L., Marchiori, D., Klein, O. & Cleeremans, A. (2009), "Methodological pitfalls of the unconscious thought paradigm", *Judgment and Decision Making*, *4*, 601~610.

______(2010), "Is it better to think unconsciously or to trust your first impression? A reassessment of unconscious thought theory", *Social Psychological and Personality Science*, *1*, 111~118.

Weber, E. U. & Hsee, C. K. (1998), "Cross-cultural difference in risk perception, but cross-cultural similarities in attitudes towards perceived risk", *Management Science*, *44*, 1205~1217.

______(1999), "Models and mosaics: Investigating cross-culturaldifferences in risk perception and risk preference", *Psychnomic Bulletin & Review*, *6*, 611~617.

Whitney, P., Rinehart, C. A. & Hinson, J. M. (2008), "Framing effects under cognitive load: The role of working memory in risky decisions", *Psychonomic Bulletin and Review*, *15*(6), 1179~1184.

Wilson, T. D., Gilbert, D. T. (2005), "Affective forecasting: Knowing what to want", *Current Directions in Psychological Science*, *14*, 131~134.

Wilson, T. D., Wheatley, T. P., Meyers, J. M., Gilbert, D. T. & Axsom, D. (2000), "Focalism: A source of durability bias in affective forecasting", *Journal of Personality and Social Psychology*, *78*, 821～836.

Wright, G., Pearman, A. & Yardley, K. (2000), "Risk perception in the UK oil and gas production industry: Are expert cross-prevention managers' perceptions different from those of member of the public?", *Risk Analysis*, *20*, 681～690.

Yamagish, K. (1997), "When a 12.86% mortality is more dangerous than 24.14%: Implications for risk communication", *Applied Cognitive Psychology*, *11*, 495～506.

Zajonc R. B. (1980), "Feeling and thinking: Preferences need no inferences", *American Psychologist*, *35*, 151～175.

Zechndorf, B. (1994), "What the public thinks about biotechnology", *Bio/Technology*, *12*, 870～875.

Zhu, L. & Gigerenzer, G. (2006), "Children can solve Bayesian problems: The role of representation in mental computation", *Cognition*, *98*, 287～308.

Zickar, M. & Highhouse, S. (1998), "Looking closer at the effects of framing on risky choice: An item response theory analysis", *Organizational Behavior and Human Decision Process*, *75*, 75～91.

논문 출처

1장 위험지각 연구의 최근 동향

이영애(2005), "위험지각 연구의 최근 동향", 〈한국심리학회지: 실험〉, 17권 3호, 265~277.

2장 위험지각의 심리적 차원

이영애·이나경(2005), "위험지각의 심리적 차원", 〈인지과학〉, 16권 3호, 199~211.

3장 방폐장 입지 결정과 위험지각

이나경·이영애(2005), "방폐장 입지에 관한 의사결정에 영향을 미치는 변수", 〈한국심리학회지: 실험〉, 17권 4호, 461~475.

4장 과학기술 지각과 감정 추단

이현주·이영애(2007), "과학기술의 위험 및 이득 지각에서 감정 추단", 〈인지과학〉, 18권 3호, 305~324.

5장 위험결정에서 인지적 처리수준과 틀 효과

이나경·이영애 (2009), "위험결정에서 인지처리수준이 틀 효과에 미치는 영향", 〈한국심리학회지: 인지 및 생물〉, 21권 4호, 249~263.

6장 정신 물리적 무감각과 위험지각

이나경·이영애(2006), "위험지각에서 정신 물리적 무감각에 영향을 미치는 요인들", 〈한국심리학회지: 인지 및 생물〉, 18권 1호, 57~69.

7장 숫자정보 제시양식이 위험판단에 미치는 영향

이현주·이영애(2009), "숫자양식과 빈도범위가 베이스추론 과제에서 위험판단과 추론에 미치는 영향", 〈인지과학〉, 20권 3호, 335~355.

8장 보험 구매 상황에서 생태학적 단서의 효과

정주리 · 이나경 · 이영애(2012), "보험 구매 상황에서 위험지각에 영향을 주는 생태학적 단서의 효과", 〈인지과학〉, 23권 2호, 133~152.

9장 위험 충격 편향에서 탈피

윤지원 · 이영애(2011), "위험 대상에 대한 충격 편향은 탈편향 과제에 의해 감소하는가?", 〈인지과학〉, 22권 1호, 39~55.

10장 목표지향적 정보처리에서 무의식적 사고의 효과

김민정 · 이영애(2011), "목표지향적 정보처리에서 무의식적 사고의 효과", 〈인지과학〉, 22권 4호, 405~427.

11장 유전공학에 대한 위험지각의 성차

이나경 · 임혜숙 · 이영애(2008), "유전공학 응용 식품 및 의약품에 대한 위험지각의 성차", 〈한국심리학회지: 일반〉, 27권 2호, 281~294.

12장 위험지각에 대한 전문가와 일반인의 차이

이나경 · 임혜숙 · 이영애(2008), "세계관과 위험지각에서 전문가와 일반인의 차이: 문화이론 다시보기", 〈한국심리학회지: 일반〉, 27권 3호, 605~622.

13장 원자력 발전소와 방폐장 낙인의 심리적 모형

이현주 · 이영애(2011), "원자력 발전소와 방폐장 낙인의 심리적 모형: 신뢰와 감정, 지식을 중심으로", 〈한국심리학회지: 일반〉, 30권 3호, 831~851.

14장 테러 위험지각의 인지-사회 모형

이현주 · 이영애(2011), "테러 위험지각의 인지-사회 모형", 〈한국심리학회지: 사회문제〉, 17권 4호, 365~383.

찾아보기

ㄱ~ㄷ

ㅁ~ㅂ

ㅅ~ㅈ

ㅊ~ㅎ